Richter | Pattas | Maupilé

Warum wir Wein machen

[15 kreative Winzer und ihre Lieblingsweine]

Ulmer

Richter | Pattas | Maupilé

Warum wir Wein machen

[15 kreative Winzer und ihre Lieblingsweine]

Weingut Franz Keller

[Doppeladler mit drei Füßen]

Weingut „Zur Schwane"

[Vom Gasthof zum Spitzenweingut]

Staatlicher Hofkeller Würzburg

[Weinkultur und Weltkulturerbe]

Winzerhof Gussek

[Spitzenweine von der Saale-Unstrut]

Weingut Markgraf von Baden

[Wir machen schon sehr lange Wein]

Weingut Drautz-Able

[Ein Jungwinzer tritt in große Fußstapfen]

Weingut Wittmann

[Mondkalender-App auf dem iPhone]

Weingut Seeger

[Burgund sehr nahe]

🎭 Liebe Leserin, lieber Leser,

Seit 2000 Jahren wird in Deutschland aus der Frucht der Kulturrebe Vitis vinifera Wein gemacht. Seit Jahrtausenden nutzt der Mensch die alkoholische Gärung zur Herstellung des wichtigsten berauschenden Getränkes der Menschheit. Der dabei stattfindende biochemische Prozess, bei dem mittels Hefen Zucker in Trinkalkohol verwandelt wird, ist erst seit Ende des 19. Jahrhunderts bekannt. Dabei ist der Alkohol nur einer der zahlreichen Inhaltsstoffe des Weins, der ansonsten zu 80 bis 85 Prozent aus Wasser besteht. Was Weinsachverständige bei den Inhaltsstoffen herausschmecken (zum Beispiel grüne Äpfel, kräutrige Noten von Eukalyptus und Minze, saftige Fruchtsüße) kann der Autor selbst nicht nachvollziehen. Ihm fehlt das olfaktorische und gustatorische Unterscheidungsvermögen für diese Weinlyrik, das diese Experten sich antrainiert haben.

Leicht nachvollziehbar ist indessen die berauschende Wirkung des Weins durch den Alkohol. Sie hat die Weintrinker, aber auch Dichter und Denker seit der Antike beflügelt und rangiert in der Hierarchie der Räusche deutlich vor dem Bier- oder Schnapsrausch. Wie gelegentlich in diesem Buch darf unser größter Dichter Johann Wolfgang von Goethe zitiert werden: „Andere verschlafen ihren Rausch, meiner steht auf dem Papiere."

Woran liegt es nun, dass im Abendland aus dem Wein ein Kulturgut geworden ist? Das hat mit dem Christentum, der Grundlage unserer Kultur zu tun. Gott ist gewissermaßen auch der oberste Winzer. Sein Sohn Jesus spricht im Johannes-Evangelium: „Ich bin der Weinstock, ihr seid die Reben." Das Abendmahl wird mit Brot und Wein gefeiert, und Weinreben und Weintrauben werden in der christlichen Kunst symbolhaft verwendet. Im Gegensatz zu den „Weinfabriken", die es gottlob in Deutschland nicht gibt, kann bei unseren Weinmachern durch die Rebe die Analogie zum Künstlertum hergestellt werden. Und manche Winzer sehen ihre Arbeit in der Tat als künstlerischen Prozess an.

In Deutschland gibt es rund 70.000 Winzer, die auf etwa 100.000 Hektar Wein anbauen und durchschnittlich 10 Millionen Hektoliter ernten. Darunter gibt es eine kleine Elite, die ihren Beruf mit ganz besonderer Leidenschaft ausübt. Warum sie Wein machen? Ich habe sie einfach persönlich gefragt. Auf Reisen durch die deutschen Weinregionen. Entstanden ist ein Buch über außergewöhnliche Winzerpersönlichkeiten. Die so entstandenen Portraits sind textbasiert, also kein „Häppchen-Journalismus". Überdies werden die Fakten mit manchen Assoziationen verknüpft.

Bilder des Fotokünstlers David Maupilé ergänzen die Texte. Evangelos Pattas, Sommelier des Jahres 2007, bespricht die Lieblingsweine der besuchten Winzer.

Viel Spaß beim Lesen!
Fritz Richter

Gegründet 1677

Weingut Herzog von Württemberg

[Wahrhaft württembergisch]

Michael Herzog von Württemberg

Oberhalb von Stetten im Remstal ragt die Yburg weithin sichtbar aus den Weinbergen empor.

Alt trifft neu - Holzkisten und Plastikbox.

Michael Herzog von Württemberg im Weinberg.

Ein lang gelagerter Spitzenwein - den würde man gerne mal probieren.

» 2013er Brotwasser Riesling VDP „Großes Gewächs" trocken «

Weinbeschreibung:
Leichtes bis mittleres Gelb mit grünen Reflexen und strahlend. Die Aromen in der Nase sind: Mandeln, gelbe reife Früchte, Zitrus, Quitte, Grüner Apfel, Ananas und eine besonders starke Note nach Limetten. Am Gaumen ist der Wein geradeaus, saftig, mineralisch und schmeckt nach Blüten (Akazie), Blütenhonig, Quitte, grüner Apfel und feinen Zitrusfrüchten wie Limette und Grapefruit. Der Wein wirkt würzig und hat viel Spannung am Gaumen.

Ein paar Daten:
➜ 13% Alkohol / 5,8 g/l Säure / 2,4 g/l Restzucker
➜ Empfohlene Trinktemperatur: 10 - 12° C
➜ Kostet ab Weingut 24,00 Euro

Ausbau
Stark reduzierte Erträge und eine späte, streng selektive Handlese sowie die lange kühle Gärung mit anschließender Reifung auf der Feinhefe bringen diesen eleganten Riesling hervor. Der Wein wurde im Edelstahltank ausgebaut, um gerade diese feine Frucht und Eleganz zu bewahren. Ein frischer, spritziger Riesling mit intensiver Ananas-Note in der Nase. Im Abgang frische Zitrusfrucht, insbesondere Limette.

Lage
Die direkt unterhalb der Ruine Y-Burg gelegenen, bis zu 60 % steilen Terrassen des Brotwassers sind seit langer Zeit für hochfeine Rieslingweine von sehr guter Lagerfähigkeit bekannt. Der Name geht auf eine Stettener Hofdame des 17. Jahrhunderts zurück, die sich den damals üblichen Krug zum Aufweichen des trockenen Brotes bei Tisch statt mit Wasser mit ihrem Lieblingswein füllen ließ. Die Monopol-Lage (Alleinbesitz des Herzogs von Württemberg) wurde 1664 bis 1666 vom Hause Württemberg erworben. Der hier hervortretende Schilfsandstein verleiht den Rieslingen filigrane, feinfruchtige Aromen und einen elegant-rassigen Körper. Die alten, von Trockenmauern geschützten Sandsteinterrassen des Stettener Brotwassers sind eine der besten Riesling Lagen des Landes und liegen in einem kleinen Talkessel.

Speiseempfehlungen
➜ Leicht confierter Kabeljau an gedünstetem Fenchel und Zitronenthymianschaum
➜ Heilbutt und Miesmuscheln an Dill-Estragon-Muschelsud
➜ Kaninchenroulade (kalt serviert) an Erdbeeren und Roter Bete mit Koriander

» 2012 Mundelsheimer Käsberg Trollinger trocken «

Weinbeschreibung:
Leichte Bernsteinfarbe, strahlend. Die Frucht ist sehr opulent und kommt strömend aus dem Glas. Himbeere, Johannisbeeren, Cassis, Kirsche, Mandeln und eine leichte Karamelnote verwöhnen die Nase. Am Gaumen wirkt der Wein genauso fruchtig betont mit vielen roten Früchten, dominiert von Schwarzen Johannisbeeren, Süßkirsche und Erdbeeren. Der Wein hat als Trollinger eine schöne Tiefe und Komplexität. Er ist animierend und sehr saftig.

Ein paar Daten:
➜ 12,0% Alkohol / 3,8g/l Säure / 5,6g/l Restsüsse
➜ Kostet ab Weingut 8,50 Euro

Ausbau
Traditionelle Maischegärung und Ausbau im großen Eichenholzfass (4500 l). Durch starke Ertragsreduzierung entsteht ein sehr fruchtiger und außergewöhnlich dichter Trollinger.

Ausbau
Der Mundelsheimer Käsberg zählt mit seinen unzähligen kleinen Terrassen und dem hochwertigen Muschelkalkboden zu den besten Lagen Württembergs. Er weist eine von Süd nach Südost drehende Hangrichtung auf mit einer Neigung zwischen 40 und 70%. Die Rotweine vom Mundelsheimer Käsberg bestechen durch ihren weichen und feurig-samtigen Geschmack der aus dem Muschelkalkboden herrührt. Die Weinberge am Käsberg sind angelegt wie ein riesiges Amphitheater. Windgeschützt und im optimalen Winkel zur Sonneneinstrahlung können die Reben richtig Sonne tanken. An Hochsommertagen zeigt das Thermometer nachmittags oft bis zu 50°C.

Speiseempfehlungen
Trollinger ist eine typisch württembergische Rebsorte und eignet sich daher zur klassischen schwäbischen Küche, wie zum Beispiel zum:
➜ Zwiebelrostbraten oder zum
➜ gebratenen Zander mit weissem Spargel und Trollingersauce oder zu Geflügelgerichten wie
➜ Komposition von Wachtel und Geflügelleber mit Süsskirsche-Balsamicosauce (dunkel).

Ein paar Worte zum Trollinger
Für viele ist der Trollinger der Inbegriff des schwäbischen Vierteles-Weines und damit Ausdruck einer bodenständigen Weinkultur im Württembergischen. Während der Trollinger in seinem Hauptanbaugebiet Wertschätzung erfährt, sorgt er außerhalb Württembergs weitgehend für Irritationen: Ist der Trollinger ein Rotwein? Oder gar ein Rosé? Ich würde es so formulieren: Der Trollinger ist ein Rotwein, gleichzeitig aber eine regionale Spezialität, die ihre Berechtigung hat und auf die ich nicht verzichten möchte!

Weinbau seit 1136

Hessische Staatsweingüter Kloster Eberbach

[Das größte Weingut Deutschlands]

Im Hospitalkeller.

Weine aus der Schatzkammer.

Raritäten wie diese erzielen bei Weinauktionen hohe Preise.

In der Schatzkammer lagert die größte Sammlung deutscher Spitzenweine.

» Das größte Weingut Deutschlands «

Ansichten von Fritz Richter, Autor

🍇 Kloster Eberbach ist das größte Weingut Deutschlands, und es besteht schon fast seit neun Jahrhunderten! Da muss die Kirche mit im Spiel sein, die schon weit über die doppelt so lange Zeit besteht. Es waren die Zisterzienser-Mönche aus dem Mutterkloster Citeaux in Burgund, die 1136 auszogen, um das Tochterkloster Eberbach im Rheingau zu gründen. Sie arbeiteten nicht nur im Weinberg des Herrn, denn die Selbstversorgung durch Ackerbau und Viehzucht und – wo möglich durch Weinbau - bildete die Existenzgrundlage aller Zisterzienserklöster. Bereits 30 Jahre nach der Gründung besaß Kloster Eberbach neun Gutshöfe, zwei Kellereien und einen Stadthof in Köln. Heute sind die „Hessischen Staatsweingüter GmbH Kloster Eberbach" äußerst erfolgreich für die Weinbautradition verantwortlich, nachdem es in all den Jahrhunderten auch Höhen und Tiefen gegeben hat. Wir sprachen mit Geschäftsführer Dieter Greiner, der das Weingut seit dem Beginn dieses Jahrtausends aus dem System der Ministerialbürokratie in die Marktwirtschaft führt.

Ein Schwabe in Hessen

🍇 Greiner ist einer der vielen Weinmacher in Deutschland mit akademisch erworbenem Weinwissen. Und wie so oft gibt es auch bei ihm einen familiären Hintergrund, wenn er auch differenziert. „Ich stamme aus einer Weingärtnerfamilie in Württemberg. Da könnte man annehmen, dass es mir in die Wiege gelegt war, Winzer zu werden. Dem war aber nicht ganz so, denn ich bin Jüngster von sechs Geschwistern. Von daher habe ich zunächst daran gedacht, Orgelbauer werden zu wollen. Es hat sich dann aber alles anders entwickelt, weil ich auch eine hohe Affinität zum Beruf meines Vaters gehabt habe. Das studienbegleitende Praktikum beim Weingut Karl Haidle in Stetten im Remstal – entfernte Verwandte meiner Familie - hat mich in meinem Entschluss bekräftigt, Landwirtschaft und Weinbau an der Landwirtschaftlichen Hochschule Hohenheim , Fachrichtung Wirtschafts- und Sozialwissenschaften des Landbaus, zu studieren", erläutert der Mittvierziger. Während des Studiums eröffnete ein mehrmonatiger Aufenthalt in Kalifornien die Weinbauhorizonte der Neuen Welt.

Die damals noch bestehende Sektkellerei Deinhard in Koblenz, durch die Weingüter Wegeler in Oestrich mit dem Rheingau verbunden, war die erste berufliche Station Greiners. In der sehr starken Exportabteilung sammelte er Erfahrungen im Duty-free-Geschäft. Es folgte die Tätigkeit als Länder-Referent des Deutschen Weininstituts in Mainz für mehrere Auslandsmärkte, darunter insbesondere Großbritannien und die Niederlande. Das hatte den Charme, im Exportmarketing viel Auslandserfahrung sammeln und im Inland als Begleiter von Medienvertretern in viele Winzerbetriebe hineinschauen zu können. „Da habe ich viel über deren Betriebsphilosophie und Erfolgsfaktoren von Winzern und Weingütern lernen können", erinnert sich der Referent an seine Tätigkeit in der obersten Marketingbehörde der deutschen Weinwirtschaft. Doch grau, teurer Freund, ist alle Theorie, und grün des Lebens goldner Baum, mag er gedacht haben, als er sich 1999 um die ausgeschriebene Stelle als Geschäftsführer der Hessischen Staatsweingüter Kloster Eberbach bewarb – und genommen wurde. „Und so bin ich seit 15 Jahren Direktor dieses besonderen Weingutes" sagt er, als könne er es bis heute selbst nicht ganz glauben.

Weinbaubeamte!

🍇 Als Greiner die Leitung des Weingutes ab 2000 übernahm, hatten zuvor Beamte Wein gemacht. So war die Zeit des Epochenwandels für den Weinmacher ein Hindernislauf. Dass mit dem System der Ministerialbürokratie kein Betrieb geführt werden kann, musste erst kommuniziert werden. Veraltete Kellereitechnik, ein Investitionsstau von 40 Millionen DM und mehrere Standorte behinderten die Arbeit. Greiner: „Veränderung bedeutet, Menschen aus der Komfortzone herauszuholen." Manche konnten mit dem „schlafenden Riesen", der die Hälfte seiner Produktion als Fasswein verkaufte (der dann versektet wurde), ganz gut leben. Auch Anfeindungen bis unter die Gürtellinie gab es . Es versteht sich von selbst, dass damals die Defizite des Betriebs aus dem Staatssäckel ausgeglichen werden mussten. Das alles ist vor dem Hintergrund der Geschichte des Klosters Eberbach, die Pars pro Toto die deutsche Weingeschichte abbildet, längst vergessen und seit der Umwandlung des ehemaligen Landesbetriebes in eine GmbH im Jahre 2003 ist das Weingut wirtschaftlich selbständig.

Mönche mit Internet

🍇 Auch im Rheingau beginnt die Weingeschichte mit den Römern. Später kümmerte sich Karl der Große um den Weinbau. Im Mittelalter waren es dann die Mönche, und der Rheingau ist reich an Klostergründungen. Die Zisterzienser als Zentralkapitel-Orden verfügten über eine Art Internet, weil die Ordenskapitel aller Klöster Abgesandte zu den jährlichen Kapitelversammlungen nach Citeaux schicken mussten. Dadurch gab es zwischen den Klöstern einen europaweiten Informationsaustausch auch über den Weinbau. In den Klöstern wurde das Weinwissen zusammengetragen. Wein brauchten die Mönche inzwischen nicht nur für das Abendmahl und den Eigenbedarf, sondern auch als Handelsgut.

Ein dokumentierfreudiger Abt

🐐 Den Weinhandel beflügelt hat auch der in der Nähe fließende Rhein. Als Verkehrsweg erschloss er über Köln die europäischen Märkte. Das Weinwissen der Mönche und die idealen Standortbedingungen in den nach Süden und Südwesten liegenden Berg- und Hanglagen mit gutem Schiefer-, Quarzit- und Lehmboden boten den Klerikern ideale Voraussetzungen für den Qualitätsweinbau. Gelehrsamkeit, Intelligenz und Beobachtungsgabe der Mönche ermöglichten zudem den schriftlichen Wissenstransfer. Das führte zur Blüte des Klosters Eberbach. Um 1500 sorgte der sehr dokumentierfreudige Abt Martin Rifflinck für viele noch heute vorhandene Schriften. So sind in einem Inventar des Klosters Weinbestände von eineinhalb Millionen Litern in den Kellern des Klosters aufgezeichnet. Das ist ungefähr die Kapazität des heutigen Weingutes. Auch das größte Fass der damaligen Welt mit einer Kapazität von mehr als 70.000 Litern stand in Eberbach. Erst danach wurden die großen Fässer von Heidelberg oder Bad Dürkheim gebaut.

Während in Heidelbergs Großem Fass der Zehnt-Wein – eine schreckliche Cuveé - lagerte, vorgesehen für den über dem Keller liegenden „Gästebereich" des Kurfürsten, lag im Eberbacher Fass Qualitätswein. Wenn auch hier das große Fass der Weinqualität nicht zuträglich war, dokumentierte es dennoch das Selbstbewusstsein der Mönche, welch guten Wein zu machen sie in der Lage waren. Es unterscheidet Eberbach von anderen sehr alten Weingütern, dass der Wein hier wirtschaftlich stets die Hauptrolle gespielt hat. Bei anderen war der Weinbau oft eine Randaktivität neben der Land- und Forstwirtschaft.

Qualität mit Geschichte

🐐 Wer heute durch das Klostergelände geht, kann das gut nachvollziehen, wenn er im Laiendormitorium die größte Sammlung von Dockenkeltern sieht. Es gibt viele Dokumente, die belegen, welche Gedanken man sich schon damals über die Erzeugung hochwertigster Weine gemacht hat. Leseanweisungen für die Pächter der Kloster-Weinberge schrieben im 15. Jahrhundert vor, wie Trauben zu selektieren seien, um eine hohe Qualität zu erzielen. Darüber hinaus musste der Most in Röhren transportieren werden, um Oxydation zu vermeiden. Dieter Greiners Kommentar: „Es gibt viele Aufzeichnungen, bei denen man heute sagt, ja, das machen wir genau so, auf das achten wir heute auch. Man hat damals nichts dem Zufall überlassen, sondern hat sehr genau beobachtet um hohe Qualitäten zu erzeugen."

Goethe trank Wein aus Kloster Eberbach

🐐 Nach überstandenem Dreißigjährigem Krieg kam 1803 die Säkularisierung. Das Weingut fiel an den nicht sehr reichen Herzog Friedrich August von Nassau-Usingen, Goethekennern dadurch bekannt, dass er vor gut 200 Jahren im Biebricher Schloss für den Gast aus Weimar eine große Feier zum 65sten Geburtstag ausgerichtet und ihn immer Sonntags zum Mittagessen eingeladen hatte. Goethe weilte damals zur Kur in Wiesbaden und wohnte im immer noch existierenden Gasthof „Bären", wo die Erinnerung an ihn heute noch gepflegt wird. Rheingauer Wein aus Kloster Eberbach, den er mit Sicherheit beim Herzog getrunken hat, bekam er auch bei der Familie Brentano in Winkel aus deren Weingut. Wie seine Mutter hat er ihn sehr geschätzt. Der Chronist darf in diesem Zusammenhang auf sein Buch „Goethe und der Wein. Seine Reise an Rhein, Main und Neckar" verweisen.

Herzog Friedrich August von Nassau-Usingen, der schnell den ökonomischen Wert des Weingutes Kloster Eberbach erkannte, förderte es nach Kräften. Der Cabinetkeller der Mönche, den diese 1730 für ihre vinifizierten Kostbarkeiten errichtet hatten, wurde wiederbelebt, um die Weine in Spitzenqualität aufzunehmen. Im Netzwerk des Fürsten zu den europäischen Herrscherhäusern erlangte der Rheingauer Wein höchste Anerkennung. Auch die Familie Rotschild in Frankfurt fungierte angesichts ihrer Verbindungen erfolgreich als Distributeur.

Weinversteigerungen und VDP

🐐 Bereits 1806 wurden die Weinversteigerungen eingeführt, eine Tradition, die der Verband der Prädikatsweingüter (VDP) gemeinsam mit Kloster Eberbachs im Herbst jeden Jahres fortführt. In einem zweiten Versteigerungstermin im Frühjahr hingegen werden nur eigene Weine versteigert. Nach dem Deutschen Krieg im Jahr 1866 – Nassau stand auf der Seite Österreichs und wurde mit ihm in Königgrätz vernichtend geschlagen - ging das Großherzogtum in der preußischen Provinz Hessen-Nassau unter. Die Preußen nahmen schnell in Kloster Eberbach Einfluss und richteten eine königlich-preußische Domänenverwaltung ein. Im fernen Berlin und Potsdam hatte man sein Weinwissen an den Stränden der Havel erworben. Da kann man durchaus die massiven preußischen Investitionen in den südlicheren deutschen Weinanbaugebieten verstehen. Im Rheingau investierte Preußen nicht nur Geld im Kloster Eberbach, sondern auch in den Domänen, zum Beispiel Rauenthal (mit dem weltberühmten Baiken) oder Niederhausen-Schlossböckelheim an der Nahe.

Das Prinzip Naturwuchs im Test

Welche Bedeutung der Rheingauer Wein für die Preußen hatte, zeigt auch die Gründung der „Königlich Preußischen Lehranstalt für Obst- und Gartenbau" in Geisenheim, der heutigen „Hochschule Geisenheim", wichtiger Standort der Weinforschung und -lehre. Mit den Professoren arbeitet das Weingut Kloster Eberbach noch heute zusammen, zum Beispiel bei der Entwicklung von Strategien zur Reaktion auf den Klimawandel. Dabei nutzt man die Erfahrung, dass durch einen geringeren Winter-Rückschnitt der Reben die Trauben kleiner und lockerer werden und eine längere Reifezeit brauchen. Beim Rundgang durch den Steinberg demonstriert Dieter Greiner den augenfälligen Unterschied zwischen kompakten und lockerbeerigen Trauben unter- und oberhalb des Weinbergwegs. So wird gegenwärtig das Prinzip Naturwuchs in Eberbach getestet, um auch bei feucht-wärmerem Klima hohe Weinqualitäten zu erzeugen. Gewollt sind nicht primär hohe Mostgewichte, sondern lockerbeerige Trauben mit kleinen Beeren, die später reifen. Diese sind weniger krankheitsanfällig. Bei kompakten Trauben drücken sich die Beeren vor allem nach Regenfällen gegenseitig und platzen auf. So kommt es zur vom Winzer so gefürchteten Essigfäule. Greiner: „Wir ernten lieber im November gesunde als schon im September faule Trauben." Die bisher gemachten Erfahrungen auf rund 15 % der Rebfläche sind vielversprechend. So wurden die Weine aus dem 2013er Jahrgang, die im Naturwuchs erzeugt wurden, bei der Landesweinprämierung mit Gold ausgezeichnet.

Im Weingut Kloster Eberbach gab es immer wieder Persönlichkeiten, die den Ruf als Qualitätsweingut in die Welt hinausgetragen haben. Da ist zum Beispiel Michael Pfaff, Seniorchef des fränkischen Weinguts „Zur Schwane" in Volkach. Im Beitrag über das Weingut in diesem Buch merkt der heutige Inhaber Ralph Düker mit Befriedigung an, dass sein Schwiegervater, der einst in Kloster Eberbach gelernt habe, von dort den in Franken damals eher seltenen Riesling mitgebracht hat. In den besten Lagen gepflanzt, könne man heute die Ernte aus den 40 Jahre alten Toplagen einfahren.

Eine viel weitere Reise hat der Spätburgunder aus der Domäne Assmannshausen des Weinguts Kloster Eberbach angetreten. In Assmanshausen war 1924 der Pinot-Noir-Keller, der modernste Rotweinkeller seiner Zeit, errichtet worden. Kellermeister Ewald Schug hat hier in den 50er Jahren Rotweine von Weltniveau produziert. Sein Sohn Walter, in der Domäne Assmannshausen geboren und aufgewachsen, hat als Erster in den USA Spätburgunder populär gemacht. Heute sind die USA zweitgrößter Spätburgunder-Erzeuger der Welt nach Frankreich.

Wenn Beamte Wein machen

Nach dem Zweiten Weltkrieg wird das Kloster Eigentum des Landes Hessen und wird durch die Hessischen Staatsweingüter verwaltet. Und nun kommen die Besucher, denn in Europa gibt es keine mittelalterliche Klosteranlage, die so gut erhalten ist. Sie zieht jährlich Hunderttausende Besucher an und wird Veranstaltungsort für Kulturereignisse und Filmkulisse. „Der Name der Rose" mit Sean Connery wird hier gedreht. Und den Wein machen Beamte!

Noch heute schmunzelt man über Kuriositäten folgender Art. Als vor Weihnachten eine Haushaltssperre erlassen wurde, konnten keine Flaschen gekauft werden. Und weil diese fehlten, konnte man im Weihnachtsgeschäft nicht liefern. 1998 wird die Klosteranlage in das Eigentum einer gemeinnützigen Stiftung des öffentlichen Rechts überführt und 2003 das Weingut in die „Hessische Staatweingüter GmbH Kloster Eberbach" umgewandelt. Adé Regiebetrieb, adé Landesbetrieb, nun ermöglicht die private Rechtsform Wettbewerbsgleichheit mit ähnlichen Betrieben.

Das bedeutet Offenlegungspflicht und Kontrolle durch einen Aufsichtsrat, der natürlich politisch besetzt ist. „Aber man gibt uns genug Handlungsspielraum", sagt Geschäftsführer Greiner. Laut Satzung muss das Weingut Kloster Eberbach dem Wohl der Region dienen, was für ihn aber selbstverständlich sei. „Wir sind aber ein eigenständiger Betrieb, der wirtschaftlich selbständig ist und unternehmerisch handeln kann, und wir sind seit einigen Jahren ein profitabler Betrieb", stellt Greiner fest. Letztes Jahr konnten wieder 3 Mio. Euro an das Land abgeführt werden. Das klingt gut nach den Verlusten, die vor der Umwandlung in eine GmbH, vom Staatssäckel ausgeglichen werden mussten. Den Betriebswirt wird beeindrucken, dass das Weingut Kloster Eberbach zu den 25 Prozent der wirtschaftlichsten Weingütern seiner Klasse gehört. Das wird aus einem Betriebsvergleich mit über 300 deutschen Weingütern deutlich, der an der Hochschule Geisenheim erstellt wurde. „So sind wir auf Augenhöhe mit den wirtschaftlichsten Betrieben Deutschlands" freut sich der Geschäftsführer, der zudem auf die nicht ganz identischen Rahmenbedingungen des Betriebsvergleichs verweist, weil Eberbach sehr viele Steillagen bewirtschaften muss, insgesamt über 25 % aller Steillagen in Hessen.

Hinter dem Wortungetüm „Hessische Staatsweingüter GmbH Kloster Eberbach" verbirgt sich, dass es sich hier um einen komplexen Betrieb von 250 Hektar Weinbergen handelt. Er ist aus mehreren Weingütern entstanden, die einst als Domänen selbständige Wirtschaftseinheiten gewesen sind. Sie reihten sich einst wie an einer 100 Kilometer langen Kette aneinander: von der Bergstraße über den ganzen Rheingau von Hochheim, Wiesbaden, Rauenthal, Eltville, Rüdesheim bis Assmannshausen. Die Weine, die dort wachsen, lassen weltweit die Herzen der Weinkenner höher schlagen, sei es nun beim „Rauenthaler Baiken" oder beim „Hock", dem Hochheimer, den die Queen Victoria so schätzen lernte, als sie 1845 Hochheim besuchte. Die Zusammenfassung der Domänen bot die Möglichkeit der Spezialisierung. Die Mitarbeiter helfen sich untereinander.

Ein Beispiel: Der Spätburgunder-Spezialist in Assmanshausen kümmert sich auch um die Spätburgunder in Hochheim, wo das Kloster Eberbach ebenfalls Flächen hat.

Eine Mauer gegen Traubendiebe

🐏   Eine Besonderheit erschwert die Arbeit sehr. Das Weingut bewirtschaftet 70 Hektar Steillagen (über 35 Prozent Steigung) wovon 30 Hektar im UNESCO Welterbe Mittelrheintal liegen. Geradezu alpine Verhältnisse herrschen im Rüdesheimer Schlossberg, einen der steilsten Weinberge Deutschlands, direkt an der Burg Ehrenfels. Dort besteht über 80 Prozent Hangneigung, was den Seilzugeinsatz notwendig macht. Heute hat das Weingut Kloster Eberbach vier Standorte: die Domäne Bergstraße im hessischen Heppenheim, unweit der badischen Grenze, die Domäne Assmannshausen, berühmt durch ihre Spätburgunder, die Domäne Rauenthal, in der der begehrte Baiken liegt und den Steinbergkeller mit der berühmten Einzellage Steinberg, den die Mönche schon im 18. Jahrhundert wegen der Traubendiebstähle mit einer fast drei Kilometer langen Mauer umgeben haben.

Die Wirtschaftsweise von Kloster Eberbach bezeichnet Greiner als naturnah. „Wir arbeiten nicht im strengen Sinn ökologisch. Unser Verantwortungsbewusstsein lässt sich aber nicht in EU-Normen pressen. Verpflichtend für uns ist das Prinzip der Nachhaltigkeit, das heißt Bodenfruchtbarkeit und Gesundheit der Pflanze stehen im Vordergrund. Historische Verantwortung heißt zum Beispiel, dass auf Flächen wie dem Steinberg, wo wir seit dem 12. Jahrhundert Weinbau betreiben, auch noch in 800 Jahren Wein wachsen kann.

Von „Crescentia" bis zum „Großes Gewächs"

🐏   Der Rebsortenspiegel des Weingutes ist klassisch. Rheingauer Riesling wächst auf 80 Prozent der Flächen, 14 Prozent sind Spätburgunder. Der Rest verteilt sich auf Weiß- und Grauburgunder sowie Chardonnay. Der Kunde kann also mit den wichtigsten deutschen Rebsorten aus einer Hand bedient werden und hat die Qual der Wahl unter den weltberühmten Lagen, darunter einige Monopollagen. Drei Qualitätsstufen erleichtern dem Weinkäufer die Orientierung. Die Qualitätspyramide verbindet historisch gewachsene Elemente mit den Vorgaben des VDP, den Kloster Eberbach aus dem Verein der Naturweinversteigerer 1910 mit begründet hat.

An der Spitze stehen die Großen Gewächse, die im Rheingau sonst Erste Gewächse heißen. Die Weine kommen aus dem Cabinetkeller, für die eine Mengenbegrenzung von 50 Hektolitern pro Hektar gilt. Seit dem 18. Jahrhundert lagern dort die besten Weine, auch fruchtsüße Auslesen, Beerenauslesen, Trockenbeerenauslesen und Eisweine. Unterhalb der Spitze kommen die Crescentia-Weine mit Erträgen von 60 Hektoliter pro Hektar. Bereits im 15. Jahrhundert bezeichneten die Mönche mit Crescentia, (lat. Gewächs) ihre Weine aus den besten Lagen. Basis der Qualitätspyramide sind die Gutsweine,

Qualitätsweine mit gebietstypischem Charakter der Rebsorten aus dem Rheingau und von der Hessischen Bergstraße. Nach seinen eigenen Favoriten gefragt antwortet Dieter Greiner:

➜   *2013er Steinberger Riesling,*
➜   *2013er Bensheimer Kalkgasse Riesling feinherb*
➜   *2012er Assmannshäuser Höllenberg Großes Gewächs.*

Zu 90 Prozent deutsche Kunden

🐏   Bei der Vermarktung seiner Weine geht Kloster Eberbach besondere Wege. Die Kunden sitzen zu 85 Prozent in Deutschland. „Wir sind zum Glück sehr breit aufgestellt", sagt Greiner. Er setzt auf Länder mit stabilem Kundenverhalten, auf solide Ab- und Umsätze, zum Beispiel auch in Skandinavien. In den so genannten „aufstrebenden Märkten", also in Asien und Amerika, sei man kaum vertreten, weil die Vermarktung zu vielen Zufällen unterliege. Im Inland sind alle Händler gefragt, deren Kunden Premiumweine kaufen. Das reicht von der Sternegastronomie bis Edeka und Rewe über die Feinkostabteilungen von Kaufhäusern oder der Metro. Auch bei Hawesko , Jaques´ Wein-Depot oder Heinemann Duty Free ist Kloster Eberbach gut vertreten. Darüber soll die Vinothek im Kloster Eberbach selbst nicht vergessen werden, in der Besucher des Klosters Wein probieren und kaufen können.

Eine „Kathedrale für den Riesling"

🐏   Sicher denkt Dieter Greiner, wenn es um Berge geht lieber an den Rüdesheimer Berg Rottland oder an den Wiesbadener Neroberg als an die Berge, die er versetzen musste, bis 2008 der Steinbergkeller eröffnet werden konnte. Der von Architekt Bernhard Moster, Neustadt an der Weinstraße, entworfene modernste Weinkeller Europas mit drei Etagen liegt 800 Meter entfernt von Kloster Eberbach 14 Meter tief im Boden neben dem Steinberg, dem Lieblingsweinberg der Mönche. Sichtbar sind nur 10 Prozent der „Kathedrale für den Riesling", so die Frankfurter Allgemeine Zeitung. Allerdings werden inzwischen alle Rebsorten des Weingutes hier verarbeitet - auch Spätburgunder und die weißen Burgundersorten von der Bergstraße. Bei schonendem Transport der Trauben in kleinen Behältern und der heute zur Verfügung stehenden Kellertechnik sei das kein Problem, sagt Greiner.

Insgesamt 1,3 Millionen Flaschen können gelagert werden. Die 270 Edelstahltanks mit einem Fassungsvolumen von 270 bis 50 000 Liter haben eine Kapazität von 1,8 Millionen Litern. Hinzu kommen noch 40 Stück- und Halbstückfässer mit einem Volumen von 80 000 Litern. Am Tag können bis zu 170 000 Kilogramm Trauben schonend verarbeitet werden, weil aufgrund der dreistufigen Architektur im Steinbergkeller auf Pumpen verzichtet werden kann. Dieser Keller hat den Weg für die weitere Entwicklung des Weingutes frei gemacht. Daher gibt es auch eine Zusammenarbeit mit 30 Privatwinzern, die insgesamt 50 Hektar nach den Vorgaben des Klosters bewirtschaften. Eine Kooperation, von der beide Seiten profitieren. Ein Vertreter der Privatwinzer ist sogar im Aufsichtsrat der GmbH vertreten.

Vom Streitobjekt zur Touristenattraktion

Vor und während der Bauzeit von 2006 bis 2008 war zuvor im Rheingau ein heftiger Streit ausgefochten worden, der deutschlandweit beachtet wurde. Vergleiche mit der „Elbphilharmonie" (auch eine Investition in ein Kulturprojekt) drängen sich auf den ersten Blick auf, hinken aber auf den zweiten schon wegen der Höhe der Investitions-Summen und der Finanzierung. Während in Hamburg Millionen vom Steuerzahler aufzubringen sind, handelt es sich hier um 15,8 Millionen Euro, die das Weingut Kloster Eberbach allein finanziert hat. Es hat keinerlei öffentliche Zuschüsse und Subventionen gegeben. Außergewöhnlich bei diesem Projekt ist hingegen eine Phalanx von Gegnern gewesen, die mit unterschiedlichsten Mitteln (bis zu Strafanzeigen) den Bau verhindern wollten.

Greiner: „Das ging bis zum persönlich Verletzenden und war keine schöne Zeit für mich und meine Familie." Ohne die Tenuta Manincor von Michael Graf Goess-Enzenberg in Kaltern gäbe es den Steinbergkeller nicht. Der damalige hessische Ministerpräsident Koch hatte sich zufällig mit einer Delegation in Südtirol aufgehalten und sich von der Praktikabilität eines solchen Kellers überzeugen können. Er setzte sich danach für die schon weit gediehenen Pläne in Kloster Eberbach ein.

Inzwischen haben sich die Gemüter beruhigt. Der Steinbergkeller ist eine Touristenattraktion geworden. Im Jahre 2010 konnte Dieter Greiner mit Genugtuung und Stolz den „Architekturpreis Wein" entgegennehmen, verliehen vom Ministerium für Wirtschaft, Verkehr, Landwirtschaft und Weinbau Rheinland-Pfalz in Zusammenarbeit mit dem Deutschen Weinbauverband und der Architektenkammer Rheinland-Pfalz. Dieser Preis bedeutet dem Geschäftsführer wohl etwas mehr als die zahlreichen Auszeichnungen für seine Weine, die das Weingut Kloster Eberbach errungen hat.

Gesamte Rebflächen des Weinguts

250 Hektar

Die Standorte des Weinguts Kloster Eberbach

Ort und Name	Hektar
Domäne Bergstraße	35
Domäne Assmannshausen	45
Domäne Rauenthal/Steinberg	160

Einzellagen-Anteile Kloster Eberbachs (in Hektar)

	Gesamtfläche	Einzellagen-Anteil
Steinberg	31	31
Assmannshäuser Höllenberg	44	18
Rauenthaler Gehirn	18	14
Rauenthaler Baiken	14	12
Rüdesheimer Berg Rottland	35	8
Rüdesheimer Berg Schlossberg	25	7
Hochheimer Domdechaney	10	5
Wiesbadener Neroberg	4	4
Erbacher Marcobrunn	7	2
Heppenheimer Centgericht	16	16
Schönberger Herrnwingert	9	9
Heppenheimer Steinkopf	27	3

Weine

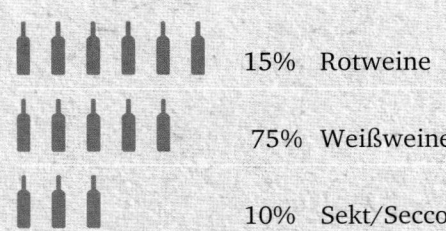

15% Rotweine

75% Weißweine

10% Sekt/Secco

Domäne Bergstraße

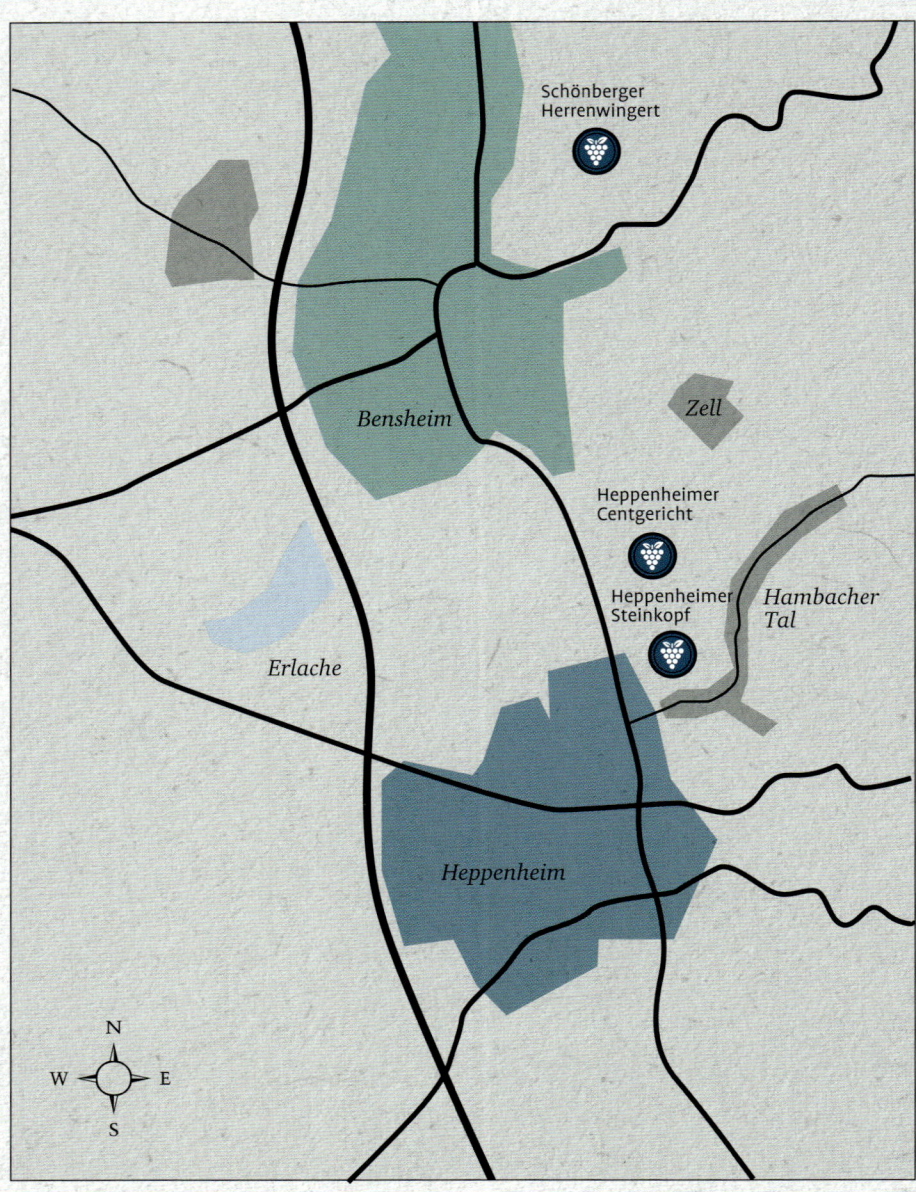

Wiesbaden und Hochheim

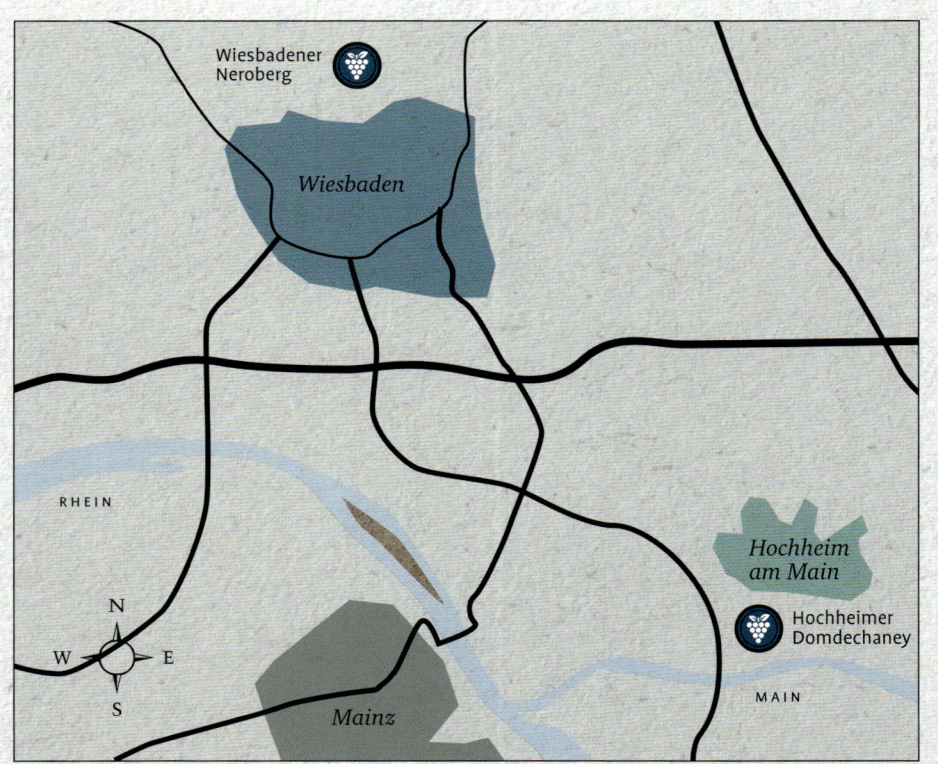

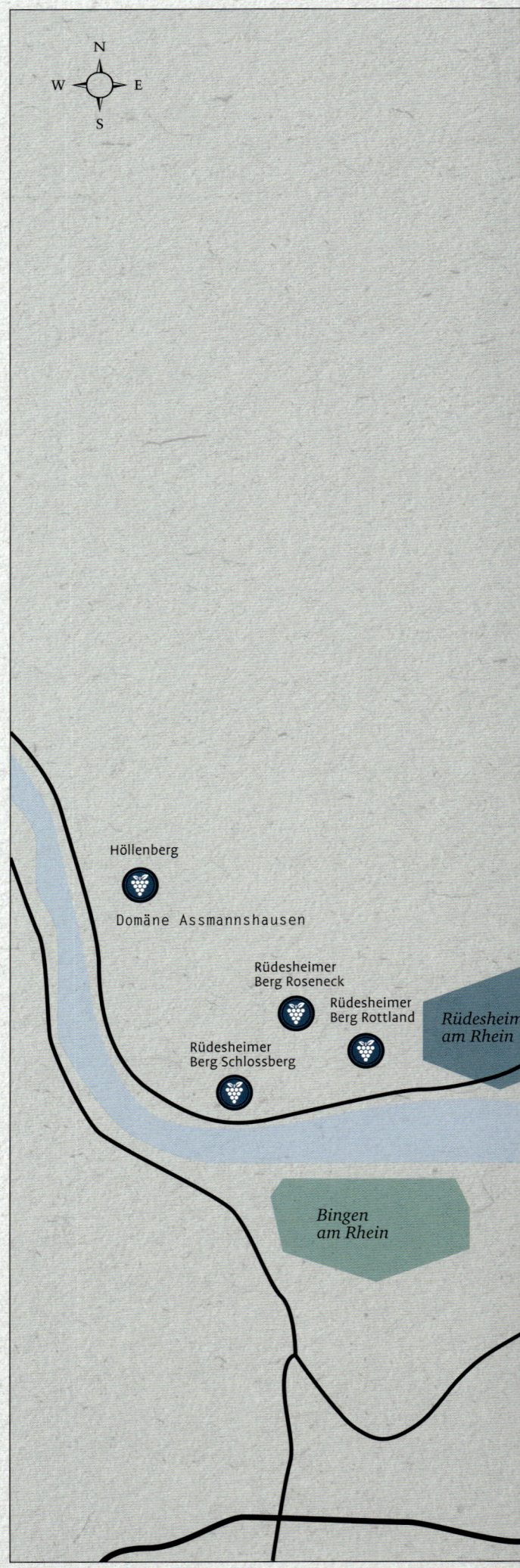

Domäne Assmannshausen, Domäne Steinberg, Domäne Rauenthal

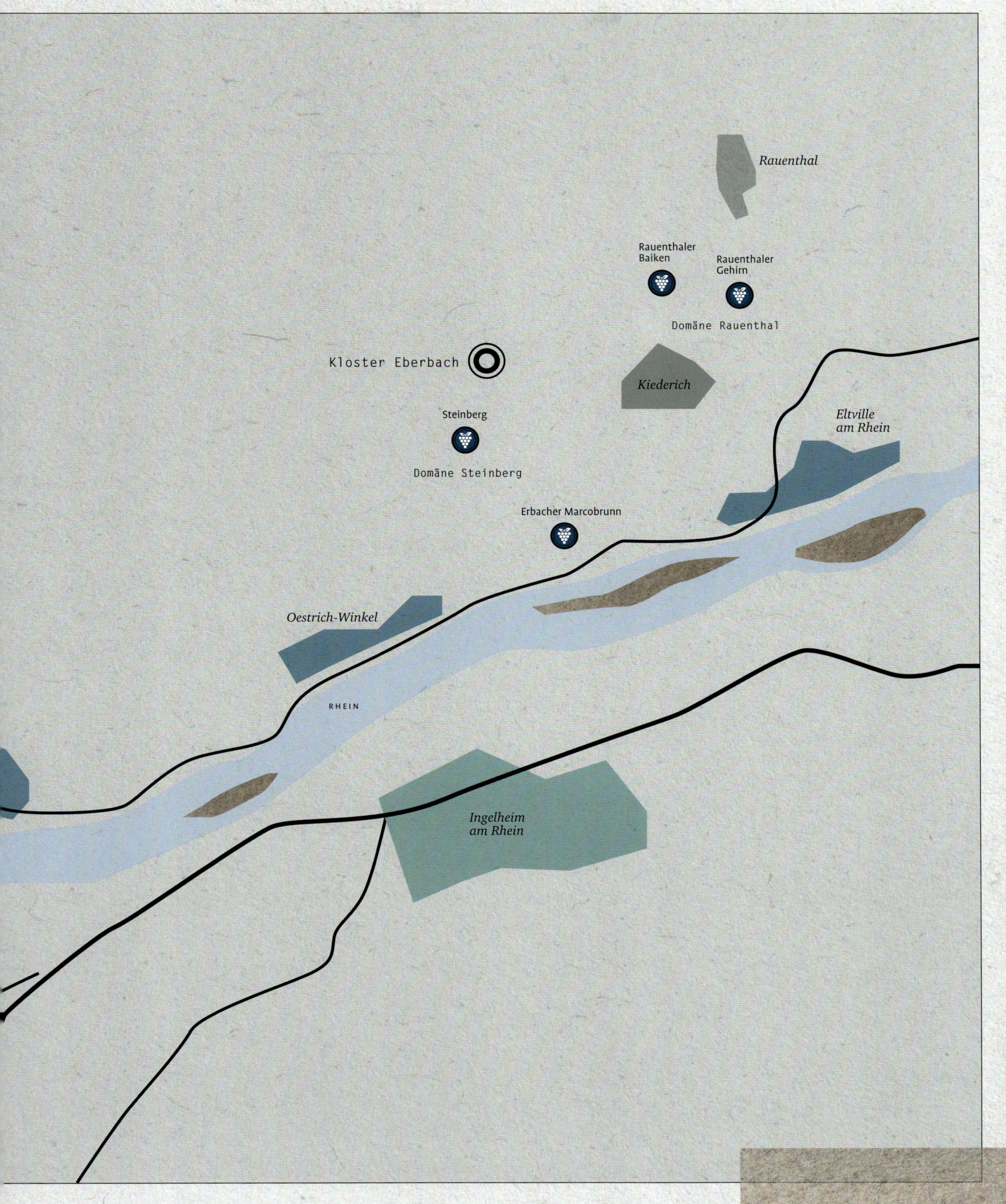

Dieter Greiner, Geschäftsführer

» Ich schätze an den Bergsträßer Weinen besonders deren
Finesse und Leichtigkeit. Gerade die feine Fruchtsüße
in diesem feinherben Riesling betont bei einer sehr dezenten
Säure die oft tropischen Fruchtaromen, die im warmen Klima
in „Deutschlands Frühlingsgarten" den Weinen ihren
unverwechselbaren Charakter geben « DIETER GREINER

» Weil er die Charakterisierung der Lage
perfekt darstellt und das Terroir verkörpert.
Mit dem Jahrgang 2012 hat dieser Wein gezeigt,
was in ihm steckt. Großartige Frucht gepaart
mit Komplexität und Struktur. Das GG aus
2012 entspricht dem Ideal eines großen Weines.
Er wird sich in Zukunft nahtlos in die
Reihe der großen Jahrgänge einreihen. Ein
Spätburgunder, der wirklich sehr viel Spaß
macht – ein Pinot Noir par excellence! «

» 2013er Bensheimer Kalkgasse Crescentia Riesling feinherb «

Weinbeschreibung:
Tief Goldgelb, strahlend. In der Nase zeigt der Wein bereits sehr viel von sich: Honig, Melone, Bananenschale, Apfelkompott, Ananas, Karamell, überreife Bananen, Passionsfrucht und Quitte. Insgesamt viele exotische Noten. Am Gaumen ist der Wein sehr mineralisch und bietet ein schönes Spiel zwischen Süße und Säure. Der Wein ist saftig und bleibt sehr fruchtig: Ananas, Apfel, Zitrus, mit einer leichten Hefenote. Als feinherber Wein hat er eine schöne Fülle und durch seine Böden (Marmor) wirkt er mineralisch mit einer eleganten Würze.

Ein paar Daten:
→ 11% ALKOHOL
→ 8,3G/L SÄURE
→ 15,7G/L RESTZUCKER
→ EMPFOHLENE TRINKTEMPERATUR: 8-10°C
→ KOSTET AB WEINGUT 9,90 EURO

Ausbau
Der Wein wurde im Edelstahl ausgebaut. Dadurch bleibt der Wein sehr fruchtig betont und behält seine Frische. Dies ist gerade deshalb wichtig, weil die feine Süße mit der Säure eine schöne Harmonie bilden soll.

Lage
1904 wurden von der Großherzoglichen Verwaltung Hessen-Darmstadt einzelne Parzellen zwischen Bensheim und Heppenheim ausgesucht und in ihrem neu gegründeten Muster-und Beispielbetrieb bewirtschaftet. 1946 wurde dieser Betrieb Teil der Hessischen Staatsweingüter Kloster Eberbach. Die Lage Bensheimer Kalkgasse ist nach Südwesten geneigt und weist eine leichte bis steile Neigung auf. Der Name kommt von einem ehemaligen Marmor-Steinbruch. Der kalkhaltige Untergrund prägt den Charakter der bekanntesten Bensheimer Weinlage. Der Name Kalkgasse deutet nicht nur auf das Ausganggestein sondern auch auf die durch Erosion entstandenen Hohlwege hin.

Was bedeutet die Klassifizierung Crescentia?
Der Name „Crescentia" (lat. für Gewächse) adelt edle Weine aus besten Lagen. „Unsere edlen Crescentia-Einzellagenweine spiegeln den individuellen Charakter unserer wertvollsten Lagen wider. Dieser zeigt je nach Weinberg dezente oder intensive Fruchtaromen, eine feine oder starke Würze, eine elegante oder ausgeprägte Mineralität. Dabei steht jedoch stets der moderne, jugendlich, frische Charakter der einzelnen Weine im Focus. Ab August des auf die Ernte folgenden Jahres zeigen die Weine diesen puren Trinkgenuss, der für zwei bis drei Jahre erhalten bleibt."

Speiseempfehlungen
→ GEBRATENE JAKOBSMUSCHEL MIT MANGO-VINAIGRETTE
→ GEBRATENE GÄNSELEBER AN APFEL-QUITTEN, INGWERAROMEN
→ ENTENBRUST MIT HONIG-VANILLE-KAROTTEN AN BALSAMICOSCHAUM

» 2012er Rüdesheimer Berg Schlossberg Spätburgunder „Großes Gewächs" trocken «

Weinbeschreibung:
Die Farbe ist tief rot und strahlt. In der Nase ist der Wein ungemein präsent. Die Nase erfreut sich einer Fülle an Aromen: Noten von Cassis, Süßkirschen, Brombeeren aber auch Röstaromen, Vanille, Süßholz, Kakao, Mon Cherie Praline, Leder, Gewürze wie Pfeffer und etwas Rauch. Am Gaumen verspricht dieser Wein genau soviel. Viel Dichte und Länge. Der Wein bleibt auch am Gaumen sehr fruchtig nach dunklen Beeren und Gewürzen. Das Holz ist sehr schön eingebunden und die Tannine sind zwar präsent aber reif und süß. Ein großartiger Spätburgunder,, der zugleich Eleganz und feine Burgundernoten hat aber auch Dichte und Komplexität.

Ein paar Daten:
→ 13,5% ALKOHOL
→ 5,5G/L SÄURE
→ 1,1G/L RESTZUCKER
→ KOSTET AB WEINGUT: 39,00 EURO
→ DEKANTIERUNG EMPFOHLEN

Ausbau
Alles hat in diesem Jahr für den Spätburgunder gepasst, die Vergärung in den offenen Maischebehältern und der Ausbau im ¼-Stück (300 Hundert Liter) und Barrique für 18 Monate. Der Wein reift im Cabinetkeller der Domäne Assmannshausen.

Weine aus dem Cabinettkeller
Bei der Erzeugung von Spitzenweinen waren die Kloster Eberbacher Zisterziensermönche ihrer Zeit voraus. So wurde bereits zu Beginn des 18. Jahrhunderts im Kloster ein "Cabinetkeller" für die wertvollsten Weine eingerichtet. Diesem historischen Qualitätsanspruch folgend, genügen unsere edelsten Weine strengsten Kriterien: Trauben aus den wertvollsten Parzellen - den "Filetstücken", die besten Lagen. Diese "Filetstücke" galten bereits in der ältesten Lagenkarte der Welt von 1867 als die besten des Rheingaus.

Lage
Der 30% bis 80% steile Hang weist eine südliche Ausrichtung auf. Der Boden setzt sich aus Quarzitverwitterungsböden und Schiefereinlagen zusammen. Er gilt als der wärmste Standort im Rheingau.

Der Rüdesheimer Berg
Die Weinberge im Rüdesheimer Berg gehen auf alten, teils aus dem 12. Jhd. stammenden Kurmainzer Besitz zurück. Mit Übernahme der Preußischen Herrschaft im Jahr 1866 musste der unterlegene Herzog von Nassau seine Schätze aus dem Rüdesheimer Keller entbehren. Der Name Schlossberg geht auf das ehemalige Schloss und Zollburg „Ehrenfels" zurück, die als Ruine noch heute das Bild des Rüdesheimer Bergs prägt.

Speiseempfehlungen
→ REHRÜCKEN MIT GARAM MASALASAUCE UND VANILLEKAROTTEN
→ SEETEUFEL IM SPECKMANTEL / DÖRRPFLAUMEN UND SPÄTBURGUNDERJUS
→ PERLHUBRUST MIT FEIGEN-BALSAMICOFRÜCHTEN UND JUS

Martin Kurrle, Geschäftsführer und Kellermeister

Uhlbach im Neckartal

Collegium Wirtemberg

[Aufsteiger am Württemberg]

Der Lemberger reift im Fleckensteinbruch.

*Unter der Grabkapelle, die zu Ehren der Königin Katharina erbaut wurde,
wachsen die Reben am Uhlbacher Götzenberg*

Stubensandstein verleiht den regionalen Weinen ihr eigenständiges, eindrucksvolles Aroma.

Martin Kurrle und Mitglieder des Collegium Wirtemberg genießen den Feierabend.

» Aufsteiger am Württemberg «

Ansichten von Fritz Richter, Autor

🐐 In Stuttgart wächst sogar im Stadtzentrum Wein. Dennoch fragt sich der Weinfreund, wo die Weinberge liegen, welche die baden-württembergische Landeshauptstadt ihren Schwestern in Rheinland-Pfalz und Hessen als Weinstädte gleichstellt? Dazu muss man z.B. nach Untertürkheim hinausfahren! Richtig, dort wird das berühmteste Auto der Welt gebaut, das im badischen Mannheim erfunden wurde. Die riesigen Werksanlagen beeindrucken. Nach Überquerung des Neckars und Unterquerung einer Bahnlinie wird der Weinort Untertürkheim sichtbar. Schnell ist die Württembergstraße gefunden. Sie ist sehr lang und führt letztlich durch die Weinberge des Württembergs in den Stadtteil Rotenberg hoch über dem Neckartal. Bei Hausnummer 230 ist der Hauptsitz des Collegium Wirtemberg erreicht. Es ist 2007 aus der 1936 gegründeten Weingärtnergenossenschaft Rotenberg und der 1906 gegründeten Weingärtnergenossenschaft Uhlbach entstanden. Mit 127 Hektar Anbaufläche handelt es sich um den größten Weinbaubetrieb Stuttgarts. Wir sind mit Geschäftsführer und Chefkellermeister Martin Kurrle verabredet.

Weinbau in den Genen

🐐 Kurrle ist ein Winzer-Urgestein, was nicht nur metaphorische Bedeutung hat, weil Steine im Collegium Wirttemberg eine besondere Rolle spielen, und das nicht nur im Weinbergsboden. Er ist in einer Weinbaufamilie aufgewachsen und zielstrebig seinen Weg an die Spitze des Collegium Wirtemberg gegangen. Genetisch programmiert – sein Großvater war schon Kellermeister in der Uhlbacher Kelter - und gut ausgebildet hat sich diese Weinmacher-Karriere vollzogen. Nach der Schule erlernte Kurrle in der Uhlbacher Genossenschaft den Beruf des Küfers im kellerwirtschaftlichen Zweig. Es folgte das Studium von Weinbau und Önologie in Geisenheim. Dann trat der frisch gebackene Weinbauingenieur 1993 sofort in Rotenberg an, um „große" Weine zu machen! Da blieb für Hobbies wenig Zeit. Wandern in der Natur, Mountainbike-Fahren und Skilaufen sowie hin und wieder die Musik von Strauss, Haydn und Beethoven hören, bringen Kurrle Entspannung. Darüber hinaus verbindet der Hobby-Koch das Angenehme mit dem Nützlichen. „Der Austausch mit Spitzenköchen der Region beim Weinverkosten und gemeinsamen Kochen macht mir ungeheuren Spaß", sagt der Winzer, pardon Weingärtner.

„Wir freuen uns über jedes Lob"

🐐 So kürte der Weinführer Gault Millau 2014 das Collegium Wirtemberg mit der Vergabe der zweiten Traube zum Aufsteiger des Jahres in Württemberg. Gelobt werden die blitzsaubere Kollektion und einige echte Highlights. Bei dem von der Weinzeitschrift Vinum veranstalteten Wettbewerb GenoCup 2014 wurde das Collegium Wirtemberg beste deutsche Genossenschaft. Auch bei dem von der Zeitschrift jährlich ausgerichteten Deutschen Rotweinpreis, der bundesweit von den Weinfreunden stark beachtet wird, erreichten die Weingärtner vom Württemberg im Jahr 2013 beim Trollinger den dritten Platz mit der Selektion „Wilhelm" und haben damit eine Lanze für die oft unterschätzte Rotweinsorte gebrochen. Schon 2011 errangen sie den Deutschen Rotweinpreis in der Kategorie Lemberger. Darauf angesprochen stellt Kurrle fest: „Wir freuen uns eigentlich über jedes Lob; von guten Kunden ebenso wie vom fachkundigen Sommelier. Es ist eine Bestätigung für eine langjährige Qualitätsarbeit, wenn verschiedene Institutionen, die eine Reihe von Weinen verkosten, zu ähnlichen guten Bewertungen kommen."

Die Grabkappelle krönt den Wirtemberg

🐐 Das Collegium Wirtemberg gehört in dem von einem starken Genossenschaftssektor geprägten Weinland Württemberg nach Ansicht der Liebhaber württembergischen Weins zu den drei besten - und das schon sehr lange. Die Wurzeln des Betriebes liegen zum einen in dem Weinort Uhlbach, der seit Generationen weit über die Landesgrenzen hinaus bekannt ist, und zum anderen in dem Weinort Rotenberg mit dem namensgebenden Württemberg. Die Genossenschaft hat sich auf terroirbetonte Weine in verschiedenen Ausbauformen spezialisiert. Allerdings profitiere man auch vom berühmten Württemberg mit seiner Grabkapelle, meint Kurrle. Auf halber Höhe des Berges befindet sich hinter dem Betriebssitz des Collegium Wirtemberg ein herrlicher Freisitz mitten in den Weinbergen. Von dort aus kann der geschichtsbewusste Weintrinker durch die Weinberge auf die Bergspitze wandern und die dortige Grabkapelle besichtigen. Sie wurde nach dem Tode der Königin Katharina von Württemberg an der Stelle errichtet, wo einst die Stammburg des Hauses Württemberg stand. Das Weinetikett des Collegium Wirtemberg zeigt ein Bild der Kapelle in stilisierter Form.

Wunderbar restauriertes Uhlbacher Kellergewölbe

Nicht weniger sehens- und schmeckenswert ist der zweite
Standort der Genossenschaft. Mit der Verschmelzung der
Weingärtnergenossenschaften Rotenberg und Uhlbach zum
Collegium Wirtemberg wurden in Uhlbach riesige Räume frei:
Das wunderbar restaurierte Uhlbacher Kellergewölbe ist heute
ein beeindruckendes weinbauliches Denkmal mit außerge-
wöhnlichem Ambiente zwischen starken Mauern aus Travertin
und Fußböden aus Stubensandstein. „Stein und Wein", das
ist unter Winzern ein immer präsentes Thema. Als man in
früheren Zeiten unzählige Werksteine für den Bau der Weinbergterrassen am Württemberg brauchte, um die steilen
Hänge zu befestigen, entstand ein riesiger Steinbruch.

🦇 In den fünfziger Jahren kam dann die Idee auf, in solch
einen Steinbruch einen großen Weinkeller zu bauen. Diesen
Weinkeller in der Tiefe des ehemaligen Steinbruchs, der wegen
seines idealen Weinklimas großen Wert besitzt, konnten die
Weingärtner aus Rotenberg und Uhlbach im Jahre 2006 übernehmen. Martin Kurrle hat dann 2006 und 2007 mit seinen
Collegen im sogenannten „Fleckensteinbruch" am Fuße der
Rotenberger Steige eine der modernsten Keltern Württembergs
installiert.

🦇 Der entstandene Betrieb konnte nun mit seinem schonenden Annahme- und Ausbauverfahren elementare Vorteile für
eine qualitätsorientierte Weinerzeugung nutzen. Beim Umbau,
der weitgehend von den Mitgliedern selbst gemacht wurde,
entstand eine innovative oenologische Werkstatt, die es erlaubt, die Trauben besonders schonend und in Premium-
qualität zu verarbeiten und dabei im Weinausbau Bewährtes
mit neuen Ideen zu verbinden. Schmuckstück ist ein klassi-
scher, weitläufiger Holzfasskeller, der gemessen an seinem
Fassungsvermögen zu den größten in Württemberg zählt. Ein
künstlerisch gestalteter Granitbrunnen, „Fließende Kräfte"
genannt, dient auch zur Klimatisierung auf natürliche Weise.
Beide alte Ortskeltern in Uhlbach wie Rotenberg „wurden zu
hervorragenden Vertriebsstätten umgestaltet", so Kurrle.

Schon lange Geheimtipp

Schon vor der Fusion galten die Weine vom Württemberg als
Geheimtipp. Das lag nach Kurrles Ansicht daran, „dass wir
immer gefragt haben, was können wir mit unseren Ressourcen
Besonderes machen – auch mit den klassischen Sorten
Trollinger oder Kerner. Bei uns gibt es keine Kurzzeiterhitzung
bei den Rotweinen. Auch Trollinger wird auf der Maische
vergoren. Das gibt einfach einen körperreicheren Wein, und
das hat seine Liebhaber gefunden. Der traditionelle Kerner
wird als „Justinus K." ausgebaut und verkauft. Und so ist aus
einem Massenwein ein trockener Wein internationaler Machart
entstanden. Das sind einfach Dinge, die ankommen."

*„Die „Marke" Justinus K. ist ein Projekt der Lehr- und
Versuchsanstalt Weinsberg und hat als Gegenstand die Rebsorte
Kerner. Der Name bezieht sich auf den berühmten schwäbischen
Dichter und Arzt Justinus Kerner. An diesem „Programm" nehmen
nur ausgesuchte Winzer teil, die rigorose Qualitätsansprüche
gewährleisten müssen. Auf diese Weise ist es gelungen, den
etwas stiefmütterlich behandelten Kerner zu neuen Höhen
zu führen. Das Programm darf mit Fug und Recht als gelungen
betrachtet werden.*

🦇 Als Kurrle in den frühen 90er Jahren aus Geisenheim zu-
rückkam, hat er den Sortenspiegel auf die Sorten reduziert, „an
denen ich Freude hatte und die auch etwas Internationalität
ausstrahlten". Das bedeutete bei den Weißweinen neben dem
Riesling eine Stärkung der weißen Burgundersorten, also
Chardonnay, Weißburgunder und Grauburgunder, „umrahmt"
von etwas Traminer und Muskateller. Bei den Roten war neben
dem Trollinger Spätburgunder ganz wichtig. „Die Pinot-Rebe
macht uns sehr viel Spaß, wir haben hier verschiedene klein-
beerige Burgunderklone, sagt Kurrle, der auch seine Vorliebe
für schwere, dunkle Rotweine, wie Cabernet Sauvignon, Merlot
oder Syrah nicht verschweigt. „Da schneiden wir bei internationalen Wettbewerben besonders gut ab", sagt der Weinmacher
und weist darauf hin, dass das Collegium sehr gastrophil aus-
gelegt sei und nicht in der Fläche und im Großhandel verkaufe,
außerdem an ausgesuchte Weinhändler und Privatkunden, die
direkt anreisen.

Drei Qualitätsstufen zur Auswahl

„Wir wollen, dass unsere Weine, in denen so viel Arbeit steckt,
verstanden und nicht so einfach ins Regal gestellt werden",
sagt Kurrle. Und das gehe am Besten mit den Sommeliers in
der Gastronomie und den weinkundigen Fachberatern in den
Top-Weinfachhandlungen. In diesen beiden Gruppen sind wir
enorm erfolgreich und auch nur dort aufgestellt. Darüber hinaus haben wir einen sehr starken Anteil an Privatkunden, die
unsere Weine kennen gelernt haben und vor Ort die Beratung
sowie das große Weinangebot schätzen." Das Sortiment ist in
drei Qualitätsstufen eingeteilt, die eine gewisse Ähnlichkeit mit
der neuen Klassifikation des Verbandes der Prädikatswein-
güter(VDP) nicht verleugnen können. Allerdings ist diese erst
vor einem Jahr eingeführt worden und Kurrle stellt selbst-
bewusst fest: „Unser System habe ich schon vor 21 Jahren
erfunden und nicht erst jetzt!" Das habe den Vorteil, dass sich
der Kunde an dieser klaren Linie ausrichten könne, während
er mancherorts durch häufige Wechsel in der Bezeichnung der
Weine verunsichert werde.

➜ Stufe 1 – Klassiker

Die erste Stufe sind die Klassiker. Das sind zum einen die klar
strukturierten Collegiumsweine, die den Feierabend und die
kleinen Freuden des Alltags beleben. Das sind die Weine, unter
denen man sich einen klassischen Württemberger vorstellt,
zum Beispiel einen trockenen Trollinger, den die Gastronomie
als Viertele ausschenkt, aber auch die älteste deutsche Cuvée,
Trollinger mit Lemberger. Hier findet man auch einen Riesling oder einen „gemischten Satz", eine traditionelle seltene

Spezialität. Klassiker sind auch ein Riesling Kabinett oder eine Samtrot Spätlese. Im Klassikbereich werden ca. 100 Hektoliter pro Hektar geerntet.

➜ Stufe 2 - Edition Wirtemberg

Die Weine der zweiten Stufe, die Edition Wirtemberg, sind alle trocken und kommen aus alten, ertragsreduzierten Weinbergen. Es werden nur ca. 80 Hektoliter pro Hektar geerntet. Hier pflegen die Collegen einen internationalen Stil mit gut strukturierten, dichten, stoffigen Weißweinen und körperreichen, vollmundigen Rotweinen. In dieser Stufe ist auch die Monarchie-Troika mit „Katharina", „Wilhelm" und „Salucci" zu finden.

➜ Stufe 3 - Kult

Die Kultweine sind Weine, die im neuen Barriquefass reifen, Réserve genannt. Sie liegen mindestens 18 Monate im Fass, die Grande Réserve sogar 32 Monate. Geerntet werden nur ca. 50 Hektoliter pro Hektar, sortenrein oder zu exklusiven Cuvées ausgebaut. Von ähnlicher Exklusivität sind auch die Eisweine, Beerenauslesen und der selbst gemachte Sekt.

> *Auf 60 % der Weinbergsflächen des Collegiums stehen über 40 Jahre alte Reben mit weniger Behang. Das macht die Beachtung des Menge-Güte-Gesetzes einfacher. Die Reben wachsen auf höchst unterschiedlichen Böden. Das geht vom Gipskeuper über den blauen Mergel bis zum Muschelkalk. Die Rieslinge stehen auf dem Gipskeuper und ein leichter Müller-Thurgau auf Muschelkalk, der skelett- und steinreich ist. Der Lemberger wächst auf schweren Lehmböden, wo die Trauben später reifen, aber dann inhaltsreich an Mineralien, Spurenelementen und Extraktstoffen sind.*

Der Trollinger wird nicht mehr unterschätzt

Martin Kurrles Lieblingsweine sind der Riesling „Katharina", danach kommt der Spätburgunder Réserve und ein dichter, kräftiger Lemberger und schließlich der Sauvignon Blanc Réserve. Hier spricht kein gemütlicher Vierteles-Schlotzer mit Trollinger im Henkelglas. Die Genossenschaft zollt in ihrer Stufenhierarchie den Liebhabern dieser württembergischen Rebe allerdings Respekt. „Wilhelm", zweiter König von Württemberg aus Napoleons Erbe, ist ein Trollinger der zweiten Stufe. In der Klasse der unterschätzten Sorten hat er beim Deutschen Rotweinpreis der Weinzeitschrift Vinum 2012 den dritten Rang erreicht.

🍇 Der Chefkellermeister: „Dort wo der Trollinger nicht den besten Ruf hat, wurde er bestimmt von Personen beurteilt, deren Betrachtungsweise nicht korrekt ist. Trollinger ist kein internationaler Rotwein und man kann Württemberg international nicht am Trollinger messen. Da muss man unsere Lemberger, unsere Pinots, unsere Cabernets nehmen. Wenn man Trollinger begutachtet, dann muss man ihn begutachten wie einen Silvaner aus Franken, einen Chasselas aus der Schweiz oder wie einen Riesling von der Mosel. Trollinger ist eben eine regionale Spezialität. Er ist kein Großer unter den Rotweinen, aber unter den regionalen Spezialitäten. Und da gehört er hin. Da hat er seine Berechtigung, und da finde ich ihn auch schön." „Deswegen freut´s mich, dass wir unseren Trollinger „Wilhelm" in der Rubrik „unterschätzte Rebsorten" so weit nach vorne gebracht haben, dass er in Deutschland Platz drei erreicht hat. Und bei den unterschätzten Rebsorten hat er auch den richtigen Platz und nicht im Vergleich mit internationalen Rotweinen.

Das Prinzip der kurzen Wege

🍇 Im Fleckensteinbruch, wo die Weine des Collegiums Wirtemberg entstehen, ist wegen des Prinzips der kurzen Wege alles um die Rebe herum gebaut worden. Die Traubenannahme in 10 Metern Höhe erspart überflüssige Pumpvorgänge. Die Maische bleibt beim Weißwein etwa 24 Stunden lang stehen, um kalt zu mazerieren, um aus der Beerenhaut und dem Fruchtfleisch das maximale Aroma zu gewinnen. Die roten Maischebeeren werden in die Fermenter gefüllt. Dann wird eine gewisse Menge Saft abgepumpt und immer wieder über die Maische gespült. So beginnt langsam die Mazeration und laugt dabei die Farbe und die Aromastoffe aus. Dieser Prozess dauert vier, manchmal auch fünf Wochen. Das kostet Zeit und man braucht ein sehr großes Kelterhaus mit vielen einzelnen Fermentern mit 5.000 bis 10.000 Litern Kapazität, in denen weinbergsgetreu oder lagengetreu die einzelnen Qualitäten für sich allein verarbeitet werden können. Die Spitzenrotweine werden in 1.000-Liter-Bottichen auf der Maische vergoren und kommen dann direkt ins Barrique, um hoffentlich später in den bekannten Wettbewerben der Weinwelt für das Collegium Wirtemberg Ehre einzulegen.

Die Weine des Collegiums Wirtemberg
in den drei Qualitätsstufen

Klassiker:	*Trollinger, Lemberger, Heroldrebe, Spätburgunder, Riesling, Kerner, Müller-Thurgau*
Edition Wirtemberg:	*Pinot Noir, Merlot, Syrah, Riesling, Weißburgunder, Grauburgunder*
Kult:	*Sauvignon Blanc, Chardonnay, Lemberger, Spätburgunder, Cuvée Wirtemberg*

» Bei den Weißweinen hat es mir der Riesling besonders angetan: Königin der Weißweinreben und Diva zugleich. Versteht man aber damit umzugehen, entstehen bei uns Rieslinge, wie man es nicht vermuten würde. Einzigartiges Fleur, kompakte Säure, Frische, Eleganz, Explosion am Gaumen und lang im Abgang – so würde ich meinen Lieblings-Riesling, die Katharina, aus dem Reigen unserer Monarchie-Weine beschreiben. Beste Standorte am Württemberg mit alten Reben, niedrigem Ertrag und die liebevolle Ausbauweise mit viel Erfahrung bringen uns jährlich diesen kostbaren und vielfach ausgezeichneten Wein. «

» Meine große Vorliebe gehört der Pinot Noir-Rebe. Nicht nur wegen dem faszinierenden, verspielten Aroma und der lebendigen Farbe gepaart mit Mineralität, der Finesse und zugleich dem eleganten Körper, der nie zu schwer sein darf, aber stets dicht sein muss. Nein, auch als Önologe reizt mich diese Sorte, da sie im Anbau und im Ausbau am schwierigsten ist und weil sie, wenn man alles richtig macht, einen belohnt und unvergleichliche Weine hervorbringt. Darum haben wir über 50 Jahre alte Anlagen mit geringsten Erträgen und Klone aus den letzten 20 Pflanzjahren mit kleinbeerigen, vollaromatischen Trauben unterstützt. Dadurch können wir auf unseren Böden mit den luftigen, aber warmen Lagen unser Potenzial bei dieser Sorte voll ausspielen." «

Mit der Edition Wirtemberg pflegt das Collegium Wirtemberg einen internationalen Stil und kreiert sortenreine, trockene Weine aus alten, ertragsreduzierten Weinbergen. Das Ergebnis: Dichte, stoffige, körperreiche und vollmundige Selektionen, die keinen Vergleich scheuen müssen und als exzellente Begleiter in der gehobenen Gastronomie gerne gesehen sind. Ein schönes Beispiel: Die Monarchie-Troika mit „Katharina", „Wilhelm" und „Salucci".

» 2014er Riesling Katharina trocken «

Weinbeschreibung:
Tiefes Gelb, strahlend. In der Nase sehr intensiv nach Honig, Quitte, Orange, Mandarine, Bananenschale, Akazienblüte, reife gelbe Früchte und nussig. Am Gaumen bleibt der Wein sehr spannend mit fruchtigen Komponenten wie exotischen Früchten (Ananas, Mango aber auch Mandarine), reifer Apfel und gelbe Früchte. Besonders beeindrucken die sehr gute Balance zwischen dieser sehr schönen Mineralität, Struktur, Tiefe, Komplexität und Kraft des Weines.

Ein paar Daten:
→ 12,5% ALKOHOL / 6,7 G/L SÄURE / 8,8 G/L RESTZUCKER
→ EMPFOHLENE TRINKTEMPERATUR: 8-10°C
→ KOSTET AB WEINGUT 12,00 EURO

Ausbau
Selektive Lese, Kaltmazeration der Maische und schonende Pressung. Der Wein wurde im Edelstahltank ausgebaut und auf der Feinhefe gelagert. Die Kaltmazeration dient dazu, mehr Farbe, Frucht und Ausdruck zu gewinnen. Dabei lässt man die Traubenschalen für mehrere Stunden, eine Nacht oder für 1-2 Tage in Kontakt mit dem Saft. Die Kaltmazeration macht nur bei exzellenten Jahrgängen Sinn.

Lage
Die Trauben für Riesling Katharina wachsen in den besten Rieslinglagen mit alten Reben, deren Ertrag auf die acht schönsten Trauben je Rebstock reduziert wurde.

Was passt zur Katharina?
→ ST PETERFISCH MIT MANGOLD-MANGOGEMÜSE, DAZU RIESLINGSCHAUMSOSSE
→ HUMMER-JAKOBSMUSCHELTERRINE MIT FENCHEL-SAFRANSALAT
→ BONITO THUNFISCH SASHIMI MIT ORANGENBLÜTEN-HONIGVINAIGRETTE

Wer war Katharina eigentlich?
Katharina Pawlowna Romanowa, Großfürstin von Russland aus dem Haus Romanow-Holstein-Gottorp (* 10. Mai 1788 in Zarskoje Selo; † 9.Januar 1819 in Stuttgart) war von 1816 bis 1819 Königin von Württemberg. Sie bestieg den Thron am 30.Oktober 1816. Großfürstin Katharina Pawlowna war eine Tochter des russischen Zaren Paul (1754-1801) und seiner Ehefrau Marija Fjodorowna (geb. Sophie Dorothee, Herzogin von Württemberg, 1759-1828). Sie hatte neun Geschwister, darunter die späteren Zaren Alexander I. und Nikolaus I.

» 2012er Spätburgunder Réserve „Kult" «

Weinbeschreibung:
Die Farbe ist stark tief rot mit einem fast schwarzen Kern. In der Nase ist der Wein sehr opulent und intensiv: Eukalyptus, Cassis, Schokolade, Vanille, Nelke, Kirsche, Gewürze und süßes Holz. Am Gaumen präsentiert sich der Wein sehr lang mit einer schöner Saftigkeit und Struktur. Tolle Aromen nach dunklen süßen Kirschen, Schokolade, Pflaumen, Vanille, Röstaromen und Gewürzen. Fazit: Sehr schöner Spätburgunder mit Dichte, Tiefe und dennoch mit Eleganz gesegnet.

Ein paar Daten:
→ 13,5 % ALKOHOL / 5,3 G/L SÄURE / 3,2 G/L RESTZUCKER
→ EMPFOHLENE TRINKTEMPERATUR: 16-18°C
→ RECHTZEITIG LÜFTEN UND GROSSE BURGUNDERGLÄSER VERWENDEN
→ KOSTET AB WEINGUT 22,00 EURO

Ausbau
Nach langer Maischegärung mit Remontage und biologischem Säureabbau wurde der Wein über 18 Monate im neuen Barriquefass aus französischer Eiche ausgebaut.

Lage
Die Böden sind geprägt von Keuper-Verwitterung mit sandigem Bodengefüge und sind leicht erwärmbar. Aus diesen Lagen kommen schöne Spätburgunder mit Eleganz und Komplexität.

Meine Meinung
Dieser Spätburgunder Réserve ist ein sehr gutes Beispiel dafür, dass Genossenschaften auch in der Lage sind, großartige Weine mit internationalem Charakter zu keltern. Es liegt natürlich an der Philosophie und Zielstrebigkeit des Weingutes. Mit Martin Kurrle an der Spitze des Weingutes Collegium Wirttemberg lebt diese Philosophie.

Speiseempfehlungen
→ WILDGERICHTE MIT STEINPILZ- ODER PFIFFERLINGE-PILZRAGOUT
→ REHRÜCKEN MIT VANILLE-KAROTTEN UND GEWÜRZSOSSE
→ WILDHASE ODER FASAN MIT KIRSCH-SEZHUAN-PFEFFERSOSSE

Leiwen an der Mosel

Weingut
Carl Loewen

[Streben nach der eigenen Handschrift]

Karl Josef Loewen, Patron.

Blick von der Zummethöhe auf das Moseltal.

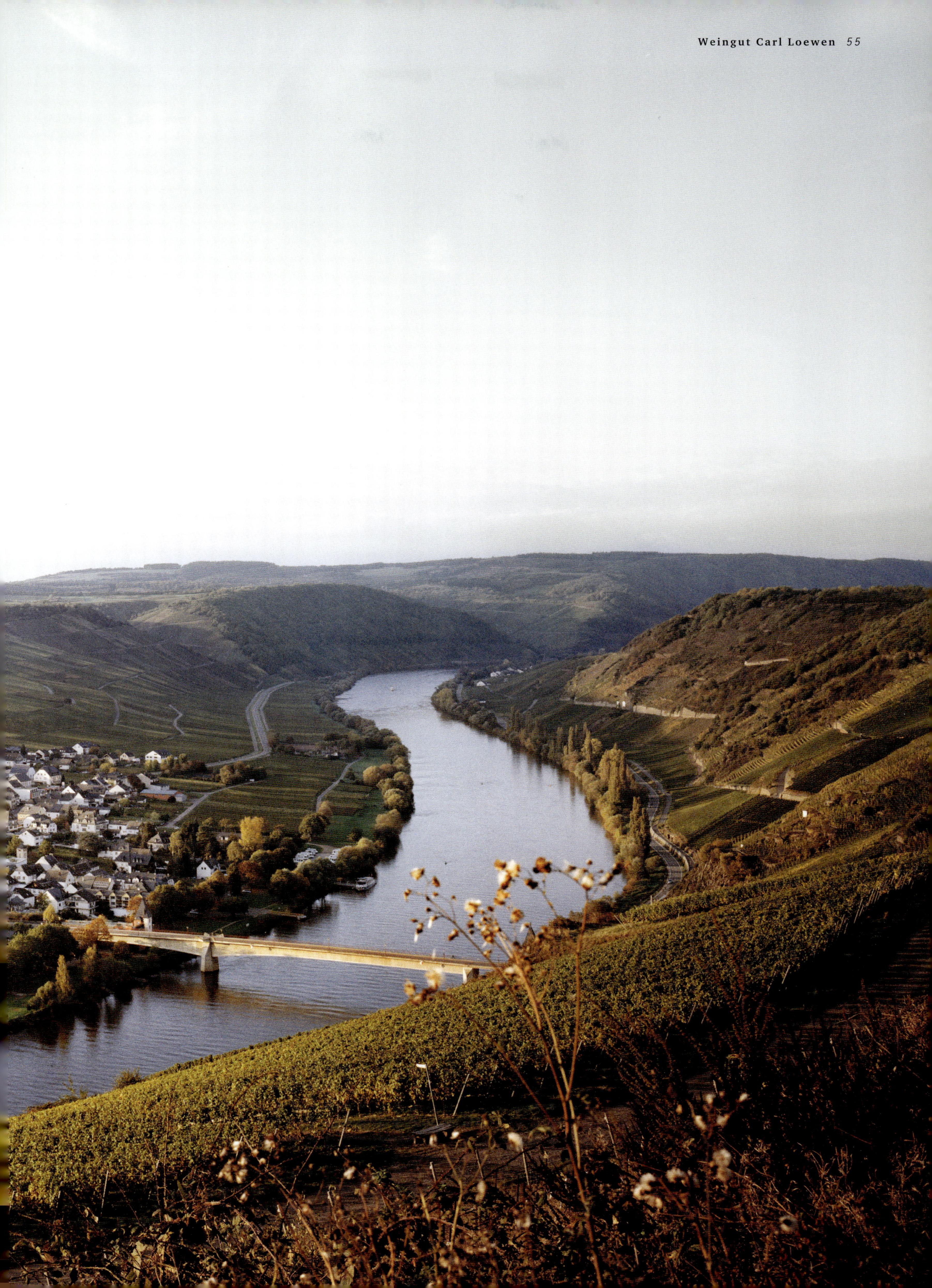

Roter Schiefer im Maximin Herrenberg.

Die Trauben sind reif zur Ernte.

Karl Josef und Christopher Loewen bei der Kelterung des "1896".

» Streben nach der eigenen Handschrift «

Ansichten von Fritz Richter

🐾 Nicht aus Liebeskummer haben wir diese Moselfahrt gemacht. Der heute noch bekannte Film von Kurt Hoffmann aus dem Jahr 1953 zeigt das Moseltal in seiner einzigartigen Schönheit, die Goethe so treffend beschrieben hat:

„Obgleich das Wasser eigensinnig seinen Hauptlauf von Südwest nach Nordost richtet, so wird es doch, da es ein schickanöses gebirgiges Terrain durchstreift, von beiden Seiten durch vorspringende Winkel bald rechts, bald links abgedrängt, so daß es nur im weitläufigen Schlangengang fort wandeln kann…"

Die Römer, die vor über 2000 Jahren den Wein mitgebracht haben, konnten kaum ahnen, dass daraus eines Tages ein „Himmlisches Mosel-Tröpfchen" werden würde. Der Patentschutz für diese Bezeichnung ist allerdings vor Kurzem abgelaufen. Manche Moselwinzer tun „sich schwer mit Neuerungen" schrieb einmal ein bekannter Weinführer. Aber es gibt auch große Namen. Einen trägt Karl Josef Loewen in Leiwen an der Mittleren Mosel. Wir haben ihn und seinen Sohn Christopher in ihrem Weingut Carl Loewen getroffen.

Einst war das Weingut französisch

🐾 Das Weingut kann auf eine über 200-jährige Geschichte zurückblicken, die in Frankreich, im Département de la Sarre begann. Damals war es den Nachfahren der Gallier gelungen, die Doktrin von der „natürlichen Grenze" am Rhein durchzusetzen. Gut 10 Jahre lang war das Weingut Carl Loewen ein französisches Weingut. Nach der Französischen Revolution war der Versuch, die Revolutionstruppen mit einer preußisch-österreichischen Koalition der Willigen aufzuhalten, am 20. September 1792 bei Valmy kläglich misslungen. Augenzeuge Goethe: Von hier und heute geht eine neue Epoche der Weltgeschichte aus, und ihr könnt sagen, ihr seid dabei gewesen", kämpfte sich auf der Flucht durch Schlamm und Regen zunächst nach Trier durch. Von dort gelangte er nach einer stürmischen Moselfahrt über Koblenz nach Weimar.

In der Franzosenzeit wurden aus Kurtrier vier französische Departements. Leiwen gehörte zum Departement Saar. Auf einmal gab es bürgerliche Rechte; Freiheit, Eigentum, Sicherheit und Gleichheit vor dem Gesetz. Damit war die alte Ständeordnung mit der Vormachtstellung des Klerus abgeschafft. Schon 1802, ein Jahr früher als in Deutschland, wurde in Frankreich im Zuge der Säkularisation (durch ein Konkordat mit dem Segen der Katholischen Kirche abgesegnet) fast der gesamte Kirchenbesitz zu Gunsten der Staatkasse an Private versteigert.

Loewen nutzt die Gunst der Stunde

Und da machte sich 1802 Nicolaus Loewen auf nach Trier. Der 1780 in Detzem geborene letzte Verwalter des Klosterhofes Detzem der Benediktinerabtei St. Maximin zu Trier ersteigerte Weinparzellen aus dem Besitz des Klosters im Detzemer Klosterlay. Daraus gründete er das Weingut Carl Loewen.

🐾 Mit dem Jahrgang 2008 konnte Carl Loewen das Weingut Carl Schmitt-Wagner zusammen mit dem Longuicher Maximin Herrenberg erwerben. So waren nach 204 Jahren beide Weingüter wieder vereinigt, der große Meilenstein in der Geschichte des Weinguts Carl Loewen. Es konnte dadurch sein Spektrum der insgesamt vier Schieferböden-Formationen an der Mosel abrunden.

Grauer, roter und blauer Schiefer

🐾 Die Grundstruktur der Böden unterhalb von Trier bildet der Devon-Schiefer. Der sehr weiche Schiefer hat sich einst auf dem Boden des Urmeeres als Sediment abgesetzt. Er verwittert sehr leicht und ist reich an Mineralien, weil sie durch die schnelle Verwitterung immer wieder freigesetzt werden.

🐾 Im Maximin Herrenberg von Carl Schmitt-Wagner wachsen die Reben auf dem an der Mosel sehr seltenen roten Schiefer. Die Farbe kommt von „verrosteten" Eisenverbindungen im Boden. „So können wir das an der Mosel vorhandene Aromenspektrum nahezu perfekt abwickeln", freut sich Karl Josef Loewen, denn die anderen Schieferböden waren bei ihm schon vorhanden.

🐾 Auf blauem Schiefer gedeihen die Reben im einstmals von Urahn Nicolaus ersteigerten Klosterlay und auf grauem Schiefer die in der Leiwener Spitzenlage Laurentiuslay, in die sich Karl Josef Loewen 1982 eingekauft hat.

Nicolaus Loewen, der seine Chance zur Selbständigkeit der richtigen Rheinseite verdankt, dürfte es aber in den Anfangsjahren seines Weingutes unter den ungeliebten Preußen schwer gehabt haben. Aber auf der rechten Rheinseite profitierten insbesondere die Länder Preußen, Bayern, Württemberg, Baden und Hessen-Darmstadt von der Säkularisation. Die Souveränitätsverluste der vielen kleinen Länder, die nun nur noch mittelbare Macht hatten, können nur Schadenfreude auslösen. Schlimm waren dagegen die sozialen Folgen der Klosteraufhebungen, vor allem für das weltliche Dienstpersonal sowie die unmittelbar vom Kloster abhängigen Handwerker und Gewerbetreibenden. Sie verloren ihre Arbeit und gerieten in eine bedrohliche Armut. Erst im letzten Drittel des 19. Jahrhunderts nach der Reichseinheit und Industrialisierung ging es in Deutschland voran. Der Mosel-Saar-Ruwer-Weinbau stieg zur Weltgeltung auf. Goldmedaillen von den Weltausstellungen wurden stolz präsentiert.

„Der Moselwein hat seinesgleichen in der Welt nicht"

🐐 Moselwein als Synonym für deutschen Wein, das gefiel den Rheingauern und Pfälzern nicht so sehr. Aber alle haben ihren Anteil am Mythos von der Blütezeit des deutschen Rieslings. Über die deutscheste aller deutschen Reben heißt es in einer Werbeschrift aus Trier: „Der Moselwein hat seinesgleichen in der Welt nicht; er besitzt Eigenschaften und Eigenarten, die kein anderer deutscher Wein aufweisen kann. Er ist nicht schwer, dick und voll, nicht plump, weich oder brandig, nicht hochfarbig oder süß, seine Charakteristik lässt sich schaffen durch die Adjektive leicht, duftig, blumig und würzig, stahlig, charaktervoll, frisch prickelnd, lichtfarbig und grüngoldig schimmernd", so der „Trierer Verein von Weingutsbesitzern von Mosel, Saar und Ruwer". Damals kostete eine Flasche Moselriesling den stolzen Preis von 4,20 Goldmark, während die Fassweinproduzenten heute oft mit einem Euro pro Liter zufrieden sein müssen.

Weinwirtschaftswunder

Nach dem Zweiten Weltkrieg kam das Weinwirtschaftswunder an die Mosel. Himmlisches Moseltröpfchen und Kröver Nacktarsch waren in aller Munde. Heute stehen die Reben auch im Talgrund, wo bis in die 1950er Jahre noch Obstgärten und Äcker waren. Der bekannte britische Weinautor Stuart Pigott sprach von einem „Zentrum für Massenweine aus minderwertigen Neuzüchtungen". Auch der internationale Weinjournalismus hatte das Interesse verloren. Aber 1997 stellte der Engländer fest, „dass dank der Bemühungen einer neuen Winzergeneration eine erstaunliche Umorientierung" festzustellen sei. Allerdings nicht generell. Einerseits sind Viele mit sich zufrieden. Neue Häuser in mannigfaltigen Baustilen zeugen vom inzwischen erreichten Wohlstand und der Großzügigkeit der lokalen Bauämter. Andererseits kam das Interesse der internationalen Weinwelt für die Mosel zurück. „Das Weingut

Carl Loewen ist derzeit an der Mittelmosel die Nummer eins", schrieb Pigott damals. Am Erhalt dieses Status´ hat das Weingut bis heute durch verschiedene Aktivitäten erfolgreich gearbeitet.

„Du machst ganz gute Weine, aber Du kannst mehr"

Wann wollten Sie Winzer werden, fragen wir Vater und Sohn Loewen? „Ich bin in einem Weingut aufgewachsen. Es war von Anfang an klar, dass ich auch Winzer werden wollte", sagt Vater Karl Josef. Dann der übliche Weg. Lehre, Winzermeister, Berufswettbewerbe und der Erfahrungsaustausch in einem Club jüngerer Kollegen. „Ich habe verinnerlicht, dass der Erzeuger höherwertiger Weine über den Tellerrand schauen muss", sagt Loewen, um dann zu gestehen, dass ihm auch der Zufall geholfen habe: „1989 war in Wiesbaden ein internationales Weinfestival und eine Spätlese von mir wurde als Vertreterin von der Mosel ausgewählt. Es war eine Probe, die von Stuart Pigott, Peter Sichel und Jancis Robinson kommentiert wurde. Auf der Bühne gab es Meinungsverschiedenheiten, was ja äußerst ungewöhnlich ist. Aus der für mich sehr hilfreichen Diskussion hat sich später eine Freundschaft mit Pigott entwickelt. Die Weine, die Du machst sind ganz gut, aber Du kannst mehr, sagte er. Er hat mich über den Tellerrand in die internationale Weinwelt schauen lassen. Sein Wissensschatz über die Arbeitsweise anderer Weingüter hat mir sehr geholfen, mein Spektrum zu erweitern", sagt Karl Josef Loewen.

Riesling wie an der Mosel

🐐 Sohn Christopher, der englische Vorname ist womöglich dem durch das angelsächsische dominierten internationalen Weinjournalismus geschuldet, antwortet: „Ich habe einen älteren Bruder, doch ich habe schon immer die Intuition gehabt, Wein machen zu wollen. Schon als Kleinkind habe ich mich für den Weinbergstraktor interessiert, während mein Bruder Fußballer werden wollte." In solch konfliktloser Atmosphäre macht er zunächst Fachabitur, absolviert Praktika in Weinbaubetrieben, zunächst im Karthäuserhof an der Ruwer, als Christoph Tyrell 2005 Winzer des Jahres war. Das Studium in Geisenheim begleitete ein Praktikum bei Clemens Busch in Plünderich an der Mosel, einem Weingut, das mit alten Reben in der Steillage ökologisch arbeitet.

🐐 Die amerikanische Weinwelt lernte Christopher bei Hermann J. Wiemer im Bundesstaat New York kennen, wo im Finger Lakes-Distrikt Wein wächst. Angesichts des schönen Kontrasts zur in den Staaten üblichen Anglisierung deutscher Namen in den USA überrascht nicht, dass Wiemer Riesling wie an der Mosel machen wollte. „So habe ich in den USA mehr Moselwein als hier zu Hause getrunken" sagt Christopher. Vermutlich nicht ganz so typischen, obwohl Wiemer zu den drei besten Rieslingerzeugern der USA gehört und schon einmal in den Staaten „Weingut des Jahres" war.

Qualitätssprung

❧ Der Erwerb des „Leiwener Laurentiuslay" im Jahre 1982 war für die Geschichte des Weinguts Carl Loewen von besonderer Bedeutung. „Lay" steht an der Mosel für Schiefer. Dieser Weinberg aus grauem Schiefer zählt zum Besten, was die Mosel zu bieten hat. Bis dato unbekannt, hat Karl Josef Loewen den Weinberg quasi aus dem Dornröschenschlaf erweckt. Ein Glücksfall, dass die „Flurbereinigung" in diesem steilen Weinberg zu teuer war. So zeigt sich diese Lage in ihrem ursprünglichen Profil mit zahlreichen kleinen Trockenmauern und Weinbergsterrassen. Die natürliche Wasserführung der Schieferfelsen wurde durch keinen Wegebau unterbrochen. Selbst im trockensten Hochsommer ist ausreichend Feuchtigkeit vorhanden.

❧ Durch weitere Zukäufe konnte das Weingut seinen Anteil auf die Größe von einem Hektar ausbauen. „Mit dem Erwerb dieser Fläche wurde die Qualitätsphilosophie enorm gestärkt", sagt der Winzer. Dasselbe gilt auch für den Erwerb der Thörnicher Ritsch Mitte der 90er Jahre. Sie ist eine der alten großen Lagen. Bekannt wurde der Wein durch Konrad Adenauer, der ihn als Gastgeschenk mit nach Moskau nahm, als er 1955 erfolgreich die letzten deutschen Kriegsgefangenen heimholte. Der Weinberg geriet etwas in Vergessenheit, erlebte aber nach dem Kauf durch Carl Loewen eine Renaissance. Auf dem grauen Schiefer mit Silikateinschlüssen wachsen Weine mit einem eigenständigen Zitrusaromen-Profil.

Ein gutes Terroir und alte Reben

Karl Josef Loewens Credo lautet: Qualität vor Quantität! Für Qualität bedarf es nach Ansicht des Winzers zweier Voraussetzungen: ein gutes Terroir und alte Reben. "Reben sind im Grunde wie Menschen", sagt er. Beim Ertragsrückgang von 40 Jahre alten Reben ist für ihn noch keinesfalls Schluss, sondern erst die Mitte des Lebens erreicht. Alte Reben bringen nicht mehr so viel Ertrag, aber sie wurzeln tief im Boden und nehmen dadurch viel mehr Mineralien auf. Sie trotzen leichter den Wetterkapriolen und durch die kleineren Beeren ist Ertragsreduzierung auf natürlichem Wege möglich. Im Maximin Herrenberg haben die wurzelechten Reben bereits das biblische Alter von 118 Jahren erreicht. Da an der Mosel die Reblaus nicht flächendeckend gewütet hat, weil der Schiefer, wie auch einige Sandböden in Frankreich, der Reblaus keine Existenzmöglichkeit boten, stehen im Herrenberg noch 6000 wurzelechte Rebstöcke in Einzelpfahlerziehung.

Die hatte das Weingut Carl Schmitt-Wagner 1896 selbst aus vorhandenen wurzelechten Weinbergen gewonnen. Karl Josef Loewen: „Der Zyklus des Wachstums in wurzelechten Reben ist anders als in Pfropfreben. Diese powern mehr, haben mehr Kraft und bringen auch höhere Mostgewichte bei höheren Erträgen. Aber, wir trinken kein Mostgewicht, wir trinken

Wein. Die Filigranität und Mineralität, die wurzelechte Reben bringen, sind bis heute bei keiner Kombination von Pfropfreben zu erreichen. Für mich ist der Maximin Herrenberg ein Kulturdenkmal." Die Weine gingen bis 1914 ans russische Zarenhaus. Im Herbst sieht man dem Weinberg sein Alter an, aber wenn der Frühling kommt erwacht er zur Vitalität.

Die Erträge sind heute bescheiden, aber die Qualität der Weine aus dem Maximin Herrenberg spricht für sich - ein traditioneller Moselriesling, kein Kraftprotz, sondern eine Diva von spielerischer Eleganz, schwebender Leichtigkeit und perfekter Harmonie.

❧ „Beim Weinausbau orientieren wir uns am klassischen Weinausbau. An der Mosel wird seit zwei Jahrtausenden Wein angebaut. Diese Kultur, die in 2000 Jahren entstanden ist, versuchen wir möglichst in den modernen Weinbau umzusetzen" kommentiert der Winzer sein Handwerk. „Wir vergären alle Weine spontan. Man sagt ja oft, Spontangärung ist ein Risiko. Die Spontangärung arbeitet aber nur zum Teil mit den Weinbergshefen, zum großen Teil auch mit den Hefen, die im Keller sind. Ich will gar nicht sagen, dass spontan vergorene Weine besser sind, aber sie sind authentischer. Entscheidend ist auch, dass wir das ganze Jahr im Weinberg gegen Pilze kämpfen. Und die Hefe ist ein Pilz! Und wir können den Mitteln nicht sagen, gegen welche sie aktiv werden soll und gegen welche nicht. Also muss man seinen ganzen Pflanzenschutz darauf abstellen, um diejenige Hefepopulation zur Verfügung zu haben, die man zur Weinbereitung braucht. Also muss ich mit der Natur zusammenarbeiten, um Weine zu erhalten, die einen eigenen Charakter haben. Und ich finde, dass das Schönste, was man als Winzer erreichen kann, ist eine eigene Handschrift. Und eine eigene Handschrift bekommt man nur, wenn man die Weinberge Weinberge und die Weine Wein sein lässt und nur dann eingreift, wenn es unbedingt nötig ist. Wein ist ein Naturprodukt, und die Natur macht was, und man soll die Natur einfach machen lassen", meint Loewen.

Ein Abenteuer - Riesling wie vor 120 Jahren

❧ Heute bietet Carl Loewen zwei Weine aus dem Maximin Herrenberg an. Den „Alten", 2008 gekauften, mit den ältesten Reben in Deutschland unter seinem Namen. Der Zweite trägt groß die Jahreszahl 1896. Eine Reminiszenz an Carl Schmidt-Wagner und nicht an die Verabschiedung des Bürgerlichen Gesetzbuches durch den Reichstag in diesem Jahr. Jungwinzer Loewen, der seine Bachelor-Arbeit über einen der ältesten Weinberge Deutschlands geschrieben hat, fragte sich seinerzeit, „wie schmeckte der Wein damals, als dieser Weinberg von Carl Schmidt-Wagner gepflanzt wurde?" Nach intensiver Beschäftigung mit dem Thema, Konsultation seines Professors und Gesprächen mit dem damals noch lebenden Großvater, kam Christopher Loewen zu dem Ergebnis, einen Wein mit den Methoden von 1896 zu machen.

Bei der Traubenlese begann das Abenteuer. Schon in den Bütten auf dem Anhänger im Weinberg wurden die Trauben sofort mit den Füßen angestampft, damit der ausgetretene Saft zu mazerieren anfangen konnte, um die Aromen voll aufzuschließen. Abends folgte mit einer 50 Jahre alten Korbkelter, den sich der junge Loewen gekauft hatte, der nächste Schritt: das Keltern mit Muskelkraft. Der Most floss ohne Sedimentation direkt ins Fuderfass, dem klassischen 1.000-Liter-Holzfass der Mosel seit ewigen Zeiten. Ohne Hefezusatz gärte der Most spontan bis Anfang oder Mitte Januar und blieb bei 10 bis 20 Gramm Restsüße stehen. Nach längerem Hefelager auf die Flasche gefüllt, stand fest, wie vor über 120 Jahren ein Moselriesling geschmeckt hat. Entstanden war ein Wein, bei dem die Balance von Frucht, Aroma, Säure und Süße stimmen und bei dem man den Standort, die Bodenverhältnisse und das Mikroklima schmecken kann.

Carl Loewen-Weine sind rasch von der privaten Fangemeinde ausverkauft und nicht im Sortiment der großen Weinhandelshäuser zu finden. Seit vielen Jahren pflegt Karl Josef Loewen die Zusammenarbeit mit einer begrenzten Zahl von kleineren Weinhändlern nach der Devise: „Ich bin ein kleiner Fisch und der arbeitet mit kleinen Fischen zusammen." Seit Sohn Christopher mitarbeitet, ist noch etwas Export (zum Beispiel nach Skandinavien und Österreich) hinzugekommen.

Kundenfreundlich sind die Etiketten, die Auskunft über die drei Qualitätsstufen geben. Christopher Loewen: „Unterschieden wird nach:

➡ *Terroirs mit eigener Handschrift,*
➡ *Terroirs mit der Handschrift des Winzers* und
➡ *Terroirs ohne Winzerhandschrift,*

die einfachen Trinkweine für jeden Tag, die „Brot und Butter"-Weine, die aber keinen Terroircharakter haben. Sie bekommen auch keine Bezeichnung vom Terroir."

Erhaltung der genetischen Varianz des Rieslings

In dieser Basislinie werden Varidor und Quant gemacht. Die Basisweine Varidor (eine Wortverbindung aus Varianz und franz. d´or) und Quant (moselfränkisch: gute Sache) wachsen in Weinbergen mit moderater Steigung auf durch Erosion entstandenem verwittertem Schiefergestein. Die Reben der sélection massale beim Varidor stammen aber nicht von einem Rebstock ab, der nach Höchstertrag ausgewählt worden war, sondern von 500 Rebstöcken. Diese hatte man in verschiedenen alten, wurzelechten Weinbergen markiert und daraus vermehrt. Zusammen mit der Staatlichen Lehr- und Versuchsanstalt in Trier war das ein wissenschaftlicher Versuch zur Erhaltung der genetischen Varianz des Rieslings. Aus den in den verschiedenen Weinbergen ausgewählten Stöcken mit kleinbeerigen, vollreifen und goldgelben Trauben wurden im

Winter neue Reben gemacht. In der Versuchsanstalt und beim Weingut Carl Loewen entstanden daraus zwei Weinberge. Aus seinem Weinberg gewann das Weingut Carl Loewen die Reben für die Varidor-Flächen, auf denen 70 Hektoliter pro Hektar angestrebt werden. Das ist mittlerweile die Hälfte der Flächen.

Sparsamer Umgang mit Lagen

Im mittleren Bereich ist die Linie der Alten Reben angesiedelt. Das sind Weinberge – der jüngste ist 1962 aus Stecklingen gepflanzt und der älteste 1949 – die über 50 beziehungsweise bald 70 Jahre alt sind. Die Spitze bilden die Weine mit der Bezeichnung Erste Lage (gekennzeichnet durch eine große Eins mit einem stilisierten Löwen). Dazu gehören die wurzelechten Rieslinge aus dem Laurentiuslay, das Große Gewächs nach der Klassifizierung des Bernkasteler Rings aus der Thörnicher Ritsch und der Maximin Klosterlay.

🐄 Außerdem gehört der Maximin Herrenberg zu dieser Klasse. Er ist im Grunde eine Sonderedition. Bei ihm steht das Pflanzjahr 1896 auf dem Etikett neben dem Zeichen für die Erste Lage. Es wurde 2002 geschützt, was auch zu einem Disput mit dem VDP führte, der aber im Sande verlaufen ist. Karl Josef Loewen hatte sich bei seiner Bezeichnung von der alten preußischen Klassifikation der Mosellagen von 1868 leiten lassen. Nur die Ersten Lagen haben bei Carl Loewen eine Lagenbezeichnung, alle anderen nicht.

Das Wichtige steht vorn

Die Etiketten des Weingutes sind vor dreißig Jahren in einer Zeit sehr unübersichtlicher deutscher Weinetiketten mit dem Ziel der Vereinfachung entstanden. Karl Josef Loewen widerstand damals der Aufforderung von Marketingexperten, seinen Wein in Bordeauxflaschen abzufüllen. Er blieb bei der schlanken Mosel-Kegelflasche, verkleinerte aber das Etikett, was die nach oben strebende Form der Flasche unterstreicht.

🐄 Darauf steht grundsätzlich nie der Ort des Weinberges (er kommt grundsätzlich auf den rückwertigen Aufkleber mit den weinrechtlichen Angaben) sondern nur die für den Verbraucher wichtigen Angaben. Dabei erhöht der nun zur Verfügung stehende größere Platz die Übersichtlichkeit. Auf einen Blick kann der Verbraucher leicht feststellen, ob es sich um einen Varidor oder Quant für alle Tage oder eine Alte Rebe für gehobenen Genuss bzw. einen Ritsch, Großes Gewächs für besondere Gelegenheiten handelt.

Die Lieblingsweine von Karl Josef Loewen sind:
➡ *ein Riesling Varidor,*
➡ *ein Riesling Alte Reben* und
➡ *Riesling Ritsch, Großes Gewächs.*

Die ältesen Weinberge des Weinguts

Maximin Herrenberg „1896"

Rebsorte	Riesling (wurzelecht)
Pflanzjahr	1898
Wurzeltiefe	bis zu 12 m
Neigung	bis 70 %
Boden	roter Devon Schiefer
Ertrag	ca. 30 -35 hl/ha
Ausbau	großes Holzfass (1000 l Fuderfass)
Gärung	spontan
Lagerzeit auf der Hefe	ca. 5 Monate

Riesling „1896"

Rebsorte	Riesling (wurzelecht)
Planzjahr	1896
Wurzeltiefe	bis zu 12 m
Neigung	bis 70 %
Boden	roter Devon Schiefer
Ertrag	30 – 35 hl/ha
Kelterung	alte Holzkorbkelter mit Muselkraft
Ausbau	großes Holzfass (1000 l Fuderfass)
Gärung	spontan
Lagerzeit auf der Hefe	ca. 5. Monate

Riesling Ritsch GG

Rebsorte	Riesling
Pflanzjahr	ca 30 % 1940 (wurzelecht),
	ca 30 % 1955,
	ca 40 % 1970
Neigung	bis zu 70 %
Boden	grauer Devonschiefer mit
	Silikateinschlüssen
Ertrag	ca. 40 hl/ha
Ausbau	großes Holzfass (1000 l Fuderfass)
Gärung	spontan
Lagerzeit auf der Hefe	ca. 5 Monate

Riesling Maximin Klosterlay

Rebsorte	Riesling
Pflanzjahr	1970
Neigung	bis 60 %
Boden	blauer Devonschiefer
Ertrag	ca. 50 hl/ha
Ausbau	großes Holzfass
	(1000 Liter- Fuderfass)
Gärung	spontan
Lagerzeit auf der Hefe	ca. 5 Monate

Riesling Alte Reben

Rebsorte	Riesling
Pflanzjahr	ca. 70 % 1962,
	ca. 30 % fünziger Jahre bis 1949,
Boden	Verwitterungsböden vom
	grauen Schiefer
Neigung	von 15% bis 40 %
Ertrag	ca. 50 hl/ha
Ausbau	Stahltank
Gärung	spontan
Lagerzeit auf der Hefe	ca 4 Monate

Riesling Varidor

Rebsorte	Riesling (sélection massale)
Pflanzjahr	verschieden,
	ältester Weinberg 1992 gepflanzt
Boden	Verwitterungsböden von grauen
	und blauen Schiefer
Neigung	10 – 30 %
Ausbau	Stahltank
Gärung	spontan
Lagerzeit auf der Hefe	ca. 4 Monate

» Der Wein aus der Ritsch-Lage ist
ein Spiegelbild von diesem Terroir: Der
Weinberg ist extrem steil mit bis zu
85% Steigung, besteht aus Mineralschiefer
mit Silikateinschlüssen, uralte Reben in
uralten Weinbergterrassen. Das puristische
GG (großes Gewächs) aus der Ritsch bringt
Trinkvergnügen mit sprühender Eleganz. «

» Alte Reben sind meine Passion.
Nachhaltigkeit bei der Pflege der
Weinberge, blühende Vitalität von
uralten Reben, Wurzeln, die tief
im Schiefergestein verankert sind,
zeugen von einer intakten Natur.
Die Weine aus diesen Reben zeigen
Charakter: Der Riesling mit einer
zauberhaften Leichtigkeit und
enormer Länge bei reifen Aromen. «

KARL JOSEF LOEWEN

„Wir kultivieren in unserem Weingut einige Weinberge, die ein nahezu biblisches Rebenalter aufweisen. Sie wurden noch in der traditionellen dichten Bepflanzung mit Einzelstockerziehung gepflanzt. Der Riesling zeigt eine für Reben ungewöhnliche Vitalität, die Wurzeln haben tief in der Erde Fuß gefasst, so dass auch ein trockener Sommer die Reifung der Trauben fördert. Gleichzeitig ist die Ruhe des Alters dem stürmischen Wachstum der Jugend gefolgt, die Trauben bleiben klein und reifen im Herbst goldgelb aus. In unserem Riesling „Alte Reben" werden die Trauben von mindestens 50 Jahre alten Reben geerntet. Teilweise sind die Weinberge in den ersten Nachkriegsjahren gepflanzt worden. KARL JOSEF LOEWEN

» 2013er Riesling „Alte Reben"
oder - der Wein, der auf der Zunge tanzt. «

Weinbeschreibung:
Schöne goldgelbe Farbe mit grünen Reflexen. In der Nase unterlegt eine leichte Hefenote die Fruchtpalette: Birne, grüner Apfel, Aprikose und Zitrus, ergänzt von nussigen Noten. Am Gaumen sehr eindeutig die Moselschule: Klare Noten von Apfel, Aprikose, Pfirsich, Zitrus und Grapefruit. Der Wein hat eine klare Mineralität, wirkt sehr würzig, fast pfefferig. Der Wein ist sehr saftig, hat eine schöne Eleganz, viel Spannung und Struktur.

Ein paar Daten:
→ 12,5 % ALKOHOL / 8,4 G/L SÄURE / 12 G/L RESTZUCKER
→ KOSTET AB WEINGUT 9,00 EURO

Ausbau
Die Trauben werden streng nach traditioneller Verfahrensweise über die Kelter abgeladen und nach schonender Kelterung mit traubeneigenen Hefen vergoren (Spontanvergärung). Die Fermentation verläuft über eine Zeitspanne von 100 Tagen. Erst wenige Tage vor der Füllung wird der Wein von der Hefe abgezogen. Der Ausbau erfolgt nicht im Holzfass sondern in Edelstahltanks. Das Ergebnis ist ein betörender Wein, der die volle Aromenvielfalt des Rieslings zeigt, eine wunderbare Fülle mitbringt und elegant ist wie eine Primaballerina, die auf der Zunge tanzt.

Meine Meinung
Mein Fazit zu diesem Wein ist eindeutig: Ein Riesling mit viel Komplexität und einer klassischen Aromatik. Klar, sehr schön und geradeaus. Willkommen an der Mosel! Dieser Wein ist zu diesem Preis wirklich fast ein Schnäppchen!

Speiseempfehlungen
→ GEBRATENE JAKOBSMUSCHEL AUF KOHLRABI MIT KOKOS-CURRY SCHAUMSAUCE
→ POCHIERTER LACHS AUF WALDORFSALAT / KORIANDERPESTO
→ ROH-BUTTERMAKRELESASHIMI MIT LIMETTE-VINAIGRETTE / AVOCADO / GURKE / GRANNY SMITH-ÄPFEL

» 2012er Ritsch Riesling „Großes Gewächs" «

Weinbeschreibung:
Die Farbe hat ein feines Gelb mit grünen Reflexen. Der Geruch ist geprägt von leichten Hefenoten, Schiefer (Feuerstein), grünem Apfel, Aprikose, Limette, Zitrus, würzig - fast pfefferig! Am Gaumen zeigt der Wein eine komplexe Aromenpalette: Zitrus, Grapefruit, Ananas und gelbe Früchte. Er hat eine schöne Dichte, viel Extrakt und ist lang am Gaumen. Ich finde, der Ritsch stellt ein klassisches Beispiel für einen Riesling von der Mosel dar: Ein schönes Spiel zwischen Restzucker und Säure.

Nur klassifiziertes Terroir darf die Bezeichnung „Großes Gewächs" tragen. Die Weinberge müssen nach den Regeln des „Großes Gewächs" des Bernkasteler Rings klassifiziert werden. Der erlaubte Ertrag liegt bei nur 50 hl/ha bei höchster Reife der Trauben.

Ein paar Daten:
→ 12 % ALKOHOL / 8,8 G/L SÄURE / 8 G/L RESTZUCKER
→ KOSTET AB WEINGUT 22,00 EURO

Ausbau
Alle Weine werden beim Weingut Loewen grundsätzlich spontanvergoren (traubeneigene Hefen). Der Wein wird im Holzfass vergoren (an der Mosel ist das Fuder zu Hause mit einem Fassungsvermögen von 1000 Liter), verbleibt bis zur Abfüllung im Holzfass– in der Regel etwa 5 bis 6 Monate - und wird dann direkt vom Fass abgefüllt (wie die Franzosen sagen: „sur lie").

Lage
In dem ursprünglichen Profil der Weinberge speichern unzählige Schiefermauern und Felsvorsprünge die Wärme und geben den Weinen ihren einzigartigen Charakter. Der Name Ritsch leitet sich von dem brüchigen Grauschiefer der Lage ab; immer wieder rutschen Felsen ins Tal.

Speiseempfehlungen
→ SEIT ICH DIESEN WEIN PROBIERT HABE TRÄUME ICH VON AUSTERN! SIE SIND DAZU SICHERLICH EIN ERLEBNIS, WIE AUCH GEGRILLTE KRUSTENTIERE (LANGUSTE ODER GAMBAS) MIT JUNGEN SPINATSALAT ODER EIN SCHÖNER FRISCHZIEGENKÄSE WIE CROTTIN DE CHAVIGNOL ODER SAINT MAURE AUS DEM LOIRETAL MIT BIRNEVARIATION.

Weingut Geheimer Rat Dr. von Bassermann-Jordan

[Begründer des Qualitätsweinbaus]

Ulrich Mell, Geschäftsführer und Kellermeister

Drei weltberühmte Weingüter gibt es in Deidesheim: Dr. Deinhard,
Reichsrat von Bühl, Geheimer Rat Dr. von Bassermann-Jordan.

Frauen sind immer noch rar im Winzerberuf.

Johanna Wöhrwag aus dem gleichnamigen Weingut in Stuttgart, macht hier ihre Ausbildung.

Lukas Bernhard, Winzer.

» Begründer des Qualitätsweinbaus «

Ansichten von Fritz Richter

🐑 Zunächst ist die Pfalz bretteben. Jetzt im Herbst rauschen die Vollernter durch die Weinfelder. Technikfeindlich sind die Pfälzer nicht. Autobahnen durchziehen die Landschaft. Von Mannheim/Ludwigshafen ist man, die Nachkriegs-Bausünden der pfälzischen Metropole schnell hinter sich lassend, in 20 Minuten in Deidesheim. Nun sind die Berge des Pfälzer Waldes sichtbar. Am unteren Rand wird seit der Römerzeit Weinbau betrieben. Deidesheim ist eine der größten Weinbaugemeinden der Pfalz. Der Weinbau ist hier wichtigster Wirtschaftsfaktor neben dem Tourismus. Dank Bundeskanzler Kohl kamen auch die Mächtigen der Welt zu Besuch. Zu Anfang des 19. Jahrhunderts begann hier durch die Familie Jordan aus Savoyen der Qualitätsweinbau. Deren Tradition lebt heute in drei weltberühmten Weingütern fort. Das bekannteste ist das Weingut, in dem der Name des Gründungsvaters fortlebt: Geheimer Rat Dr. von Bassermann-Jordan. Wir sprachen mit den Geschäftsführern Gunther Hauck und Ulrich Mell.

„Ich bin kein Winzer von Hause aus, komme aber aus einem Winzerhaus. Meine Eltern sind auch Genossenschaftswinzer", erklärt Gunther Hauck. Der kaufmännische Geschäftsführer hat Bankkaufmann gelernt und nach dem Fachabitur Betriebswirtschaftslehre studiert. Sein Interesse galt der Fachrichtung Kleinunternehmen unter besonderer Berücksichtigung von Insolvenzfällen und Steuern.

🐑 Seine erste Anstellung bei der Fiducia, dem größten IT-Dienstleister der Volksbanken und der Raiffeisenbanken, hat er wohl als etwas trocken empfunden. Er wechselte aus dem großen Rechenzentrum in Karlsruhe, um etwas zu tun, was ihm wirklich Spaß macht. Hauck: „Und das war der Wein, und so habe ich dann 1985 als Assistent der Geschäftsleitung beim Weingut Bürklin-Wolf in Wachenheim an der Weinstraße angefangen und dort auch Ulrich Mell kennen gelernt. 1991 bin ich nach Berlin in den Vertrieb einer großen Firma gewechselt und habe ab 1996 im Weingut Schloss Rheinhartshausen und Weingut August Kesseler in Eltville-Erbach gearbeitet. Ab 1. Januar 1998 bin ich zu Bassermann-Jordan gekommen."

🐑 Ulrich Mell ist gebürtiger Rheinhesse. Er hat seine Winzerkarriere 1976 mit einer Lehre bei der Winzergenossenschaft Westhofen im Wonnegau Rheinhessens begonnen. Nach der Bundeswehr machte er in Heilbronn den Abschluss als Weinbautechniker und arbeitete bereits zwischen 1982 und 1983 als Volontär bei Bassermann-Jordan. Darauf folgte eine Wanderzeit, die ihn auf verschiedene Güter wie etwa Dr. Bürklin-Wolf in Wachenheim, Henninger IV in Kallstadt und Eugen Müller in Forst führte. Auch in Südafrika, Italien und in der Schweiz lernte und arbeitete Ulrich Mell. Im Jahr 1990 ist er als Technischer Betriebsleiter bzw. als Verwalter bei Josef Biffar in Deidesheim eingetreten und sieben Jahre geblieben. Mell: „Und dann ist 1996 Frau Bassermann auf mich zugekommen und hat gefragt, ob ich Interesse hätte, wieder zu Bassermann-Jordan zurückzukehren. Und so bin ich seit 1997 hier im Haus verantwortlich für den Wein und die Weinberge."

300 Jahre Geschichte eines Weingutes

🐑 Beide Geschäftsführer sind seit Jahren das „Gesicht" von Bassermann-Jordan, des wohl berühmtesten deutschen Weingutes, dessen Geschichte von großen Namen begleitet wird. „Urvater" Jordan hat den Qualitätsweingedanken in Deutschland begründet, Basis der Weltgeltung des deutschen Rieslings. Das Weingut hat in den fast 300 Jahren seiner Geschichte manchen Sturm überstanden. „Wie sich alles schickt und findet", können die letzten 15 Jahre nach der Übernahme durch den Neustädter Unternehmer Achim Niederberger überschrieben werden. Haucks und Mells Sachverstand war in dieser Zeit und ist bis heute gefragt.

🐑 Im Jahr 1708 wandert eine Familie Jordan aus Clues im französischen Savoyen in die Pfalz ein. Die Startbedingungen für die Neuankömmlinge waren schwer. Südwestdeutschland war damals zum Flickenteppich verschiedenster Territorialgewalten geworden. Geistliche und weltliche Herren hatten sich um den Besitz der Pfalz gestritten und das Gebiet in bis zu 44 Territorien aufgeteilt. Alles war geregelt: die erlaubte Rebfläche, die Rebsorten, Reberziehung, der Pflanzenschutz, die Düngung, Weinlese und der Weinhandel. Die Großen, das waren der Kurfürst in Heidelberg bzw. ab 1720 in Mannheim, die Fürstbischöfe in Speyer oder die Grafen von Leiningen. Zu den Kleinen gehörte zum Beispiel das Johanniter-Ordenshaus in Mußbach. In den Akten des 18. Jahrhunderts, die im Stadtarchiv Neustadt liegen, ist für jeden Weinberg aufgelistet, welche „Gerechtsamen" die Winzer an das ehemalige Ordenshaus abzuführen hatten.

„Glückliche Pfalz, heirate!"

🦇   1718 gründete Urvater Pierre Jordan in diesem schwierigen Umfeld ein Weingut. Das wurde durch das Rezept „Glückliche Pfalz, heirate!" erleichtert. Pierre Jordan heiratete zuerst nach Roschbach. Nach dem Tod seiner ersten Frau heiratete er in zweiter Ehe nach Hainfeld. Mit seiner zweiten Frau hatte er zwei Söhne, die nach Forst in die Familie Reichardt einheirateten, die zwei Töchter hatte. Die Ehe des einen blieb kinderlos, während die Ehe des anderen, Peter und seiner Ehefrau Apollonia, mit drei Kindern gesegnet wurde. So blieb das Vermögen zusammen. Eines dieser drei Kinder, Sohn Andreas Jordan (1775 -1848), wurde zu Beginn des 19. Jahrhunderts Pionier des Qualitätsweinbaus in Deutschland. 1783 zog das Weingut nach Deidesheim um. Bis dato wurde Wein im Mischsatz produziert. Gekeltert wurden verschiedene Traubensorten mit unterschiedlichen Reifegraden. Es entstand besonders in schlechten Jahren ein gewöhnungsbedürftiges Getränk. Andreas Jordan führte das Ausleseprinzip zeitlich gestaffelter Ernten ein. 1802 benennt er erstmals einen Wein nach Rebort und Reblage: den „Deidesheimer Gehäu".

Kirchenstück und Jesuitengarten

🦇   Dann kam die Französische Revolution. 1792 besetzten französische Revolutionstruppen die Pfalz. Die Familie musste fliehen, aber der junge Jordan hatte Weine nach Fulda ins Hessische ausgelagert. Deidesheim lag bald danach im Arrondissement Spire (Speyer) des neuen Département du Mont-Tonnerre (Departement Donnersberg), einem der vier neuen linksrheinischen französischen Departements, die nun französisches Staatsgebiet waren.

🦇   Nun gab es bürgerliche Rechte, wie Freiheit, Eigentum, Sicherheit und Gleichheit vor dem Gesetz. Wie im französischen Kernland wurden in den linksrheinischen ehemals deutschen Gebieten die Privilegien des Adels und alle Feudalabgaben abgeschafft und der Kirchenbesitz in der Säkularisierung an reiche Bürger und Bauern verkauft. Andreas Jordan hatte inzwischen seine Weine zu guten Preisen verkauft. Mit dem Geld konnte er aus säkularisiertem Besitz zwei Weinberge erwerben: einen kleineren Teil des Kirchenstücks und einen größeren Anteil am Jesuitengarten in Forst, bis 1971 Monopollage von Bassermann-Jordan, bis das unsägliche Weingesetz in diesem Jahr die Einzellage so vergrößerte, dass auch andere Winzer „Forster Jesuitengarten" anbieten können.

Französisch, Österreichisch, Bayrisch

🦇   Nach der Franzosenzeit war die Pfalz nach dem Wiener Kongress zunächst an Österreich gefallen, dann aber als „Rheinkreis" unter weiß-blaue Herrschaft gekommen. Doch die relative Unabhängigkeit der Pfälzer durch das französische Recht blieb erhalten. Als die Bayern 1816 eintrafen, wurden sie von den Pfälzern nicht gerade jubelnd begrüßt. Viele wollten die deutsche Republik.

🦇   Am 27. Mai 1832 bereiteten Winzer und Weingutbesitzer oberhalb Neustadts den Zug auf das Hambacher Schloss vor. 30.000 Deutsche, unterstützt von Polen, demonstrierten für deutsche Einheit, Demokratie und Freiheit vom Fürstenjoch. Dass Andreas Jordan mit marschiert ist, darf bezweifelt werden. Er war damals schon (ab 1819) Bürgermeister von Deidesheim und vertrat ab 1831 die Mittelhardt in der Kammer der Abgeordneten, eine Art Vorläufer des heutigen Bayrischen Landtages.

Ein Jahr vor dem Eintreffen der Bayern im Jahr 1815 hatte Andreas Jordan vom Grafen Lehrbach den Ketschauer Hof in Deidesheim gekauft. Für die damalige Zeit war man dadurch zu einem sehr großen Betrieb geworden. Zur Immobilie gehörten umfangreiche Kelleranlagen und 40 Morgen (das sind 10 Hektar) wertvolle Weinberge in den besten Lagen von Deidesheim: wie

➡   *Hohenmorgen, Kalkofen, Greinhügel, Kieselberg und Leinhöhle sowie der Reiterspfad in Ruppertberg.*

Goethes „Eilfer" in der Schatzkammer

Die Keller unter dem Ketschauer Hof, die teilweise bis auf das Mittelalter zurückgehen, bergen besondere Schätze. In dieser Schatzkammer liegen alle Weine der Lage Forster Ungeheuer ab dem Jahrgang 1880, außerdem 10 Flaschen des berühmten Jahrgangs 1811, Goethes „Eilfer", aus dem "Kometenjahrgang" 1811. Der so häufig von Goethe erwähnte Weinjahrgang 1811 wird deshalb als Kometenwein bezeichnet, weil in diesem Jahr der Komet Flaugergues, genannt nach seinem Entdecker Honoré Flaugergues, erschienen und acht Monate lang mit bloßem Auge sichtbar gewesen war. Im Jahr 1811 waren die Wetterbedingungen für den Weinbau ideal. Auf einen nur mäßig kalten Winter folgte bereits im Februar trockenes und warmes Frühlingswetter, das bis Mai anhielt. Danach kam ein warmer Sommer und ein überlanger schöner Herbst. Entsprechend gut war die Qualität des „Kometenjahrgangs".

Wein in Flaschen?

🦇   Gern ist Geschäftsführer Gunther Hauck bereit, mit uns hinabzusteigen, um uns die Schätze zu zeigen und Fragen zu beantworten. Er hat den Eilfer sogar selbst probiert. Er ist immer noch trinkbar und erinnert im Geschmack an Sherry, erklärt er. Den Probeschluck verdankt er dem Umstand, dass die Flaschen alle 30 bis 40 Jahre umgekorkt werden müssen. Dabei wird auch ein wenig Schwund durch die Verdunstung ausgeglichen. Der Nachfüllwein kommt aus einer der Flaschen.
Aus welcher Rebsorte dieser Jahrhundertwein gekeltert wurde, ist nur zu vermuten. „Früher wurde nicht sortenrein abgefüllt, sondern die Trauben wie zum Beispiel Traminer, Riesling und

Orléans gemischt. Im Weinberg standen mehrere Rebsorten nebeneinander."

Das Jordan´sche Weingut war Anfang des 19. Jahrhunderts das einzige in der Pfalz, das Wein in Flaschen abfüllte. Die ersten Etiketten entstanden im Jordan'schen Weingut ab 1803, einfache Holzschnitte mit der entsprechenden Weinbezeichnung. In der Schatzkammer liegen auch zwei Flaschen Deidesheimer Kieselberg. Mit diesem Wein wurde bei der Proklamierung von König Wilhelm I von Preußen zum Deutschen Kaiser im Spiegelsaal zu Versailles im Jahr 1871 angestoßen.

Die Jordan´sche Teilung

❦ Andreas Jordan hatte das Weingut beträchtlich vergrößert. Doch als er 1848 stirbt, kommt es zur Jordan´schen Teilung unter den drei Kindern Ludwig Andreas, Josefine und Auguste. Es gilt ja noch das französische (napoleonische) Erbrecht der Realteilung. Durch dieses ständige Teilen wurde das Erbe natürlich immer kleiner. Viele konnten vom Erbe nicht mehr leben. So erklären sich die Armuts-Auswanderungswellen im 19. Jahrhundert, gerade auch in der Pfalz, bis die Industrialisierung Arbeitsplätze schaffte.

Doch Ludwig Andreas, Josephine und Auguste müssen nicht auswandern! Jeder Erbteil reicht allen für eine standesgemäße Existenz. Die Weinberge werden unter den drei Kindern aufgeteilt. Ludwig Andreas Jordan (1811-1883) erbt den elterlichen Stammsitz in der Kirchgasse 10 und führt ihn als Weingut L.A. Jordan weiter. Er wird Reichstagsabgeordneter und enger Vertrauter Bismarcks. Josephine und Auguste, beide standesgemäß verheiratet, sind nun Besitzerinnen von ansehnlichen Weinbergen und können mit ihren Männern eigene Weingüter gründen, die sich unabhängig entwickeln. Es sind die heutigen Weingüter Reichsrat von Buhl und von Winning (bis 2011 Dr. Deinhard).

Die badischen Buddenbrooks

❦ Der Name Bassermann tritt 1864 durch Heirat in die Jordan´sche Familiengeschichte ein. Die Bassermanns, seit dem 18. Jahrhundert im Heidelberg-Mannheimer Raum als Kaufleute ansässig, haben berühmte Künstler und Wissenschaftler hervorgebracht. Der Bismarck-Biograf Lothar Gall nennt sie in seinem Buch „Bürgertum in Deutschland" die „badischen Buddenbrooks". Friedrich Daniel Bassermann, der 1811 in Mannheim am Marktplatz geboren wurde, war ein führender liberaler Politiker. Sein ältester Sohn Emil heiratete 1864 die Tochter des Bismarckvertrauten Ludwig Andreas Jordan. Nach dem Tod seines Schwiegervaters nahm Emil Bassermann 1883 mit Genehmigung des bayrischen Königs zusätzlich den Namen Jordan an, um den Namen Jordan zu erhalten. 1917 erfolgte auf Schloss Linderhof, sozusagen als letzte Amtshandlung von König Ludwig II. kurz vor dem Unter-

gang der Monarchie, für Emil Bassermann-Jordan die Erhebung in den Adelsstand. So trägt das Weingut Bassermann-Jordan seither den nobilitierten Doppelnamen.

Emil von Bassermann-Jordans Sohn, Geheimrat Dr. Friedrich von Bassermann-Jordan, hat nicht nur das Weingut vorangebracht, er ist auch einer der Pioniere des deutschen Qualitätsweinbaus. Bis heute ist seine „Geschichte des deutschen Weinbaus" ein Standardwerk. Außerdem: Dem humanistisch gebildeten Weinschriftsteller verdanken wir wesentliche Erkenntnisse zum Thema „Goethe und der Wein". Friedrichs Bruder Dr. jur. Ludwig von Bassermann-Jordan (tragischerweise schon im ersten Kriegsjahr 1914 gefallen) war wesentlich am ersten deutschen Weingesetz beteiligt. Er ist Mitbegründer des VDP, des Verbandes der Qualitätsweingüter Deutschlands, der aus dem 1910 gegründeten Verein für Naturweinversteigerer hervorgegangen ist.

Wein für Gorbatschow

❦ Letzter Bassermann an der Spitze des Traditionsweingutes war Dr. Ludwig von Bassermann-Jordan. Ganz Weinbaron, Besitzer eines reinen Riesling-Weingutes, in dem alle Weine im Holzfass ausgebaut wurden, empfing er uns Anfang der Neunziger Jahre in seiner Residenz, dem ehemaligen Kavaliershaus des Fürstbischofs von Speyer, der einst über Deidesheim herrschte. Wir bestaunten die über 4000 Bände umfassende Bibliothek seines Vaters Friedrich. Er erklärte dem Besucher, dass er die „Trockenwelle" für eine Modeerscheinung halte. So produziere Bassermann-Jordan nur 30 Prozent trockene Rieslinge. Ein Jahr nach der Wende, als Bundeskanzler Kohl dem sowjetischen Staatsoberhaupt Michael Gorbatschow im Rahmen eines Staatsbesuchs seine Heimat zeigte, stand auch Deidesheim auf dem Programm. Es gab nicht nur Saumagen im „Schwarzen Adler", sondern auch einen Besuch im Weingut Bassermann-Jordan. Das Gastgeschenk: Eine Flasche Forster Kirchenstück Riesling Beerenauslese aus Gorbatschows Geburtsjahrgang 1931.

Aufhebung der Jordan´schen Teilung

❦ Als Dr. Ludwig von Bassermann-Jordan 1995 verstirbt, wird seine Tochter Dr. Gabriele von Bassermann-Jordan von nun an bis zur Veräußerung des Betriebes 2002 Haupteigentümerin des Weingutes. Ihre Mutter Margit von Bassermann-Jordan übernimmt die Leitung des Hauses. Das Weingut wird mit Akribie und Hingabe geführt. Viele Weichen in die Neuzeit werden gestellt. Diese haben maßgeblich dazu beigetragen, dem Betrieb einen Platz in der Gruppe der internationalen Spitzenweingüter zu sichern.

❦ Ab Jahrgang 1996 ist Ulrich Mell für die Weine des Weinguts verantwortlich. Im Jahr 1997 ergänzen erstmals Burgundersorten die Vielfalt der Rieslinge. 2002 geht das

Weingut in den Besitz des Neustadter Unternehmers Achim Niederberger über. Er hat das große Verdienst, die Jordan´sche Teilung nach 158 Jahren wieder aufgehoben zu haben. Und das innerhalb von fünf Jahren. Nach dem Kauf des Weingutes Geheimer Rat Dr. von Bassermann-Jordan mit dem dazugehörenden Ketschauer Hof, den er zu einem Luxushotel mit Stern-Restaurant umgestaltete, erwarb Achim Niederberger 2005 das Weingut Reichsrat von Buhl und 2007 das Weingut von Winning / Dr. Deinhard. Er wurde dadurch mit 150 Hektar Rebfläche der größte private Weinbergbesitzer Deutschlands. Tragischerweise verstarb er 2013 unerwartet an einer schweren Krankheit. Sein Vermächtnis wird von seiner Frau Jana in seinem Sinne und mit seinen Visionen weitergeführt. Zu Ehren Achim Niederbergers haben die drei Weingüter eine „Hommage Achim Niederberger" aufgelegt, mit jeweils einem außergewöhnlichen Wein aus den Kellern seiner drei Weingüter in Deidesheim.

Biowein

🦋 Das Weingut Bassermann-Jordan wirtschaftet biologisch. Das bedeutet die ausschließliche Anwendung natürlicher Präparate für den Pflanzenschutz. Die Rebfläche von 49 Hektar teilt sich auf in 20 Einzellagen, die als Spitzenlagen bewertet sind.
Die berühmtesten liegen in Forst,
➜ *Kirchenstück, Jesuitengarten, Freundstück, Pechstein, Ungeheuer*
in Deidesheim
➜ *Paradiesgarten, Leinhöhle, Hohenmorgen, Kieselberg, Grainhübel, Langenmorgen, Kalkofen, Herrgottsacker*
und in Ruppertsberg
➜ *Reiterpfad, Hoheburg.*

Bis heute dominiert der Riesling mit 85 % den Rebsortenspiegel. Der Rest verteilt sich auf Chardonnay, Weißburgunder, Grauburgunder, Scheurebe Gewürztraminer, Muskateller, Sauvignon Blanc sowie Spätburgunder und Merlot, die seit 1997 den Riesling ergänzen. Die Übersicht zeigt die jahrhundertealte Tradition der Kultivierung. Bassermann-Jordan kauft von befreundeten Betrieben ungefähr die gleiche Menge seiner Produktion hinzu, wobei es sich mit wenigen Ausnahmen um Vertragswinzer handelt, die nach den Vorgaben des Gutes arbeiten.

Die bekannteste Forster, wenn nicht Pfälzer Weinberglage ist das *Forster Ungeheuer*. Nicht nur Goethe, sondern auch Bismarck schätzte diesen Riesling, der auf Basaltverwitterungsboden mit sandigem Ton bzw. sandigem Lehm versetzt mit Kalksteingerölleinlagerungen wächst, sehr. Der Eiserne Kanzler: „Dieses Ungeheuer schmeckt mir ungeheuer." Für den Namen hat kein Monster, sondern eine achtbare Persönlichkeit Pate gestanden, der Deidesheimer Stadtschreiber

Johann Adam Ungeheuer, der im 17. Jahrhundert gelebt hat. Der Wein ist häufig schnell ausverkauft, aber der Freund Bassermann-Jordan´scher Weine hat genügend Alternativen, wie die Übersicht nach der neuen VDP-Klassifikation zeigt, die das Weingut Bassermann-Jordan konsequent umsetzt.

🦋 Gunther Hauck: „Bei uns gibt´s für die trockenen Weine Gutswein, Ortswein, Erste Lage und Große Lage und für die restsüßen Weine haben wir dann die althergebrachten Prädikate Kabinett, Spätlese, Auslese sowie Beeren- und Trockenbeerenauslese." Die Lieblingsweine der beiden Geschäftsführer sind selbstredend Rieslinge. Ulrich Mell nennt einen 2013er Forster Ungeheuer, Großes Gewächs, spontan vergoren in neuen Stückfässern, der noch einige Jahre liegen muss, daneben ein 11 Ancestrale Riesling nach alter Art ausgebaut, zwei Jahre im Holzfass auf der Hefe gereift, spontan vergoren mit etwas Restsüße. Gunther Hauck schätzt zum einen den 2013er Ruppertsberger Reiterpfad Ortswein, zum anderen als Aperitiv- und Dessertwein einen 2013er Forster Jesuitengarten, Spätlese, restsüß.

Berühmte historische Etiketten

🦋 Korrespondierend zu dieser Klassifizierung stellen die historischen Etiketten, die Bassermann-Jordan verwendet, eine eigene Klassifizierung dar. Für alle Gutsabfüllungen wird das Jugendstiletikett genutzt, das von Alois Balmer 1904 entworfen worden ist. Da sieht man einen kleinen grünen Kopf des römischen Kaisers Probus, der im dritten Jahrhundert den Weinbau nördlich der Alpen zur Versorgung seiner Armeen erlaubt hat. Das belebende Element dieser Darstellung ist freilich nicht der Imperator, sondern eine leichtgeschürzte Bacchantin, die auf die Lebensfreude hinweisen dürfte, die der Weingenuss bedeutet. Außerdem nutzt Bassermann-Jordan noch sein „Ur"-Etikett, das 1903 entstanden ist. Damals noch ein Holzschnitt wurde es umgewandelt und wird für alle Manufakturweine (das Gros der Burgunderweine und der Weine in der Literflasche) genutzt. Ein drittes Etikett mit dem Familienwappen der Bassermann-Jordans, das der berühmte Münchner Heraldiker Otto Hupp 1925 entworfen hat, wird derzeit nicht genutzt. Es stand für alle Weine mit Restsüße, von dezent pikant bis hochkonzentriert edelsüß.

Die Weine des Weinguts
„Geheimer Rat Dr. von Bassermann-Jordan"
nach der VDP-Klassifikation

VDP.
Große Lage (GG)

→ Hohenmorgen
→ Kalkofen
→ Langenmorgen
  (Weisser Burgunder)
→ Pechstein
→ Freundstück
→ Jesuitengarten
→ Kirchenstück
→ Ölberg (Spätburgunder)
→ Deidesheimer Grainhübel

VDP.
Erste Lage

→ Deidesheimer Mäushöhle
→ Deidesheimer Kieselberg
→ Deidesheimer Leinhöhle
→ Deidesheimer Paradiesgarten
→ Deidesheimer Herrgottsacker
→ Ruppertberger Hoheburg
→ Ruppertsberger Spieß
→ Ruppertsberger Reiterpfad
→ Forster Musenhang
→ Forster Elster

VDP.
Ortswein

→ Forst
→ Deidesheim
→ Ruppertsberger

Vor jedem neuen Befüllen müssen die Fäßer gründlich gereinigt werden.

» Die unterschiedlichen Produktionsarten ermöglichen uns eine breite und nuancenreiche Stilistik. Auf der einen Seite terroirbetonte, mineralische Weine, nachhaltig und lagerfähig im klassischen Stil des Hauses, auf der anderen feinfruchtige, belebte und hocharomatische Weine – modern und expressiv." **ULRICH MELL**

Ich kann mich dieser Meinung nur anschließen. Die Weine des Weinguts Bassermann-Jordan gehören sicherlich zu den besten der Pfalz, weil sie sehr ausdrucksvoll sind und unglaublich vielschichtig. «

EVANGELOS PATTAS

» 2013er Forster Ungeheuer Riesling „Großes Gewächs" trocken «

Weinbeschreibung:

Goldgelbe Farbe, strahlend. Was für eine Wucht an Früchten in der Nase: Dropsbonbons, Bananenschale, Litschi (aus der Dose), Honigmelone, Birne, Maracuja, schwarze Johannisbeeren – ein wahrer Traum! Am Gaumen bestätigt sich diese Fülle an Aromen, sehr geprägt von exotischen Komponenten, aber auch von Zitrusnoten. Der Wein hat eine sehr schöne Opulenz und Struktur, gepaart mit der Finesse und Eleganz großer Rieslinge. Feuerstein und eine feine mineralische Salzigkeit prägen diese Weine. Er hat sehr viel Spiel zwischen Fülle und Mineralität, was ihm hohen Trinkgenuss und Saftigkeit gibt. Ein Wein, der derzeit sicherlich noch zu jung ist. Sein Entwicklungspotential würde ich bis 15 Jahre schätzen.

Ein paar Daten:

→ 12,5 % ALKOHOL / 7,5 G/L SÄURE / 5,2 G/L RESTZUCKER
→ KOSTET AB WEINGUT 34,00 EURO

Ausbau

Die Trauben profitierten vom Jahrgang und gelangen sehr spät zur optimalen Reife. Im Keller wurde der Wein spontan vergoren. Die Gärung erfolgte im traditionellen Stückfass von 1200 l. Anschließendes Hefelager bis in den Mai mit zeitweiser Batonnage. Füllung Ende Juni. Das Ergebnis ist Opulenz und Kraft. Gepaart mit der Feinheit und Eleganz des Rieslings ist ein großer Wein entstanden, der trotz allem Spiel und Finesse besitzt.

Lage

Die Lage liegt am westlichen Hang von Forst und ist wohl die bekannteste Weinbergslage in Forst, wenn nicht in der Pfalz. Spektakuläre Tropfen wachsen hier Jahr für Jahr. Die Weine sind prädestiniert für beste Qualitäten. Nicht nur Goethe, sondern auch Otto von Bismarck schätze das Forster Ungeheuer sehr. Für die Lagenbezeichnung war kein Monster, sondern ein Personenname prägend. In Deidesheim gab es im 17. Jhd. einen Stadtschreiber mit dem Namen Johann Adam Ungeheuer, der im Jahre 1699 starb. An der Klosterkirche in Mußbach findet sich ein Grabmal mit dem Namen Ungeheuer.

Boden

Basaltverwitterungsboden mit sandigem Ton bzw. sandigem Lehm, Kalksteingerölleinlagerungen, wechselhaft.

Meine Meinung

Ich habe mich schon lange in das Forster Ungeheuer verliebt und freue mich sehr, dass nicht nur ich und viele meiner Kollegen, sondern auch Otto von Bismarck diesen „ungeheuer" tollen Wein mochte. Zitat: „Dieses Ungeheuer schmeckt mir ungeheuer."

» 2013er Forster Jesuitengarten Riesling Spätlese «

Weinbeschreibung:

Der Wein hat ein leichtes Gelb mit grünen Reflexen. In der Nase gefällt mir der Wein sehr gut mit Aromen von Honig, Melone, Karamell, Blüte, Blütenhonig und etwas exotischen Noten wie Ananas, aber auch schöne Birnen- und Apfel-Aromen. Dazu kommen in der Nase Sternfrucht, Guave, kandierter Ingwer, Zitronenschale und etwas Kräuter wie Sauerampfer. Gute Balance von Süße und Säure mit tropischen Noten und persistentem Zitrus-Touch. Die Aromatik ist sehr exotisch und tropisch nach Mango, Ananas, Zitrus und Birnenkompott.

Ein paar Daten:

→ 9,5% ALKOHOL / 9,5 G/L SÄURE / 62,9 G/L RESTZUCKER
→ EMPFOHLENE TRINKTEMPERATUR 8 BIS 10 °C
→ KOSTET AB WEINGUT 25,00 EURO

Ausbau

Die Jesuitengarten Spätlese ist ein sehr opulenter Wein. Hochreif gelesen wurde das Lesegut eingemaischt und abgepresst. Der Ausbau erfolgte im Stahltank. Der Most wurde durch Sedimentation geklärt und anschließend spontan vergoren. Der reichhaltige Most blieb in der Gärung stecken und der Wein verblieb mit einer beachtlichen Restsüße. Die Art gefiel in dem Jahrgang so gut, dass der Wein nicht weitergegoren wurde, sondern auf diesemvNiveau belassen wurde. Nach dem Abstich erfolgte die Füllung im April 2014. Der Weinvbegeistert durch ein enormes Süße-Säure-Spiel. In der Nase dominieren ätherische Düftevund Zitrus. Am Gaumen zeigt sich eine enorme Spannung und Kraft.

Lage

Am Ortsrand von Forst gelegen, in direkter Nachbarschaft zum Kirchenstück und Ungeheuer, ist der Jesuitengarten auf Grund seines extrem hohen Mineralgehalts eine der besten Weinlagen der Pfalz überhaupt. Die Lage ist berühmt für seine feinen und eleganten Weine bei hoher Komplexität. Der Name geht auf Besitzungen des ehemaligen Jesuitenklosters von Neustadt/Weinstraße zurück und bezeichnete deren Weingärten (Garten der Jesuiten!) Der Jesuitengarten gilt als eine Große Lage (qualitativ) und ist damit eine der besten Weinbergslagen Deutschlands!

Meine Meinung

Eine sehr schöne Spätlese, die momentan noch sehr in der Jugend steckt und sich sehr positiv entwickeln wird. Die Balance zwischen Säure und Süße ist sehr gut gelungen, was für eine Spätlese mit feiner Fruchtsüße sehr wichtig ist. Einfach kaufen und Geduld haben.

Monzingen an der Nahe

Weingut
Emrich-Schönleber

[Ein modernes Schäferspiel]

Werner Schönleber.

Weinlese in Monzingen.

Weinlese am frühen Morgen in Monzingen.

» Ein modernes Schäferspiel «

Ansichten von Fritz Richter

🐑 Kein Tag ohne Goethe! Bei diesem Portrait über den Spitzenwinzer Werner Schönleber in Monzingen an der Nahe ist das kein Problem. Goethekenner wissen warum. Der Ort wirbt bis heute damit, dass seine Weine von unserem größten Dichter in dem Reisebericht über das „Sanct Rochus-Fest zu Bingen" im Jahr 1814 erwähnt worden sind. Damit liegt das Ereignis über zwei Jahrhunderte zurück. Und so darf auch einmal ins Bewusstsein gerückt werden, dass in einer Zeit, in der letztes Jahr täglich an den Beginn des Ersten Weltkriegs vor 100 Jahren erinnert wurde, 200 Jahre davor die Befreiungskriege endeten. Erst nachdem Napoleon gestürzt war, bestand für Goethe die Möglichkeit, nach 17 Jahren Abwesenheit mal wieder in die süddeutschen Lande nach Frankfurt, Wiesbaden und Heidelberg zu reisen, um zu kuren, Freunde zu treffen, zu lieben und Wein zu trinken!

Wir starten nach Monzingen von Goethes Standquartier aus, dem Gasthof „Bären" in Wiesbaden, den es heute noch gibt. In der Hauptstadt des Herzogtums Nassau war der Großschriftsteller und weimarische Staatsgast VIP und wurde entsprechend hofiert. Der Repräsentationspflichten etwas überdrüssig, startete er von hier aus am 15. August 1814 zu einer Kutschfahrt in den Rheingau nach Rüdesheim. Seine Reisebegleiter waren der Komponist und Direktor der Berliner Singakademie Friedrich Zelter und der nassauische Oberbergrat Dr. Wilhelm Cramer. Am anderen Tag wird das Sankt Rochus-Fest in Bingen besucht über das Goethe umfassend berichtet, auch über den Monzinger Wein.

🐑 Wir fahren die Strecke mit dem Auto. Die Fähre bringt uns problemlos nach Bingen, wo die Nahe in den Rhein mündet. Für Goethe war die Überquerung des Stromes noch ein Abenteuer. Uns zieht es auf der B41 weiter nach Monzingen in die südwestlichste Ecke des Anbaugebiets Nahe. Monzingen ist einer der ältesten Orte im Nahetal. Die erste Erwähnung geht wie so oft im deutschen Südwesten auf die Nennung in einer Schenkungsurkunde für eine Weinbergsfläche an das Kloster Lorsch aus dem Jahre 778 zurück. Im Mittelalter hatte man Stadtrechte. Monzingen war das Mittelzentrum, also ein attraktiver Standort mit Marktrechten, lange vor Bad Sobernheim, das wesentlich jünger ist.

Wein statt Kartoffeln

🐑 Werner Schönleber empfängt uns in einem neuzeitlichen Gebäude im Erweiterungsgebiet Monzingens. In den 1960er Jahren haben seine Eltern am Dorfrand gebaut, nachdem es im alten Ortskern zu eng geworden war. In der neuen Umgebung war seinerzeit auch Platz genug gewesen, um den landwirtschaftlichen Mischbetrieb zu erweitern. Daran erinnert heute in dem Spitzenweingut nichts mehr. In der gediegenen Weinprobierstube gibt uns Werner Schönleber Auskunft darüber, wie aus einem landwirtschaftlichen Mischbetrieb ein Weingut wurde.

Zwei Drittel Steillagen

🐑 Bewirtschaftet werden 19 Hektar Rebfläche. Das reine Weißweingut ist zu 86 % mit Riesling bestockt. Der Rest ist Grau- und Weißburgunder. Der Betrieb besteht zu zwei Dritteln aus anerkannten Steillagen, steiler als 30 %. Im Frühlingsplätzchen haben einzelne Parzellen bis 70 % Steigung, die absolute Grenze, an der man sich am Hang noch ohne Bergsteigerausrüstung auf und ab bewegen kann. An einzelnen Stellen der Mosel ist die Steigung noch größer und man geht bei der Einzelpfahl-Erziehung quer zum Hang. Das Weingut hat seine Zeilen in Hangrichtung im Drahtrahmen stehen.

Früher gab es Tausende von Mischbetrieben in den deutschen Weinbaugebieten. Um zu überleben, musste man wachsen. Vielleicht durch Heirat – „Acker zu Acker" oder „Weinberg zu Weinberg". Doppelnamen von Weingütern zeugen davon. „Bei uns war es aber nicht so", stellt Werner Schönleber fest. Das Weingut habe eine Historie in einem landwirtschaftlichen Mischbetrieb, der Kartoffeln, Gerste, Hafer und Wein produziert und Schweine und Hühner gehalten hat. In der Familie Emrich, also der Linie seiner Mutter, seien „Landbewirtschafter" ab Anfang des 18. Jahrhunderts urkundlich belegt.

🐑 „Mein Ur-Ur-Großvater hatte hier in Monzingen schon mal eine richtig bedeutende Rolle gespielt. Er muss wohl ein sehr charismatischer Mensch gewesen sein und auch sehr pfiffig. Er wurde das, was man heute Bürgermeister nennt. Sein Haus hieß Vorsteher Emrich-Haus und er hatte damit schon damals einen großen Namen für seine Weine gehabt. Urgroßvater und Großvater wurden aber durch die Kriegswirren und Naturkatastrophen immer wieder zurückgeworfen.

So sind 1956/57 zwei Jahre hintereinander die Reben total erfroren. Zwei Jahre hintereinander gab es so gut wie keine Weinernte und die landwirtschaftliche Produktion war ein bedeutender Risikoausgleich", erzählt Werner Schönleber aus der Familiengeschichte. Sie ist ein Beispiel für den harten Existenzkampf auf dem Land, der vor der Industrialisierung viele Kleinbauern und -winzer im deutschen Südwesten zum Auswandern gezwungen hat.

Die Liga der Weltbesten

Für die zweite Wurzel des Weingutes Emrich-Schönleber soll die Metaphorik des Schäferspiels benutzt werden. Im vorliegenden Fall war der Schäfer tatsächlich einer, im Gegensatz zum Schäferspiel ein richtiger, der ganze Herden von dieser Tierart besaß. Es ist Werner Schönlebers Vater, der 1950 in das Leben der Familie Emrich trat, als er seine Mutter geheiratet hatte. Danach vollzog sich im Laufe der Jahre in diesem landwirtschaftlichen Mischbetrieb Monzingens die große Wende zum renommierten Weingut, das heute in der Liga der Weltbesten mitspielt.

🐑 Der Sohn erzählt: „Mein Vater war Schwabe. Er stammt von der Schwäbischen Alb und sein Vater, mein Großvater, hatte mehrere Schafherden. Die Alb war schon immer Schafhaltergebiet und dann stand dort auch noch ein großer Truppenübungsplatz als Weide zu Verfügung. In den häufig verschneiten Wintermonaten in dem rund 800 Meter hohen Gebiet haben sich die Schafhalter in wärmere Gefilde zurückgezogen. Die nächsten Ziele waren Baden und die Pfalz. Irgendwo haben sich die beiden Großväter dann kennen gelernt. Damals war mein Großvater Julius Emrich Bürgermeister im Dorf und die beiden hatten 1948 organisiert, dass mein Vater mit einer Herde 300 Kilometer weit nach Monzingen ziehen konnte. Und hier hat er meine Mutter kennen gelernt und 1952 haben die beiden geheiratet."

> „Die haben schon erkannt, dass mit mir was anzufangen ist"

🐑 Mit ungeheurer Energie – was bei diesem deutschen Volksstamm nicht überrascht - hat sich der Schwabe in das Thema Weinbau eingearbeitet. Daraus ist dann später der Weingutsname Emrich-Schönleber geworden. Anfang der 1970er Jahre haben die Schönlebers erkannt, dass ihre größten Chancen im Weinbau liegen. Das fiel zusammen mit der Ausbildungszeit des Erstgeborenen Werner. Der zeigte im Gegensatz zu seinem ein Jahr jüngeren Bruder mehr Interesse für den elterlichen Betrieb. So fokussierte sich die Nachfolgefrage auf ihn. Es gab auch einen gewissen Erwartungsdruck, dass der Älteste das Generationenwerk fortführen möge. Werner Schönleber: „Ich habe mich auch nicht dagegen gewehrt. Die Arbeit in der Land-

wirtschaft und später auch im Weinbau hat mich sehr interessiert. So machte ich dann nach der Schulzeit eine Winzerlehre. Mein Glück war, dass ich ein halbes Jahr lang im Staatsweingut Bad Kreuznach, das der Weinbauschule dort angeschlossen ist, in Kellermeister Adolf Müller einen sehr guten Lehrmeister hatte. Er hat mir persönlich und auch von der Herangehensweise an den Wein die Zusammenhänge sehr gut vermittelt. Das ist noch heute ein wesentlicher Teil meines fachlichen Rüstzeuges, auf das ich zurückgreife."

🐑 Der junge Winzer machte die Ausbildung zum Staatlich geprüften Techniker für Weinbau und Kellerwirtschaft in Bad Kreuznach und stieg danach in den elterlichen Betrieb ein, bald auch als Mitgesellschafter. „Die haben schon erkannt, dass mit mir was anzufangen ist und dass wir gemeinsam was bewegen können. Wir hatten Anfang der 1970er Jahre auch einen guten Start und sind mit Prämierungen überhäuft worden. Das würde heute viel schwerer fallen. Damals gab´s noch nicht so viel selbst abfüllende Winzer. Die Mehrzahl hat Fasswein produziert oder an die Genossenschaft geliefert. 1977 habe ich geheiratet und so haben wir uns peu á peu weitergekämpft", so die Erinnerung Schönlebers, der heute von seinem Sohn Frank unterstützt wird, der Miteigner des Weingutes ist.

Goethe rühmt den Charakter des Monzinger Weins

Monzingens Weine sind heute durch die Schönlebers überregional bekannt geworden. Allerdings hat sie – wie erwähnt - der große und kompetente Weintrinker Johann Wolfgang von Goethe schon vor 200 bekannt gemacht. In seinem Reisebericht über das Sankt Rochus-Fest zu Bingen lesen wir:

Nun rühmte dagegen die Gesellschaft von der Nahe einen in ihrer Gegend wachsenden Wein, der Monzinger genannt. Er soll sich leicht und angenehm wegtrinken aber doch, ehe man sich's versieht, zu Kopfe steigen. Man lud uns darauf ein. Er war zu schön empfohlen, als daß wir nicht gewünscht hätten, in so guter Gesellschaft, und wäre es mit einiger Gefahr, ihn zu kosten und uns an ihm zu prüfen.

🐑 Damit habe der Dichter mit seinen Worten das ausgedrückt, was den Charakter der Monzinger Weine ausmache, meint Werner Schönleber. "Heute sagen wir, unsere Weine sind im Auftakt frisch, lebendig, wirken eher leicht, als im Mund aufquellend, machen den Mund frisch, spielen mit den Speicheldrüsen, lassen einem das Wasser im Mund zusammenlaufen. Daraus ergibt sich in Verbindung mit dieser wunderschönen salzigen Mineralität unserer steinigen Böden eine Trinkigkeit, die uns in Versuchung kommen lässt, das Glas nicht aus der Hand zu lassen, sondern zu schnuppern, zu trinken, zu genießen und beim Nachdenken darüber schon wieder Lust auf den nächsten Schluck zu haben."

Rieslinglagen vom Feinsten

Mit diesen fast literarischen Äußerungen hat der Winzer vermutlich an zwei Weinlagen gedacht, bei deren Nennung den Rieslingfreunden dieser Welt das Wasser im Mund zusammenläuft: *Frühlingsplätzchen* und *Halenberg*.

🍇 Bereits in der Steuerkartierung Preußens von 1901 wurden sie als besonders wertvoll gekennzeichnet. Sie sind Teil des Monzinger Bergs. Ein Fachmann vor dem Herrn, der Wieslocher Apotheker, Rosenzüchter und Weinpionier Johann Philipp Bronner, hat ihn folgendermaßen charakterisiert:

„Indessen scheint gerade der magere Zustand des Monzinger Berges den Ruf des dortigen Weins zu begründen, der deshalb so hoch im Preise steht und zu den besten Weinen der Nahe gehöret."

In der nordbadischen Weinstadt südlich von Heidelberg ist Bronner noch vielfach präsent. Im Auftrag des badischen Markgrafen Wilhelm, der sich große Verdienste um die Verbesserung von Landwirtschaft und Weinbau in Baden erworben hat, bereiste Bronner die in- und ausländischen Weinanbaugebiete, um den neuesten Stand des Qualitätsweinbaus zu erforschen. Er selbst hat Weinberge angelegt, eine Spindelkelter gebaut und zahlreiche Bücher über den Weinbau geschrieben.

Ein Hang mit Potential

🍇 *Frühlingsplätzchen* und *Halenberg* haben für das Weingut Emrich-Schönleber enorme Bedeutung. Werner Schönleber: „Der Startpunkt für die Anerkennung, die wir heute haben, war, dass der Hang, in dem der Halenberg liegt, 1983 flurbereinigt bzw. die Flurbereinigung abgeschlossen wurde. Mein Vater hat immer schon gewusst, welches Potential in diesem Hang steckt. Seine Versuche, während der Flurbereinigungszeit Flächen von abgabewilligen Kollegen oder auslaufenden Betrieben zu kaufen, waren erfolgreich. Und als dann die ersten Weine aus dem Halenberg neben dem Frühlingsplätzchen auf den Markt kamen, registrierte die Weinwelt so ab 1989 Anfang 1990 einen neuen Namen im Notizbuch. 1992/93/94 hatten wir einen sehr guten Lauf. Das war der erste größere Sprung, den wir gemacht haben."

Die Riege der Fünf-Trauben-Winzer

Und der zweite folgte. Als die Schönlebers sich aus der Phase der Landes- und Bundesehrenpreise und des Staatsehrenpreises in Gold verabschiedet hatten, weil ihnen die Latte für ihre Ansprüche nicht mehr hoch genug gewesen war, haben die Fachberichte in Weinfachzeitschriften und Weinführern wie Gault Millau, Eichelmann und Wein-Plus sowie Gourmetmagazinen wie dem Feinschmecker mehr und mehr eine wichtige Rolle übernommen. Werner Schönleber: „Nachdem

wir so in aller Stille im Gault Millau über die dritte Traube in die vierte aufgestiegen sind, waren wir schon höchst glücklich. Mit dem Jahrgang 2002 sind wir dann im Gault Millau für die beste Kollektion in Deutschland gelobt worden. Darunter war ein 100-Punkte-Eiswein. Der war erst das siebente Mal in der Historie der Zeitschrift vergeben worden. Zugleich sind wir in die Riege der Fünf-Trauben-Winzer aufgestiegen. Drei Highlights in einem Jahr: Das war überwältigend! Für mich der größte Sprung, weil ich nicht damit gerechnet hatte. Die fünf Trauben haben wir bis heute gehalten. 2004 hat der Gault Millau mich dann auch noch zum Winzer des Jahres gemacht."

Das Sortenportfolio

1994 wurde das Weingut in den der Verband der Prädikatsweingüter Deutschlands (VDP) berufen. Das Sortenportfolio wurde bereinigt, um die Voraussetzungen für die Mitgliedschaft zu erfüllen. Das fiel aber nicht schwer, weil Vater und Sohn schnell erkannten, dass ihre Zukunft beim klassischen Riesling lag. Gewachsen war das Selbstvertrauen, Weine mit einer eigenen Charakteristik, mit einer wunderschönen raffinierten Mineralität erzeugen zu können. Schönleber: „Die Kunden haben uns auch mit ihrem Kaufverhalten gezeigt, wo das Hauptinteresse für Schönleber-Weine liegt. Insofern ist es uns auch nicht schwer gefallen, Weine, die nicht auf der Wunschliste des VDP standen, aufzugeben und die Flächen an Kollegen zu verpachten, beziehungsweise in Weinberge zu tauschen, die wir gern wollten. Mein Vater hat nämlich eine Schwäche für die Neuzüchtungen gehabt, die Anfang der 1960er Jahre aufgekommen waren. Damals ein Erfolgsmodell, dass sich aber schnell erledigte."

Nicht allen Moden nachlaufen

Im Hause Emrich-Schönleber wollte man nicht den in immer schnellerer Folge aufkommenden Moden nachlaufen. Von nun an galt: „Wenn man die Chance hat, etwas Besonderes zu erzeugen, dann ist man bei den Klassikern am besten aufgehoben!" Ein Glücksfall für das Weingut Emrich-Schönleber war es, dass es 1991 die Möglichkeit gab, von einem Weingut größere Flächen vom Halenberg und Frühlingsplätzchen zu kaufen. Damit konnte der Anteil an diesen Top-Parzellen auf einen Schlag verdoppelt werden. Und diese liegen in einem für Spitzenrieslinge besonders geeigneten Gebiet.

Der Riesling mag es kühl

🍇 Naheaufwärts und in den nördlichen und südlichen Seitentälern machen sich die kühleren Luftmassen der umliegenden Mittelgebirge stärker bemerkbar als an der unteren Nahe von Bingen bis Bad Kreuznach. Sie sorgen für einen Vegetationsrückstand, der im Spätsommer und Frühherbst acht bis zwölf Tage betragen kann. Gerade für den Riesling ist es für die Aromatik und Säurestruktur jedoch von Vorteil, wenn die Reife etwas später und damit unter kühleren Bedingungen erfolgt. Die Hanglagen und teilweise sehr steilen Flächen mindern das Risiko der Frühfröste im Herbst und die Botrytisgefahr. Dadurch wird eine spätere Lese ermöglicht, die den Reiferückstand gegenüber der unteren Nahe kompensiert. Rassige, fruchtige und etwas schlankere Weine sind das Ergebnis.

🐑 Dennoch sind es Weine unterschiedlichster Komplexität. Werner Schönleber meint, wenn man innerhalb einer Weinlage, die in fünf verschiedenen Kellern ausgebaut worden ist, Vergleiche anstelle, dann gebe es immer schmeckbare Unterschiede, auch beim Frühlingsplätzchen und Halenberg. Eine Gemeinsamkeit bleibe: Die rassige, feine Säure und Mineralität. Das komme vom Mikroklima und den Boden- und Niederschlagsverhältnissen. „In diesen wichtigsten Hangteilen haben wir einen Untergrund aus Naturbeton, ein Konglomerat aus Geröllmassen, die aus dem geologisch hoch interessanten Hunsrück kommen. Er beginnt sechs bis sieben Kilometer nördlich von hier und das Rheinische Schiefergebirge kommt nach vier Kilometern. Im Radius von 10 Kilometern haben wir Basalt-Steinbrüche, die Dachschieferwerke im Kellenbachtal und Steinbrüche, wo sehr helles Quarzitgestein gebrochen wird."

Frühlingsplätzchen mit roten Schiefer

🐑 Diese ganze Mischung findet sich in den Geröllmassen der Weinberge wieder. Den mengenmäßig höchsten Anteil hat der blaugraue Schiefer. Da die Quarze wesentlich härter sind als Schiefer, ist dieser in der Regel durch die Geröll-Bewegung zu Sand vermahlen worden oder zu feinen Splittern. Im Gegensatz zur Mosel und zum Mittelrhein fehlen große Schieferplatten. Der Winzer erläutert: „Wir haben keine reinen Schieferböden, sondern eine Mischung aus dunklen Quarziten oder hellen Quarzen. Das macht die Weine so facettenreich. Kein einzelner Stein bestimmt klar den Wein. Beim Frühlingsplätzchen sind es neben dem blaugrauen Schiefer und den dunklen Quarziten je nach Parzelle mehr oder weniger deutliche Einflüsse von rotem Schiefer. Die rot gefärbten Böden vom Frühlingsplätzchen bringen offenere und fruchtbetontere Weine. Beim Halenberg mit seinem dunkleren Gestein, weitgehend ohne rote Einflüsse, kommt das Mineralisch-Salzige so extrem perfekt rüber."

🐑 Kein Wunder, was die Favoriten Werner Schönlebers sind: „Meine Lieblingsweine sind die, die in der Fan-Gemeinde gefeiert werden. Das sind die großen trockenen Weine aus dem Frühlingsplätzchen und dem Halenberg. Da gibt es keine Kompromisse." Aber auch in der Mittelklasse wird klar gezeigt, was die Charakteristik der Emrich-Schönleber-Weine auszeichnet. So ist beim „Mineral" Riesling trocken der Name Programm. Der Wein wächst auf dem sehr steinigem Boden des Hanges, in dem auch der Halenberg liegt. Weil er etwas leichter ist als die Großen Gewächse, kommen die Bodenein

flüsse noch puristischer rüber. Schönleber: „Das ist der Wein, der bei uns zum Alltag gehört. Der Name „Mineral" war mal so eine Eingebung, weil er eindeutig mineralisch schmeckt. Der Weintrinker, der dies genau schmecken wolle, solle den „Mineral" von Emrich-Schönleber kaufen, hat der englische Weinjournalist Stuart Pigott seinerzeit in der Frankfurter Allgemeinen Sonntagszeitung geschrieben."

Rieslingfreaks gibt es überall

🐑 Davon machen die deutschen Riesling-Freunde ausgiebig Gebrauch. „Wir verkaufen den Löwenanteil unserer Weine nach wie vor in Deutschland. Aber der internationale Markt spielt eine wichtige Rolle, besonders in den europäischen Nachbarländern Italien, Schweiz und in Österreich. Aber ich weiß, dass Schönleber-Riesling in homöopatischen Dosen auch in Paris getrunken wird. Viel verkauft werden unsere Rieslinge auch in Spanien. Nach Australien und Neuseeland gehen ein bis zwei Paletten pro Jahr, ebenso nach Südafrika, Brasilien und Nordamerika. Rieslingfreaks gibt´s auf der ganzen Welt. Und die Begeisterung schlägt nach Deutschland zurück und gibt dem deutschen Kunden selbst ein besseres Wertgefühl. Da es ihnen manchmal angesichts unserer Vergangenheit etwas an Selbstwertgefühl fehlt, glauben sie, dass es besser ist, wenn erst die Anderen überzeugt sind, dass eine Sache gut ist", schließt Werner Schönleber mit einem eher selten zu hörenden Verkaufsaspekt.

Die zwei Großen Gewächse des Weinguts Emrich-Schönleber in Monzingen

Frühlingsplätzchen

Gesamtfläche:	64,0 Hektar
Anteil Emrich-Schönleber:	7,9 Hektar
Höhe:	160 bis 240 Meter über NN
Exposition:	Süd, Südwest
Gefälle:	0 bis 70 Prozent
Boden:	Blauer und roter Devonschiefer, weißgrauer Quarzit und Basaltgeröll, etwas roter Lehm

Halenberg

Gesamtfläche:	7,7 Hektar
Anteil Emrich-Schönleber:	5,2 Hektar
Exposition:	Süd, Südwest
Gefälle:	25 bis 70 Prozent
Boden:	Konglomerat aus blaugrauem Schiefer, Kieselstein und Quarzit, kaum Lehm

Frank Schönleber führt die Familientradition fort.

» Man stelle sich vor: In einem Weinberg werden
über Jahre hinweg Spitzenqualitäten erzeugt.
Man zählt ihn zu den besten im Land, vielleicht
sogar weltweit. Er ist extrem schwierig zu
bewirtschaften, der Einsatz von Traktoren ist
unmöglich und der Boden viel zu mager, um große
Erträge zu bringen. Aber ist das ein Grund? Nein!
Für uns nicht! Nicht mehr! Qualität hat schließlich
auch was mit Quälen zu tun. Und so haben wir uns
entschlossen, uns in den nächsten Jahren noch
etwas mehr zu quälen, um Ihnen als Liebhaber großer
Terroir-geprägter Weine in Zukunft vielleicht
noch mehr bieten zu können. «

WERNER SCHÖNLEBER

» 2013er Monzinger Frühlingsplätzchen Riesling „Großes Gewächs" «

Weinbeschreibung:
Mittleres Gelb mit grünen Reflexen. Klare Schiefernoten (geprägt vom roten Schiefer), Zitrus, Apfel, Grapefruit, Heu, Aprikose, Pfirsich, viel Limette, leichte Gras- und Kräuternoten, gepaart mit exotischen Anklängen wie Litschi und Akazienblüte, gestreift von einem Hauch Honig. Am Gaumen wirkt der Wein sehr mineralisch, saftig und würzig und schmeckt nach Grapefruit, Limette und Zitrusfrüchten. Er ist ungemein komplex, vielschichtig und nachhaltig. Dieses Große Gewächs glänzt durch Finesse und Eleganz (fast feminin). Der Wein wirkt momentan etwas verschlossen und bittet um etwas Geduld!

Ein paar Daten:
➜ 12,5% ALKOHOL / 8,1 G/L SÄURE / 6,0 G/L RESTZUCKER
➜ KOSTET AB WEINGUT 37,00 EURO

Meine Meinung
Die Eleganz, Finesse und die ungemeine Komplexität und Mineralität dieses Weins begeistern uns. Dieser Wein hat viel Feminität und Eleganz und verkörpert die Lage Frühlingsplätzchen einfach perfekt.

Ausbau
Für das Große Gewächs werden ausschließlich goldgelbe Trauben mit einer perfekten physiologischen Reife aus den besten Parzellen geerntet. Der Weinausbau erfolgt zu 100% im großen Eichenholzfass.

Lage
Das Monzinger Frühlingsplätzchen ist Südwest bis Südost ausgerichtet. Der steilste Weinberg weist hier eine Steigung von 70% auf. Kein Wunder, dass hier der Schnee am schnellsten taut und der Frühling besonders früh spürbar wird. Der Boden ist größtenteils von rotem Schiefer und Kiesel geprägt, häufig durchsetzt mit rotem Lehm des Rotliegenden. Schon die jungen Weine verführen mit ihrer verspielten, frühlingshaften Fruchtigkeit. Pfirsich und reifer Apfel sind häufig assoziierte Aromen, aber auch feine Kräuternoten sind typisch für die Lage Frühlingsplätzchen. Mit ein paar Jahren Reife wird die Mineralität dieser Weine immer ausgeprägter, sie gewinnen so weiter an Spannung.

Die besten steilen Hänge rund um Monzingen werden durch ein ganz spezielles Kleinklima geprägt. Warme Luftströme aus dem Tal steigen über die Hänge auf und erwärmen diese auch in Winter. Nach Schneefällen gibt es entlang der Nahe keinen Hang, der so schnell wieder schneefrei ist. Es kann tiefe Temperaturen geben, aber in den Hängen ist es dennoch frühlingshaft! Dies finden wir im Namen Frühlingsplätzchen wieder.

Speiseempfehlungen
➜ TARTAR VOM THUNFISCH MIT
➜ TOMATEN-BASILIKUMVINAIGRETTE UND GURKENSALAT

» 2013er Monzinger Halenberg Riesling „Großes Gewächs" «

Weinbeschreibung:
Mittleres Gelb und feine grüne Reflexe. Der Wein duftet nach Schwarztee, Kräuterwürze, Melone, reifen Aprikosen, Apfel, Quitte, Birne, Mango und etwas Honig. Am Gaumen wirkt der Wein sehr stoffig und komplex. Er schmeckt nach Äpfeln, Birnen, Zitrus, Grapefruit und Limetten. Der Wein ist sehr charaktervoll, sehr strukturiert und sehr typisch für die Lage Halenberg mit seiner feinen salzig-mineralischen Art. Er besitzt eine wunderbare Mundfülle und Geschmackslänge. Ein Riesling mit Potential.

Ein paar Daten:
➜ 12,5 % ALKOHOL / 8,2G/L SÄURE / 6,5 G/L RESTZUCKER
➜ KOSTET AB WEINGUT 39,00 EURO

Ausbau
Die Trauben werden in perfektem, reifem Zustand geerntet. Sie sind goldgelb und haben ein wunderbares feines Aroma und werden nur aus den besten Parzellen geerntet. Der Weinausbau erfolgt zu 100% im großen Eichenholz-Fass.

Lage
Die Halenberglage ist die kleinste Lage in Monzingen und ist ausschließlich mit Riesling bestockt. Mit 5,3 ha ist der Löwenanteil im Besitz der Familie Schönleber. Nach Süden ausgerichtet und mit bis zu 70% Steigung, verlangt der Halenberg mit seinem steinigen, von blauem Schiefer und Quarzit geprägten Boden, den Reben einiges ab. Die Trauben bleiben so kleinbeerig und entwickeln ein ganz besonders feines Aroma. Typisch für den Halenberg ist seine fein strukturierte, salzig-mineralische Art. Häufig finden wir Aromen, die an reife Grapefruit und andere Südfrüchte erinnern. Mit etwas Reife entwickeln die Weine ihr typisches Würze-Kräuter-Aroma.

Der Halenberg
Thermisch gesehen ist der Halenberg genauso interessant wie das Frühlingsplätzchen. Er hat seinen Namen von den Kranichen, im Volksmund auch Halgänse genannt. Diese nutzen die starke Thermik, um sich am Hang in die Höhe zu schrauben, bevor sie wohlgeordnet nach Südwesten weiterfliegen.

Speiseempfehlungen
➜ GARNELE VOM PLANCHA-GRILL MIT BLATTSPINAT UND JOGHURT
➜ ZANDER AUF GEBRATENEN SCHWARZWURZELN UND RIESLINGSCHAUM
➜ BONITO-THUNFISCH KURZ ROSA GEBRATEN AUF MANGOLDGEMÜSE UND OLIVENÖLSUD

Weingut Friedrich Becker

[Guillaume ist nun eine Cuvée]

Frühburgunderlese mit Helfern aus den USA und aus dem Elsaß.

Auch in größeren Betrieben sind viele Tätigkeiten noch Handarbeit.

Mittagspause - wohlverdient.

» Guillaume ist nun eine Cuvée «

Ansichten von Fritz Richter

Eine Fahrt in den südlichsten Zipfel der Pfalz nach Schweigen zum Weingut Friedrich Becker. Ab Neustadt auf der Deutschen Weinstraße in Richtung Süden geht es bei Siebeldingen über die Queich. Dahinter der erste Hauch von Elsass. Schöne Häuser mit herausgeputztem Fachwerk. Welch ein Kontrast zur eben erlebten Monumentalität der auch in der Architektur sichtbaren bayerischen Vergangenheit Neustadts, wo jedes Jahr im Saalbau die Deutsche Weinkönigin gekürt wird.

„Hitlerdorf" Schweigen?

Bei der Ankunft in Schweigen die fast schon erwartete Bilderbuch-Idylle im Innenhof des Beckerschen Anwesens im Stil eines fränkischen Dreiseithofes, dem man so oft in der Pfalz begegnet. Dort stehen riesige Kübel mit Oleandern in voller Blüte. Efeu rankt an der Scheune hoch. In der Mitte ein langer Holztisch, der wohl schon manche fröhliche Runde gesehen hat. Ein weiterer runder Tisch lädt zum Gespräch an diesem herrlichen Sommertag ein.

Friedrich Becker geht vorher ins Haus und kommt mit einem Bild wieder. Kaum zu glauben, dass es hier vor 70 Jahren so aussah wie auf den Fernseh-Bildern zerstörter Städte, die uns gegenwärtig jeden Abend aus den Krisengebieten der Welt erreichen. Schweigen lag nach dem Zweiten Weltkrieg zu 95 % in Schutt und Asche. Die Generation seiner Eltern habe vor dem Nichts gestanden und dann aus den Trümmern eine blühende Landschaft gemacht. Schweigen galt als „Hitlerdorf", und das hätten die Weißenburger und die Elsässer den Schweigenern nicht verziehen. Man erzählt sich, dass nach dem Abzug der Amerikaner einige Elsässer gekommen seien, um die Häuser noch mal anzustecken.

Friedrich Becker ist 1948 geboren. Als er fünf Jahre alt war, hatten die Eltern ein neues Haus gebaut, zwei Jahre später die Scheune. Er erinnert sich: „1954 sind wir eingezogen. Da ist meine jüngste Schwester geboren. Zwei Jahre später wurde die Scheune gebaut. Daraus ist ein großzügiger Hof entstanden, denn wir waren ein landwirtschaftlicher Mischbetrieb, kein Weinbaubetrieb. Der Weinbau hat eine Nebenrolle gespielt. Den Aufbau des Hofes habe ich von klein auf miterlebt."

Winzer auf Befehl

Die erste Frage: „Wie wurden Sie Winzer?" Die Antwort: „Ich hatte gar keine Wahl, etwas anderes zu werden. Ich habe noch zwei Schwestern, da hat mein Vater gesagt, du bleibst daheim und machst den Betrieb weiter! Das war seine Intention und zugleich meine Bürde!" Es waren noch Zeiten, in denen väterliche Autorität den Lebensweg des Sohnes bestimmen konnte. Vater Becker, glücklich aus dem Zweiten Weltkrieg heimgekehrt, wollte wissen, für was er in seinem Leben hart gearbeitet hatte. Der Sohn: „Das kann man verstehen, wenn man sieht, was die alles in dem landwirtschaftlichen Mischbetrieb haben schaffen müssen. So wurde ich Winzer.

Ich bin zunächst 1965 in den Kaiserstuhl zum landwirtschaftlichen Austausch gegangen, denn es gab ja damals noch keine Lehre. Da hat man die Möglichkeit gehabt, in einem Betrieb außerhalb des eigenen etwas Anderes zu lernen. Damals hatte ich das Glück, bei Eugen Weber zu sein, Bürgermeister von Bischoffingen und Vorsitzender der Winzergenossenschaft. Sein Sohn Norbert Weber, mein Partner, der später zu uns kam, ist heute Präsident des Deutschen Weinbauverbandes. Die freundschaftlichen Beziehungen haben bis heute gehalten!"

Kühemelken gehörte zur Winzerausbildung

In Baden am Kaiserstuhl hat Friedrich Becker eine andere Art Wein zu machen, kennen gelernt. Die Webers hatten zwar auch einen Mischbetrieb mit Wein- und Obstbau, die zwei Kühe hat der „Austauschschüler" noch gemolken, aber das war ein reiner Genossenschaftsbetrieb. Der junge Friedrich Becker: „Damals habe ich gedacht, du machst deine Weinberge und brauchst dich um den Wein nicht zu kümmern, aber das hat sich ja ganz anders entwickelt. 1965 bin ich das erste Mal nach Burgund gekommen, zum ersten Mal zum Clos de Vougeot. Ich habe die Böden betrachtet und gesagt, das sind die gleichen wie bei uns. Das ist die Folge einer geologischen Katastrophe. Sie hat den Rheingraben einbrechen lassen und an der Abbruchkante die Bergbuckel des Pfälzer Waldes nach oben befördert. Zusammen mit einer Reihe ursprünglich tief liegender Gesteinsschichten, auf denen jetzt die Reben des Weingutes Friedrich Becker wachsen.

Perfektes Weinbauklima

❧ Unter anderem mächtige Schichten Muschelkalk, der die besten Lagen rund um Schweigen prägt. Daher kommen das besondere Geschmacksbild und der besondere Charakter der Weine. Einen weiteren glücklichen Umstand stellt das Bergland im Rücken der Weinberge dar. Es liegt schützend wie ein Wall vor dem von Westen kommenden Wind und Wetter. Darauf ist auch das ausgesprochen milde und ausgeglichene Klima dieser Weinbauregion zurückzuführen.

Von nun an beschäftigte Becker die Frage:

„Warum wachsen bei uns keine so guten Burgunder wie in Burgund?"

❧ Diese nahm er mit nach Hause und ging dann in die Landwirtschaftsschule und danach in die Weinbauschule. Im Jahr 1970 hat er geheiratet. 1971 wurde sein ältester Sohn geboren und 1973 hat er sich als Winzer selbständig gemacht und den ersten Jahrgang gekeltert. Getreu dem Motto: „Ich hab schon immer vieles anders gemacht als die Mehrheit, z.B. habe ich Gras angesät. Plötzlich waren die Weinberge grün und der Boden lebendig. Und dann habe ich plötzlich ganz andere Qualitäten bekommen.

Kein Stickstoff mehr!

Wir düngen überhaupt keinen Stickstoff mehr, der wird nur im Weinberg mit Klee und Wicken erzeugt, auch mit Rizinusschrot oder mit Hornspänen. Das ist unsere Stickstoffquelle. Da hat man natürlich automatisch weniger Ertrag, aber bessere Qualität. Dadurch, dass die Reben nicht am Tropf hängen, wenn sie keinen Stickstoff kriegen, müssen sie sich den selbst mit ihren Tiefenwurzeln aus dem Boden holen. Durch die runtergehenden Wurzeln wird die Mineralik besser. Das mache ich alles, wehre mich aber dagegen, dass viele Kollegen sagen, sie hätten den heiligen Graal gefunden, wenn sie plötzlich von jetzt auf morgen auf Biodynamie umschwenken und mit Kuhscheiße gefüllte Hörner vergraben", meint Becker, dem manchmal das Polemische nicht fremd ist.

❧ Bei diesem Qualitätsstreben konnten in seinen Anfangsjahren Gedanken über die gleiche Auszahlung für alle Winzer-Genossen nicht ausbleiben. Die Konsequenz: eigene Wege gehen! „Es war dann eine Familientragödie, als ich erklärt habe, aus der Genossenschaft austreten zu wollen, um meinen eigenen Wein zu machen. Immerhin war mein Vater stellvertretender Vorsitzender der Winzergenossenschaft Deutsches Weintor. Das hat er mir nie verziehen, aber ich hab´s trotzdem gemacht." Die Winzergene setzten sich durch, denn schon sein Großvater Wilhelm Becker war bereits ein sehr guter Weinmacher gewesen.

Auch früher gab es hier gute Weine

Der Enkel erinnert sich: „Er hatte sehr gute Gewürztraminer und Tokayer, die damals bei uns auch Tokayer hießen, und sehr gute rote Burgunder. Für diese drei Sorten war Schweigen bekannt. Durch unsere hervorragenden Kalksteinböden zwischen Schweigen und Weißenburg haben die schon vor dem Zweiten Weltkrieg gute Weine gehabt. Diese Tradition ist zusammengebrochen, als mein Großvater nichts mehr gemacht hat. Mein Vater wollte das nicht und hat lieber weiter an die Genossenschaft geliefert, aber ich habe das anders gemacht. Das war mein Anfang."

Als 1973 die ersten Flaschen mit dem Fuchsetikett abgefüllt wurden, das schnell zum Markenzeichen geworden ist, kam sofort die Bedeutungsfrage. Die Idee, den la-fontaineschen Fuchs, der nach den angeblich zu sauren Trauben schnappt, mit einem ähnlichen Motiv auf einem Kalenderblatt zu kombinieren, wurde in Karlsruher Künstlerkreisen geboren. Friedrich Becker erinnert sich:

❧ „Da gab es Lothar Schwarzwälder, Inhaber eines Statik-Büros in Karlsruhe, der den Turm von St. Paul gekauft hatte, Namensgeber eines unserer Großen Gewächse . Er war ein überzeugter Naturweintrinker. Der hat mich auf diesem Weg mitgenommen. Sonst hätte ich nie eine Klientel getroffen, die solche Weine suchte: viel Säure, wenig Alkohol! Er ist leider bereits verstorben, hat mich aber durch seine Lebensart und seine Einstellung zum Wein sehr geprägt. Ihm habe ich auch sehr viel zu verdanken." „Durch die Freunde von Schwarz- wälder - lntellektuelle, Künstler, Hochschulprofessoren und Maler - lernte ich bei der Silvesterfeier 1974 den Maler Hans-Martin Erhard kennen, Professor an der Kunstakademie in Karlsruhe. Und da gab's Wein von uns. Da kam Professor Erhard auf mich zu, ein HAP Grieshaber-Schüler und ein paar Jahre älter als ich, und sagte: „Du machst einen wunderbaren Wein, aber dein Etikett ist Scheiße. lch mach dir eins!"

Die Fabel vom Fuchs und der Traube

Wir hatten ein altes Kalenderblatt aus dem 15. Jahrhundert, wo der Fuchs und die Traube drauf war. Erhard fand das Motiv sehr gut, sehr logisch und einprägsam. Er hat das Bild aus einem Linolschnitt rausgeschnitten und das war's: La Fontaines Fabel vom Fuchs und den Trauben, die ihm angeblich zu sauer waren. Tatsächlich haben wir damals Wein gemacht mit 13 Promille Säure und 7 Promille Alkohol. Man musste sich nachts im Bett dreimal umdrehen, damit einem der Magen nicht durchbrannte", scherzt Becker heute.

❧ Seinem Naturell entspricht es also, Vorbilder zu haben und Freundschaften zu pflegen. Der Siebeldinger Ökonomierat Eduard Rebholz, Exponent des Naturweingedankens, war so ein Winzervorbild und Dr. Heinz Wehrheim. Darüber hinaus ist

Becker auch einer der „Fünf Freunde", die sich vor Jahren das ehrgeizige Ziel gesetzt haben, die großen Weine der Südpfalz - Riesling, Burgunder und Gewürztraminer - in Spitzenqualität zu erzeugen. Dazu gehört die Pflege des traditionellen und des Holzfass-Ausbaus und die Entwicklung eines international konkurrenzfähigen Rotweintyps. „Die Entwicklung unserer Betriebe – die vier anderen Freunde sind Rainer Kessler, Thomas Siegrist, Hansjörg Rebholz und Karl-Heinz Wehrheim - wäre ohne diese Freundschaft so nicht verlaufen", antwortet Friedrich Becker auf die Frage, ob die alte Freundschaft noch halte? „Wir sind nach wie vor gute Freunde. Einmal im Jahr treffen wir uns am Weiher von Karl-Heinz Wehrheim und machen eine Klausurtagung und reden über alles. Das ist Freundschaft nur unter uns Männern. Da kommen nur noch die Söhne hinzu. Was da besprochen wird, ist Gesetz!"

Die Toplagen liegen im Elsass

🦇 Die Hälfte der Weinberge Friedrich Beckers, darunter die Top-Lagen, liegen heute im Elsass, also in Frankreich. Großvater Wilhelm Becker hat sie teilweise nach dem Deutsch-Französischen Krieg 1870 gekauft. An ihn erinnert heute eine Rotwein-Cuvée. Schweigen in der Südpfalz lag schon öfter im Elsass. In dieser Gegend wechselte in den letzten Jahrhunderten mehrfach die Staatszugehörigkeit. Nach langen „deutschen" Jahrhunderten ist das Elsass (allerdings nicht Straßburg) 1648 nach dem Westfälischen Frieden französisch geworden. Der Sonnenkönig zog in der Südpfalz eine neue Grenze. Grenzfluss war nun nicht mehr die Lauter, sondern die nördlicher fließende Queich, ein Nebenfluss des Rheins, der im südlichen Pfälzer Wald bei Hauenstein entspringt und bei Germersheim in den Rhein mündet. Die Stadt Landau wurde von dem berühmten französischen Festungsbaumeister (und Finanzwissenschaftler) Vauban zur Festung ausgebaut.

🦇 Die Französische Revolution begrüßte man hier heftig, vielleicht wegen der Affinität für das eher Egalitäre bis hin zur Gleichmacherei. Nun galten liberté, égalité, fraternité. Unter Napoleon ist das gesamte linksrheinische Gebiet Deutschlands französisches Staatsgebiet geworden, der Rhein eine natürliche Grenze für Frankreich. Das bedeutete auch das Ende der Feudal- bzw. Kleinterritorialzeit. Die Franzosen verkauften den kirchlichen und herrschaftlichen Besitz und schufen so die bis heute sichtbare Besitzstruktur im pfälzischen Weinbau. Unter Napoleon machten viele Südpfälzer im französischen Staatsdienst Karriere. Einfache Soldaten brachten es in der Armee des Korsen bis zum General.

Die Weinberge wurden enteignet

🦇 Als nach dem Wiener Kongress im Jahre 1814 die Südpfalz an Bayern fiel, mussten sich die neuen Herren mit der hartnäckigen Frankophilie der Bevölkerung herumschlagen.

Die Queich als Nordgrenze des Elsass blieb aber zunächst bestehen. Allerdings kam es dann 1815 nach den „Hundert Tagen" Napoleons zu einer letzten Grenzverschiebung bis zur Lauter. Weil der Grenzfluss Lauter durch Weißenburg fließt, wäre die Stadt in einen deutschen und einen französischen Teil zerfallen. So hat man die Grenze etwas weiter nach Norden geschoben. „Und da lag unser Weinbergsland", erklärt Friedrich Becker. „Nach dem Zweiten Weltkrieg wurden die 160 Hektar des Gebiets zum Problem", so der Winzer. Das Land wurde zwangsenteignet und die Geschichte mit dem Mundatwald verquickt. In dem 600 Hektar großen deutschen Gebiet liegen die Trinkwasser-Quellen von Weißenburg. Die Weißenburger wollten den Wald zu Frankreich holen. Es kam dann nicht dazu. Erst 1988 haben sich Mitterand und Kohl darauf geeinigt, dass die deutschen Winzer ihre Weinberge zurückübereignet bekamen. Außerdem konnte man sogar neue zukaufen.

Nach einem Spatenstich Kalkfelsen

„So kamen wir an den *Kammerberg*", sagt Friedrich Becker, „eines unserer zwei Großen Gewächse. das andere ist der *St. Paul*. Unsere besten Lagen sind zwischen Weißenburg und Schweigen in den Hanglagen am Pfälzer Wald. Die haben im Untergrund Kalkfels, dann Kalkmergel und Muschelkalk. St. Paul ist eine der vier Befestigungsanlagen von Kloster Weißenburg. Dieser Turm steht auf einem Kalkfelsen Wenn man um den Turm einen Spatenstich macht, ist man auf Kalkfelsen. Und das sind die besten Böden. Da kommt kein Sand und kein Lös mit. Die Kalkböden sind für Burgunder bestens geeignet, wie in Burgund."

🦇 Der *Kammerberg* ist eine Südlage zur Stadt Weißenburg, eine Lage, die oben auf dem Kopf des Hanges liegt und dann runter geht nach Weißenburg. „Das ist ein 47 Jahre alter Weinberg, mein Augapfel", schwärmt der Winzer. Der Geschmack wird durch sehr gute Kalkböden und sehr viel Ton beeinflusst. Kalk und Ton sei eine in Burgund sehr häufige Formation, zum Beispiel bei Romanée Conti.

🦇 Beim *St. Paul* oben am Pfälzer Wald, wo es runter ins Hasselbachtal geht, komme immer Wasser vom Berg. „Wenn es am Kammerberg trocken ist, dann ist es trocken", sagt Becker. St. Paul sei ein Wein, in den man sich sofort verliebe, während der Kammerberg die Stacheln stelle. „Mit dem muss man sich beschäftigen. Wenn der aber fünf sechs sieben Jahre alt ist, dann ist es einer der besten Weine von uns. Dagegen ist St. Paul ein Wein, der sofort sehr gut ist. Nirgendwo erkennt man besser den Unterschied von Topografie und Terroir".

Großes Kino

„Großes Kino" hat der Weinführer „Eichelmann" die Rotweine Friedrich Beckers genannt, wohl deshalb, weil der Pinot Noir-Charakter Burgunds hier so meisterhaft herausgearbeitet wird. Der Pinot Noir trägt nun den Beinamen „Heydenreich".

Die deutschen Spätburgunder, so der Winzer, seien zwar auf dem Weg nach oben. Aber in der Breite fehle es. Es gebe ganz typisch deutsche Spätburgunder, die auch noch etwas Restsüße hätten. „Das ist furchtbar!" Bei den traditionellen deutschen Ausbaustilen stünden die Rotweine nicht so lange auf der Maische, um zu mazerieren. Sie würden relativ schnell nach ein paar Tagen abgepresst und manchmal werde die Maische hocherhitzt, um die Farbstoffe aus den Beerenhäuten zu lösen.

🐏   „Das ist für mich grausam. Für mich gibt es nur einen traditionellen Rotweinstil, das ist der burgundische. Und das ist mein Favorit. Das heißt lange Maischegärung bis zu drei Wochen, selektive Lese, keine faule Beere, und dann Barrique-Reifung bis zu 24 Monaten. Der Biologische Säureabbau erfolgt im Barrique und nicht im Tank. Das sind alles Dinge, die sich zu einem burgundischen Stil zusammenfügen. Für mich Maß aller Dinge, der heilige Graal. In dieser Formation will ich Rotwein machen", so Friedrich Becker.

Burgunderklone?

🐏   Für den berühmten deutschen Rotweinmacher spielen die Klone nicht die Rolle, die ihnen allgemein zugesprochen wird. Er habe ein ganz einfaches Prinzip: „Du kannst nur gute Rotweine machen aus gesunden Trauben!" Er habe zwar auch Burgunderklone und die seien sehr engbeerig, sehr kompakt. Wenn es da mal zwei Tage regne und die Trauben nicht abtrockneten, dann fingen sie an zu faulen. Es sei ein Riesenaufwand, die faulen Beeren von den gesunden zu trennen. Klone zu haben, die lockerbeeriger sind, das heißt, die nicht so schnell faulen, sei für ihn viel wichtiger als die Burgunderklone. An der Qualität der Trauben messe er jeden Klon.

Was ist guter Burgunder?

🐏   „Friedrich Becker ist der beste Spätburgunder-Winzer Deutschlands", schreibt der Weinführer Gault Millau. Kaum jemand könne eine so lückenlose Reihe großer Spätburgunder aufstellen, die längst schon ihren Vorbildern aus Burgund Paroli bieten könnten. Aber das ist ihm nicht genug. „Meinen ultimativen Wein, also Romanée Conti, habe ich noch nicht gemacht, aber ich bin dran. Wenn du guten Burgunder machen willst, musst du dich in Burgund umschauen. Du kannst nur gute Weine machen, wenn du weißt, wie gute Weine schmecken. Das muss man sich mal vorstellen, die jungen Leute wollen gute Weine machen und wissen nicht mal, wie gute Weine schmecken. Die sollen mal einen Wein von einem Toperzeuger trinken, der in Burgund 400 Euro kostet. Das ist das Maß", sagt Becker, der überdies mit seiner Meinung nicht hinter dem Berg bleibt, dass es in Deutschland nur fünf Winzer gibt, die ihm beim Rotweinmachen ebenbürtig sind.

Nicht verkaufen, sondern an Freunde abgeben

Leider ist der Chronist daran gebunden, die Namen der Freunde für sich zu behalten. Becker strebt aber danach, seine Weine so perfekt zu machen, dass sie nicht verkauft, sondern an Freunde abgegeben werden können. Diese müssen von der Qualität überzeugt sein, anerkennend, dass der Wein Spitze und der Preis nicht übertrieben ist. „Wenn du das schaffst, dann bist du ein guter Winzer!"

🐏   Die Preise des Weingutes sind schon wegen der strikten Mengenbegrenzung nicht übertrieben. Becker: „Ich bin gerade dabei, in meinen Toplagen, das ist der Heydenreich, wo wir den Pinot Noir erzeugen, die Trauben wieder rauszuschneiden. Wir haben in diesen Toplagen eine Begrenzung von 40 Hektolitern pro Hektar, maximal 50. Das ist eigentlich burgundisch, weniger kannst du eigentlich nicht ernten. Das gibt dann aussagekräftige Rotweine. Die VDP-Vorgabe sagt 75 Hektoliter. In manchen Lagen ernten wir 7000 Liter, aber in den Toplagen nur 3000 Liter. Das muss sein, sonst kriegst du diese Qualität nicht. Nach dem deutschen Weingesetz darf man Qualitätswein mit 10.500 Litern erzeugen. Wir haben einen Durchschnitt von 5500. Jetzt rechnen sie runter, wie teuer unser Wein sein muss, dass wir existieren können!"

🐏   Kein Wunder, dass der Winzer dem deutschen Weingesetz von 1971 sehr kritisch gegenübersteht. Die damals teilweise bis zur völligen Uneinheitlichkeit überdehnten Einzelllagen hätten eine Differenzierung nach geologischen, topografischen und kleinklimatischen Grundsätzen oft verhindert. „Ich habe daran nur schlechte Erinnerungen. 280 Hektar umfasst die Schweigener Einzellage Sonnenberg in der Großlage Schweigener Gutenberg, weil die Genossenschaften und die Weinhandelskellereien (Selbstvermarkter, die was zu sagen hatten, gab's da noch keine) gesagt haben, wir brauchen große Einheiten. Was nützt uns aber die Einzellage Sonnenberg, wo fünf bis sechs Terroirs drin sind, wo es von Gewürztraminer über Spätburgunder, Weißburgunder bis zum Riesling hervorragende Weine gibt, wenn wir das nicht auf das Etikett schreiben dürfen."

„Je enger die auf dem Etikett angegebene Herkunft – desto höher die Qualität"

🐏   Insofern begrüßt Friedrich Becker als Mitglied des Verbandes der Prädikatsweingüter Deutschlands (VDP) den Grundsatz: „Je enger die auf dem Etikett angegebene Herkunft – desto höher die Qualität." Positiv bewertet er auch die jüngst in seinem Bundesland Rheinland-Pfalz (das einzige deutsche Bundesland mit einem eigenen Weinbauministerium) verabschiedete Weinkennzeichnungsverordnung. Sie schreibt bei Weinen aus Einzellagen ein höheres Mostgewicht vor und erlaubt bei Weinen aus Terrassenlagen nur noch die Rebsorten Riesling und Burgunder. Besonders begrüßt der Winzer, dass nun die Eintragung von Katasterlagen möglich ist.

Einzellagen herausarbeiten

🐦 Der Weinfreund könne damit die Verbindung von Herkunft und Qualität besser nachvollziehen. „Ich werde beispielsweise bei der Gewannlage Wormberg für meine Parzelle auch Wormberg draufschreiben. Das kann ich als Einzelner beantragen Es muss ja nicht jeder machen. Er kann nach wie vor Sonnenberg draufschreiben. Es verliert niemand, aber ich als VDP-Betrieb will sagen können, ich will den Kammerberg als Einzellage mit Weißburgunder und Spätburgunder haben, weil es für unseren Betrieb wichtig ist. Und das geht jetzt und das ist sehr wichtig für uns", so Friedrich Becker. Im Kollegenkreis im Dorf sei man zum Beispiel dabei, einzelne alte Gewanne wie Flohbalz, Güldenwingert, Kammerberg, Kostert oder Wormberg wiederzubeleben, alles ganz alte Lagen, bei denen schon die Großväter und Urgroßväter wussten, dass da besonders guter Wein wächst. „Ich persönlich sehe speziell auch in unserem Betrieb große Chancen, den Kunden zu zeigen, dass der Herrenwingert in Rechenbach eine völlig andere Lage ist wie die Enggasse in Schweigen, weil die Böden völlig unterschiedlich sind und damit die Charaktere der Weine sehr verschieden. Das müssen wir herausarbeiten", so Becker. Inzwischen ist es nicht mehr zulässig, diese Lagenamen zu verwenden. „Wir mußten in Brüssel eine grenzüberschreitende Ursprungsbezeichnung beantragen. Wir hoffen, daß diese Bestimmung bald wieder durch eine vernünftige Regelung ersetzt wird."

Beckers Weine kann man auch kaufen!

🐦 Man kann Friedrich Beckers Weine, bei deren Entstehung sein gleichnamiger Junior engagiert mitwirkt, natürlich regulär kaufen. Sie werden bis jetzt nicht nur an Freunde des „Alten und des Jungen Fritz" abgegeben, sondern auch an andere Weinfreunde, und das zu durchaus moderaten Preisen. Dabei

muss darauf hingewiesen werden, dass die Beckers nicht nur exzellente Rotweine, sondern auch adäquate Weißweine, zum Beispiel Riesling, Weißburgunder oder Chardonnay machen. Unlängst hat die Weinzeitschrift Vinum dem 2012er Riesling Muschelkalk zum „besten trockenen Riesling Deutschlands" gekürt. Beckers Weine sind in die neue VDP-Klassifikation integriert. Französische Kunden hat das Weingut nicht! „Die sind sehr auf sich bezogen. Die meisten Franzosen wissen nicht einmal, dass in Deutschland Wein wächst", meint der Winzer. Durch einen Händler seien lediglich die Großen Gewächse Kammerberg und St. Paul in drei Pariser Spitzenrestaurants vertreten. Allerdings kämen viele Schweizer Kunden und Sommeliers aus Frankreich, die mal nach dem Wein fragten. Absatzmäßig stehe man in Schweigen mit dem Rücken zur Wand. Man habe nur Karlsruhe vor sich, in Deidesheim stehe Hinterland und Vorderland als Absatzgebiet zur Verfügung.

Becker selbst trinkt als „Wein für alle Tage" Silvaner aus der Literflasche. Als Lieblingsweine, siehe die nachfolgende Degustations-Beschreibung von Evangelos Pattas, hat er uns – wie kann es anders sein, Burgunder genannt.

➜ seinen *Basis-Spätburgunder Qualitätswein* und
➜ seinen *Top-Spätburgunder/Pinot Noir Heydenreich*.

Deutscher Spätburgunder aus Frankreich

St. Paul

Steiler Südhang. Nach 25 cm reine Kalksteingrundlage. Liegt oberhalb Wissembourgs am Wald

Kammerberg

Steil nach Süden geneigter Hang. Führt nach Wissembourg hinunter.

» Darf ich vorstellen: Seine Majestät,
der König der Rotweine: der Spätburgunder!
Ihm galt von Anfang an unser größtes
Interesse und unser Ehrgeiz, weil das Terroir
und zwei exzellente Lagen mit mächtigen
Kalkuntergründen ideale Standorte für diese
Rebsorte sind. Wie die Ergebnisse beweisen.
Unsere Pinots sind sehr konzentriert, haben
reife, feste Tannine und verbinden feine
Eleganz mit einer breiten Skala roter
Fruchtaromen. Seit vielen Jahren zählen sie
zu den besten Burgundern Deutschlands.
Ihrer herausragenden Qualität verdanken wir
wesentlich unseren Ruf und Rang. «
FRIEDRICH WILHELM BECKER & UND SOHN

» Dieser Wein ist die Übersetzung
unserer Gefühle, Gedanken und
Leidenschaften. Wenn man solche
Weine keltern darf, ist die
Dankbarkeit riesig groß, gemeinsam
mit der Natur Großes geschaffen
zu haben."

„Dieser tolle Jahrgang 2011
wird nicht nur im eigenen Land
sondern auch international für
große Aufmerksamkeit sorgen". «

*„Dieser Village- oder Ortswein zeigt
wunderbar seine Herkunft von den kalkhaltigen
Böden rund um unser Heimatdorf Schweigen."*

» 2010er „Schweigener" Spätburgunder «

Weinbeschreibung:

Schöne, dunkle Kirschfarbe. Aromatik: feine Noten von Tabak, Pfeffer, Vanille, Gewürzen, Zimt, dunklen Waldbeeren, Süßkirschen, Waldboden und feinem Holz. Genuss am Gaumen: Der Wein hat eine sehr schöne und elegante Art mit feinen Kirschnoten. Schöne Schokoladenoten mit pfeffrigen, würzigen und dunklen-Beeren-Komponenten. Am Gaumen ist der Wein sehr saftig, sehr elegant mit einer schönen Länge und Struktur. Er ist sehr komplex, hat feine Tannine und ist charaktervoll. Ein handwerklich gemachter Wein, geradeaus und ungeschönt, nicht filtriert mit Potential für die nächsten 10 Jahre. Er vereint Feinheit und Finesse mit Kraft und Ausdruck.

Ein paar Daten:

→ 13,5% ALKOHOL / 5,9 G/L SÄURE / 0,3 G/L RESTZUCKER

→ EMPFOHLENE TRINKTEMPERATUR: 16-18°C

→ KOSTET AB WEINGUT 20,00 EURO

Ausbau

Die Trauben wurden sorgsam von Hand selektiert, entrappt und getrennt voneinander auf der Maische vergoren. Nach zwei- bis dreiwöchiger Gärung in offenen Eichenbottichen und Bütten wurden sie schonend gepresst. Die weitere Reifung erfolgte für 18 Monate in kleinen Eichenholzfässern, die Abfüllung ohne Filtration und Schönung des Weines.

Lage

Dieser Wein ist rund um Schweigen auf deutscher und elsässischer Seite auf Kalkböden gewachsen. Die Reben sind 22 und 47 Jahre alt.

„Ein Dank an die geologischen Katastrophe. Sie hat den Rheingraben einbrechen lassen und an der Abbruchkante die Bergbuckel des Pfälzerwaldes nach oben befördert. Zusammen mit einer Reihe ursprünglich tief liegender Gesteinsschichten, die jetzt die Grundlagen unserer Reben sind. Unter anderem mächtige Schichten Muschelkalk, der die besten Lagen rund um Schweigen prägt. Glück für uns, denn er prägt den Charakter und das Geschmacksbild unserer Weine. Das Bergland in unserem Rücken ist ein Glücksfall - auch aus einem weiteren Grund. Es liegt schützend, wie ein Wind und Wetter abweisender Wall gegen Westen. Und ist deshalb hauptverantwortlich für das ausgesprochen milde und ausgeglichene Klima dieser Weinbauregion."

Speiseempfehlungen

→ GESCHMORTE REHKEULE IM SPÄTBURGUNDER MIT ZIMT-KIRSCHEN

→ KALBSBÄCKLE GESCHMORT MIT RINDERMARK UND STEINPILZEN

→ RINDERRIPPCHEN MIT VANILLE-KAROTTEN UND SZESCHUAN-PFEFFERJUS

» 2011er „Heydenreich" Pinot Noir Qualitätswein trocken «

Weinbeschreibung:

Dunkles Ziegelrot, kirschrot, brillant. Aromatik: Unglaublich fruchtig nach Pflaume, Süßkirsche, Erdbeere, Holunderbeere, Cassis, Schokolade, Rosine, süßliches Karamell, Nelke, Zimt und Würze. Genuss am Gaumen: Hier ist der Wein sehr würzig, schmeckt intensiv nach Rumtopf, Rosinen, Vanille, Pfeffer, Schokolade und dunklen Beeren. Das Holz ist sehr schöneingebunden. Der Wein hat eine sehr schöne Dichte, Struktur und Konzentration. Fazit: ein großartiger Rotwein mit einer tollen Zukunft bis zu 15 Jahren.

Pinot Noir „Heydenreich" ist die Top-Grand Cru/Große Gewächslage der Beckers. Die Lage befindet sich auf heute französischem Boden im Elsass (hier dürfen jedoch deutsche Weine erzeugt werden). Nur 30-50 cm Oberboden mit hohem Lehm und Tonanteil, dann kommt direkt Kalksteinfels. Die Reben müssen kämpfen und tief in den Boden eindringen, um sich zu versorgen. Dies beschert sehr komplexe und tiefgründige Weine mit großer Dichte und wunderbarer Eleganz und Vielschichtigkeit, quasi eine „Eisenfaust im Samthandschuh"(Zitat Becker).

Der Lagenname rührt wahrscheinlich vom Familiennamen des ehemaligen Besitzers des Weinberges her, einem Herrn Heydenreich aus dem nahen Weißenburg. Das ehemals sehr einflussreiche Kloster in Weißenburg baute schon vor mehr als 800 Jahren Wein in einer Lage an. In unmittelbarer Nähe (ca. 300 Meter Entfernung) befindet sich auch die ehemalige Wehranlage des Klosters, das Château Sankt Paul.

Ein paar Daten:

→ 12,5% ALKOHOL / 9,1 G/L SÄURE / 5,1 G/L RESTZUCKER

→ EMPFOHLENE TRINKTEMPERATUR: 10-12 °C

→ KOSTET AB WEINGUT 115,00 EURO

Ausbau

Die Trauben wurden sorgsam von Hand selektiert, entrappt und in offenen Holzbütten auf der Maische vergoren. Schonende Entsaftung nach einer zweiwöchigen Gärung. Die weitere Reifung erfolgte für 18 Monate in kleinen Eichenholzfässern aus bester deutscher und französischer Eiche. Ohne Filtration und Schönung wurde der Wein abgefüllt.

Speiseempfehlungen

→ REHRÜCKEN MIT GESCHMORTEM GRÜNKOHL / SAUCE POIVRADE (FRUCHTIGE PFEFFERSAUCE)

→ RINDERFILET ROSSINI MIT PERIGORD-TRÜFFELSAUCE

→ GEBRATENE GÄNSELEBER MIT HOLUNDER-PFEFFERSAUCE UND GEBACKENEN HOLUNDERBLÜTEN

Fritz Keller

Oberbergen

Weingut
Franz Keller
Schwarzer Adler

[Doppeladler mit drei Standbeinen]

Spätburgunder.

Traubenannahme.

Fritz Keller vor dem Wappen seiner traditionsreichen Familie.

» Doppeladler mit drei Standbeinen «

Ansichten von Fritz Richter

🐝 Kaiserstuhl, in den 1960er Jahren an einem heißen Sommertag: Vor einer Weinberghütte sitzen Fritz Keller und seine Großmutter Mathilde. Fritz Keller erinnert sich: „Wenn ich nach der Schule nach Hause kam, waren immer Gäste im Lokal. Ich bekam den Henkelmann für meine Oma Mathilde, dazu eine Flasche Wein und Wasser und bin damit in die Reben marschiert. Wir haben gemeinsam vor dem Rebhäusle mit Blick ins Tal zu Mittag gegessen. Ein Ort, an den ich gerne zurück blicke, habe ich doch hier meinen ersten Schluck Wein bekommen. Zunächst durfte ich nur daran riechen, dann nippen. Meiner Großmutter habe ich natürlich geholfen und mir dabei immer wieder vorgestellt, wie hektisch es wohl jetzt im Tal sein müsse – mit all den Gästen. Spätestens da wusste ich, Winzer ist mein Beruf!"

Heute ist Fritz Keller nicht nur Winzer, sondern auch (Sterne-) Gastronom, Weinhändler und revolutionärer Ideengeber. Wir haben Ihn in seinem neuen Weingut in Oberbergen besucht. Fritz Keller leitet in dritter Generation Weingut, Hotel und Gastronomie, deren Wappen der Schwarze Adler ist. Der Gasthof „Schwarzer Adler" ist nach dem jahrhundertelangen Wappentier der Habsburger Monarchie benannt. In der Entwicklung des Weinguts spielt er eine besondere Rolle. Fritz Keller in seinem für norddeutsche Ohren so anheimelnden alemannischen Idiom: „Das Weingut hat sich im Laufe der Jahre immer wieder über Ecken und Kanten entwickelt. Was uns von vielen Weingütern unterscheidet ist die Tatsache, dass unser Weingut auch immer etwas mit gutem Essen zu tun gehabt hat und noch immer hat. Der Schwarze Adler ist so alt wie der ganze Betrieb." Das Lokal wurde nachweislich im 15. Jahrhundert gegründet, also beim Übergang von der Spätgotik zur Renaissance. In einer Zeit, in der nach 263 Jahren Bauzeit der Nordturm des nahen Straßburger Münsters fertiggestellt worden ist. Wer mag in den viereinhalb Jahrhunderten in dem Lokal gezecht und gegessen haben? Der Großvater erweckte den Schwarzen Adler Ende des 19. Jahrhunderts zu neuem Leben, führte das Restaurant zu ersten Erfolgen und nutzte gleichzeitig die Gelegenheit, dort den selbst erzeugten Wein auszuschenken.

Schwarzwälder Schinken gegen Kaiserstühler Wein

🐝 Weinhandel ist ein weiteres Standbein, den Grundstein dazu legte der Großvater. Er verkaufte Wein auch in den aufstrebenden Fremdenverkehrsorten des Schwarzwaldes,

bemerkenswerterweise auch schon bei den französischen Nachbarn. Vater Franz belebte den Weinhandel nach dem Zweiten Weltkrieg wieder und nutzte „vor der Währung" dazu das klassische Tauschgeschäft: Schwarzwälder Schinken gegen Wein. Auch in Frankreich war Franz Keller gern gesehener Gast und Weinlieferant. Kellers Kaiserstühler Weine und Brände wurden im ganzen Elsass getrunken. Seine freundschaftlichen Beziehungen zu den Drei-Sterne-Köchen Paul Haeberlin und Paul Bocuse haben Spuren hinterlassen. Auch durch ihre Anregungen entstand der Grundstock für die außergewöhnliche Bordeaux- und Burgundersammlung, die heute zu den umfangreichsten in Deutschland zählt. Wohl einmalig in Deutschland ist bis heute das Angebot an klassischen und langlebigen Weinen aus Bordeaux und Burgund. Allenfalls der Bremer Ratskeller kann hier vielleicht mithalten.

„Leiharbeiter" in Burgund

🐝 Fritz Keller ist in einer Familie aufgewachsen, in der schon seit 200 Jahren Wein gemacht wird und Gäste bewirtet werden. Womöglich kamen die Vorfahren aus Österreich, denn bis 1805 war der Breisgau vorderösterreichisch. Dann kam Napoleon und veränderte die politische Landschaft. Das napoleonische Erbrecht mit der Folge der Realteilung hat mit seinen Handtuchgrundstücken bis heute seine Spuren hinterlassen. Nach dem Frieden von Pressburg 1805 wurden die Breisgauer Badener, was sie bis heute geblieben sind. In solch einer Familie aufzuwachsen, bedeutete auch für die Kinder ständiges Eingebunden sein in die Arbeiten des Weinjahres. Fritz Keller erinnert sich: „Meine erste Aufgabe schon als Kind war, die Korken ins Handkorkschloss zu legen. Natürlich lernten wir früh, uns mit Wein, seiner Vielfalt und seinem Geschmack auseinanderzusetzen. Nach meiner Lehre im Staatsweingut auf dem Blankenhornsberg bin ich nach Hause gekommen, um das Gelernte mit der heimischen Situation zu vergleichen. Danach, auf Wanderschaft, als „Leiharbeiter" in Burgund von Betrieb zu Betrieb gehend, habe ich alle anfallenden Arbeiten im Weinberg und im Keller erledigt. Später in Bordeaux habe ich berufsbegleitend oenologische Seminare besucht, ähnlich dem heutigen Dualen System in Deutschland. Nach all diesen Stationen folgte in Weinsberg die Ausbildung zum Küfer- und Kellermeister."

Die drei Standbeine des Schwarzen Adlers

🐝 Im Hause Keller denkt man in Generationen. Dass der Übergang in die vierte Generation so reibungslos von statten geht, macht die Familie froh. Fritz Keller mit ein wenig Stolz in der Stimme: „Jede Generation sollte der nächsten Generation etwas Nachhaltiges hinterlassen. Meine Frau Bettina und ich haben drei Söhne. Der Älteste hat bereits eine Ausbildung zum Winzer gemacht und studiert internationale Weinwirtschaft. Nach abgeschlossenem Studium wird er sicherlich noch im Ausland seine Erfahrung sammeln, unser Zweiter ist schon in den USA, er studiert dort Ökonomie und spielt Fußball und unser Jüngster schließlich möchte nach dem Abitur erst einmal eine Ausbildung zum Koch machen." Wie sich alles schickt und findet, denn der österreichische Doppeladler hat bei den Kellers drei Standbeine: Wein, Gastronomie und Weinhandel. Die Gastronomie wird durch ein Boutique-Hotel ergänzt. Dieses geschmackvoll eingerichtete, persönlich geführte Hotel hat 14 hervorragend ausgestattete Zimmer in unterschiedlichen Kategorien.

Drei Restaurants für unterschiedliche Geldbeutel

Den Stellenwert, den die Gastronomie im Denken Fritz Kellers einnimmt, dokumentieren inzwischen drei verschiedene Restaurants. Da ist zunächst das Sternerestaurant „Schwarzer Adler". „Der Schwarze Adler hat seit 1969 ununterbrochen – als einziges Sternelokal in Deutschland - einen Stern im Guide Michelin, damals von meiner Mutter erkocht. Direkt gegenüber haben wir den Rebstock, eine typisch badische Beiz, in denen wir heute Gerichte nach den Rezepten meiner Großmutter und Mutter anbieten. Neu ist die KellerWirtschaft im neuen Weingut. Ideal, um an einem langen Tisch zusammen mit Freunden Weine zu probieren und was Gescheites zu essen. Weine müssen gute Speisenbegleiter sein – dies ist die Philosophie unseres Hauses", sagt der Winzer und Gastronom.

Tischkultur fängt bei einem gut gemachten Butterbrot an

🐝 Wir konfrontieren ihn mit einem Zitat seines Vaters Franz. Der antwortete seinerzeit auf die Frage, wie es um die deutsche Tischkultur bestellt sei: „Ich weiß, dass die Deutschen vor den beiden Weltkriegen eine höhere Tischkultur hatten." Darauf Fritz Keller: „Es gab Zeiten in Deutschland, in denen Tischkultur nicht so eine große Rolle gespielt hat. Das hat sich geändert. Zu den Pionieren gehören sicherlich mein Vater oder Ekkehard Witzigmann. Aber dazu gehört auch mein Bruder Franz mit seiner Adler-Wirtschaft in Hattenheim im Rheingau."

🐝 In Frankreich habe die Tischkultur in der Breite abgenommen, in Deutschland in der Breite zugelegt. „Wir haben wirklich hervorragende Spitzenrestaurants, flächendeckend über ganz Deutschland. Das war vor ein paar Jahrzehnten noch nicht so". Allerdings will der Gastronom Tischkultur nicht auf Spitzenrestaurants reduziert wissen. Gute Tischkultur fängt für ihn mit einem gut gemachten Brot an, mit einer guten Butter oder mit einem guten Öl. Und es müssten nicht immer die Luxusprodukte sein. Regionale Produkte sollten zum Einsatz kommen. Fritz Keller plädiert für ein Fach Ernährungslehre an den Schulen. Junge Menschen sollten schon wissen, was man isst, meint er.

Konsequent das Werk seines Vaters fortgesetzt

🐝 Fritz Keller hat die Verantwortung für das Weingut Schwarzer Adler 1990 übernommen. Im Jahr 1992 folgte auch der Weinhandel. Wenig später leitete er auch das Hotel und Restaurant Schwarzer Adler und den Rebstock. Erfolgreich ist er in die großen Fußstapfen seines Vaters Franz Keller getreten, der viele Jahre als Rebell des Kaiserstuhls gefeiert wurde – als Befürworter und Pionier des Ausbaus im Barrique und als Verfechter durchgegorener Weine. Schon der Vater sah in der Süßreserve die größte Sünde gegen den „ehrlichen" Wein. Nur schwache und fehlerhafte Weine seien auf das Make-up der Süßreserve angewiesen. Selbst einfache Weine, handwerklich korrekt gemacht, kämen ohne diese „Schönung" aus. Außerdem: Süßer Wein und gutes Essen – ein antagonistischer Widerspruch.

Kompromissloses und konsequentes Qualitätsbewusstsein

Franz Kellers Kampf gegen die Süßreserve-Welle, die sich über zahlreiche deutsche Winzerbetriebe ergossen hatte, führte sein Sohn Fritz weiter. Heute sind die Erfolge sichtbar. Das Weingut Franz Keller Schwarzer Adler, von dem bekannten Weinführer Eichelmann als „Weltklasse, internationales Spitzenweingut" eingestuft, steht wie kein anders Weingut für durchgegorene Weine, die das außerordentliche Terroir des Kaiserstuhls perfekt widerspiegeln. Fritz Keller genießt als Impulsgeber deutscher Weinkultur und als Botschafter badischer Weine höchstes Ansehen – weit über die Grenzen des Ländle hinaus. Er teilt die Vorliebe seines Vaters für französisch inspirierte Weine und steht für kompromissloses und konsequentes Qualitätsbewusstsein, das schon im Weinberg einsetzt. Umweltnaher und -schonender Anbau sind ihm ein wichtiges Anliegen.

Von den zahlreichen Auszeichnungen seien nur einige zitiert:

➜ *Brillat Savarin-Plakette 2012*
➜ *Gault Millau - Restaurateur des Jahres 2011*
➜ *Der Feinschmecker - Beste Weinkarte 2010*
➜ *Eichelmann - Weingut des Jahres und*
   Beste Rotweinkollektion 2010
➜ *Diners Club Magazin - Winzer des Jahres 2009*

🦅 Fritz Keller keltert Weine, die sauber und klar sind, gut strukturierte Tropfen ohne irritierenden Schnickschnack. Diese „Bauhaus"-Weine, wie er sie nennt, passen perfekt zu Speisen. Egal, ob es sich um einfache, frische Jeden-Tag-Weine handelt, um klassisch ausgebaute, klare und elegante Sonntagsweine oder große Festtagsweine. Sie alle bieten Harmonie auf höchstem Niveau. Anfang 2014 wurde das Engagement Fritz Kellers durch Aufnahme in den Verband der Prädikatsweingüter Deutschlands (VDP) gewürdigt. Die Begründung: „Das Weingut Franz Keller – Schwarzer Adler steht seit Jahrzehnten für durchgegorene Weine. Die Weine dieses Hauses spiegeln das ganze Potential des Kaiserstuhls und seines einzigartigen Mikroklimas wieder." Er selbst kommentiert: „Im VDP finden wir heute eine Gemeinschaft jener Winzer, die Weine von sehr hoher und höchster Qualität erzeugen."

Die besten Weine Fritz Kellers werden in der Selections-Linie angeboten. Angeführt von den Großen Gewächsen *Schloss-berg, Eichberg, Kirchberg* und *Leh*, gefolgt von den „S"-Weinen und den Franz Anton-Weinen erfolgt der Ausbau in großen und kleinen Holzfässern (bis zu 350 l bzw. 225 l). Bei den Weißweinen ist er vom kleinen Holzfass abgekommen, zu Gunsten von 350-Liter-Fässern. Favorit sind die Burgundersorten, wie der nebenstehende Rebsortenspiegel zeigt. Die Lagen lassen den Liebhaber Kaiserstühler Weine mit der Zunge schnalzen.

Das Beste, was der Kaiserstuhl zu bieten hat

🦅 In den vergangenen Jahren und vor allem nach dem Tod des Vaters hat Fritz Keller hart dafür gearbeitet, ehemalige Weinbergsflächen, die die Großmutter hatte verkaufen müssen, wieder zurückzukaufen. „Wir haben in den vergangenen Jahren sehr viele Kleinterrassen-Anlagen zusammengekauft und Steillagen, die eigentlich keiner mehr bearbeiten möchte, weil sie nur sehr aufwändig zu bearbeiten sind und ein Einsatz von Maschinen nicht möglich ist. Aber dies sind die besten Reblagen".

Pilotprojekt Solidargemeinschaft

🦅 Im Jahr 2007 startete Fritz Keller für Aldi Süd ein bis dahin einmaliges Pilotprojekt im deutschen Lebensmitteleinzelhandel. Die Idee: möglichst vielen Menschen einen handwerklich gut gemachten Wein anzubieten, mit einem guten Preis-Leistungs-Verhältnis. Fritz Keller: "Dies ist ein Solidarprojekt. Winzer und Winzergenossenschaften aus ganz Baden haben sich beteiligt, um diesen Wein nach hohen Qualitätsvorgaben zu erzeugen – wie Ertragsreduzierung und Handlese z.B. Eine win-win Situation für alle Beteiligten. Da die Arbeiten im Weinberg aufwändiger sind, bekommen die Winzer auch höhere Erlöse. Und es ist ein Beitrag zum Erhalt der Landschaftskultur – alte und aufwändige Lagen konnten so erhalten werden."

Verstoß gegen die Qualitätsvorgaben: Gelbe Karte

🦅 Fritz Keller, dessen zweite Leidenschaft der Fußball ist, aktiv spielte er in jungen Jahren beim TuS Oberrottweil, seit 1991 war er stellvertretender Vorsitzender des SC Freiburg, seit 2010 ist er Präsident des Fußballbundeserstligisten, sagt: „Wer bei der Edition Fritz Keller mitmachen will, ist herzlich willkommen. Mitbringen sollte er: gute Lagen, privilegiertes Pflanzmaterial, alte Reben, sowie handwerkliches Können und die Bereitschaft zu Ertragsreduzierung und Grünlese. Die Einhaltung der Qualitätsvorgaben wird überprüft und streng kontrolliert. Erfüllt ein Winzer nicht die Vorgaben, bekommt er die Gelbe Karte, wie beim Fußball. Wird versucht, zu mogeln und die Kriterien nicht einzuhalten, gibt es die Rote Karte – Ausschluss vom Projekt. Schon nach kurzer Zeit haben viele Winzer erkannt, dass diese Art der Rebbewirtschaftung gesunde und qualitativ hochwertige Trauben heranreifen lässt und das ist ein schöner Erfolg." Auch während der Lese, bei der Kelterung und beim Ausbau im Keller arbeiten die Kellermeister nach Qualitätsvorgaben von Fritz Keller und werden dabei von ihm selbst und einem Oenologen beraten und begleitet.

Reben, die nicht auf Menge oder Zucker gezüchtet wurden

🦅 Kellers eigene Weine sollen den Kaiserstuhl fühlbar, riechbar und schmeckbar machen, sagt der Winzer. In dieser einzigartigen Landschaft herrschten sehr unterschiedliche Vulkanböden mit und ohne Löss-Auflage vor. Da bedürfe es entsprechenden Pflanzmaterials. Er hat sich mit Sachverständigen beraten, die die wichtigsten Weingüter der Welt kennen, um Pflanzmaterial mit genetischer Vielfalt für seine Weinberge einsetzten zu können. Die Reben sollen nicht nur Menge und Zucker produzieren, wir brauchen für unsere Weine Reben, die wirkliche Qualität bringen mit den entsprechenden Inhaltstoffen.

Fritz Keller: „Da wir ohne Bewässerung arbeiten, muss die Rebe tief wurzeln, bis sie auf Wasser stößt, kann aber so die Mineralität des Bodens nach oben transportieren und in den Trauben speichern. In unseren älteren Rebanlagen teilen wir die Trauben und sorgen dafür, dass nur so viele Blätter am Stock bleiben, wie für moderate Alkoholgehalte nötig ist. Zu viele Blätter produzieren bei unserem reichlichen Sonnenschein zu viel Traubenzucker und damit zu viel Alkohol."

🦅 Es sind sehr viele, auch handwerkliche Maßnahmen, die im Weingut praktiziert werden. Keller: „Wir sorgen dafür, dass die Reben tief im Boden wurzeln. Unsere Trauben lesen wir ausschließlich von Hand. Gerade unsere Weißburgunder, Grauburgunder, Spätburgunder und Chardonnays sind Weine, die eine knackige Frucht brauchen. Deshalb legen wir großen Wert auf gesundes Lesegut. In den vergangenen Jahren sind wir auch ein bisschen Klimagewinner geworden.

In Südbaden herrscht heute das Klima, das Burgund vor 70 Jahren hatte. Wir haben eine Verschiebung bei den Leseterminen. Früher, als die Ernte später im Jahr begann, war es auch entsprechend kühler und es gab ein anderes Lesemanagement. Heute ist es wärmer, wir lesen in der Regel 1 – 2 Wochen früher, haben aber auch mehr Feuchtigkeit. Wir müssen schneller reagieren können, flexibler sein. Unsere Trauben bleiben so lange wie möglich am Stock, können aber auch sehr schnell im Keller optimal und individuell weiterverarbeitet werden. Das war ein Grund für den Bau des neuen Weingutes."

„Wir haben das Weingut in den Löss versenkt"

🐝 „Wir leben von der Natur und für die Natur!" Nach diesem Grundsatz hat Fritz Keller den Neubau realisiert. Entsprechend naturkonform fügt sich der Neubau am Ortsrand von Oberbergen organisch in die für den Kaiserstuhl so typischen Schichten und Terrassen ein und scheint fast mit der umgebenden Landschaft zu verschmelzen. Etwas flapsig, aber zutreffend formuliert Architekt Michael Geis (geis & brantner freie architekten bda, Freiburg): „Wir haben das Weingut in den Löss versenkt!" Die Harmonie von Landschaft und Gebäude wird beim Blick vom gegenüberliegenden Pulverbuck besonders deutlich, gerade wenn der Chronist an die ebenfalls gelungenen Beispiele Manincor in Kaltern oder Kloster Eberbach denkt. Das neue Weingut ist bedeutendes Element eines Gesamtkunstwerks, das drei Keller-Generationen mit visionären Ideen und handfestem Realitätssinn aus kleinen Anfängen im Kaiserstuhl geschaffen haben. Die in drei Ebenen gestaltete Kellerei gibt Einblicke in die Produktionsabläufe und bietet gleichzeitig einen herrlichen Panoramablick auf die Lagen

➜ *Oberbergener Bassgeige,*
➜ *Oberbergener Pulverbuck,*
➜ *Schelinger Kirchberg*

und das Naturschutzgebiet Badberg, den vor allem die Gäste des in den Neubau integrierten Restaurants KellerWirtschaft genießen können.

Konzipiert nach modernen Standards und den jahrhundertealten Prinzipien einer schonenden Verarbeitung folgend, die sich die natürliche Gravitation eines Hanggrundstückes zu Nutze macht, bietet das Gebäude für Weinbau, Traubenannahme und Traubenverarbeitung, für Weinausbau, Abfüllung, Flaschenlager, Verkauf und Versand auf 4000 Quadratmetern optimale Bedingungen. Energiebewusstes, nachhaltiges und ressourcenschonendes Bauen, das die natürlichen Isolationsmöglichkeiten des Bodens und des Eingrabens des nach Norden ausgerichteten Gebäudes in den Boden nutzt, waren selbstverständlich. Die so erreichte konstante Temperatur im Erdreich sorgt für optimale Bedingungen zur Entwicklung und Lagerung des Weins. Die Dächer, auf die ein Teil des Bodenaushubs wieder aufgeschüttet wurde, sind mit Trockenrasen des Naturschutzgebietes Badberg begrünt, auf denen sich einige glückliche Hühner tummeln.

🐝 Der Neubau war notwendig, weil eine Weiterentwicklung auf hohem oenologischen Niveau in den alten Räumlichkeiten nicht mehr gegeben war. Fritz Keller: „Das Weingut haben wir gebaut, um unsere Schlagkraft zu erhöhen, um schnell und individuell unter möglichst perfekten Bedingungen arbeiten zu können. Wir können jetzt nicht nur die Trauben einzelner Lagen, sondern auch die einzelner Gewanne selektiv weiterverarbeiten und so die jeweils bodentypischen Eigenschaften im Wein zum Ausdruck bringen. Ich betone gerne noch einmal, dass der Kaiserstuhl außergewöhnlich reich ist an unterschiedlichsten Böden mit unterschiedlichem Charakter. Da können wir mit Burgund durchaus mithalten. Diese Verschiedenheiten sind einfach großartig, und sie wollen wir in den nächsten Jahren noch mehr herausarbeiten!"

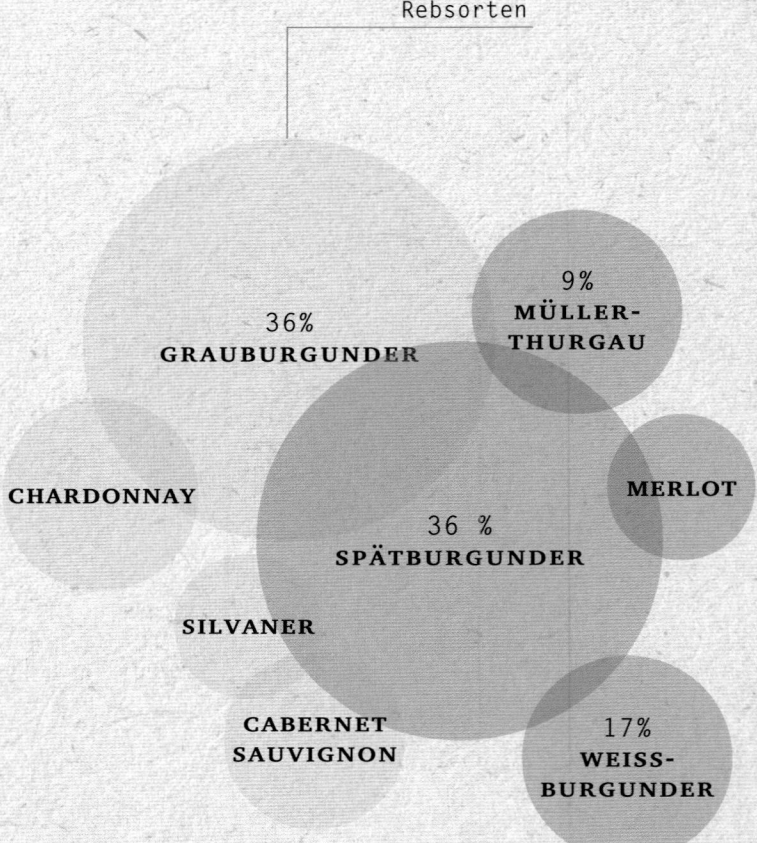

Rebsorten

36% GRAUBURGUNDER

9% MÜLLER-THURGAU

CHARDONNAY

MERLOT

36 % SPÄTBURGUNDER

SILVANER

CABERNET SAUVIGNON

17% WEISS-BURGUNDER

» Ein umweltgerechter, schonender Weinbau mit organischer Düngung nach dem jeweiligen Bedarf des Weinbergs und die Begrünung der Reben zur natürlichen Humusversorgung zählen im Weingut Franz Keller Schwarzer Adler genauso zu den Grundsätzen der Arbeit im Rebberg wie die Ertragsreduzierung durch Ausdünnen, Grünlese und - bei den besten Qualitäten - auch durch Traubenteilung. Bei der Weinlese wird größter Wert gelegt auf gesunde Trauben im optimalen Reifezustand und den vollen Geschmack der Beeren. Deshalb werden die Trauben prinzipiell von Hand und oft in mehreren Etappen geerntet. Übrigens: der Fokussierung auf den Zuckergehalt der Traube als Reife- und Qualitätskriterium wird damit ganz bewusst eine Absage erteilt. Die Beere soll nicht vor allem süß, sondern ihr Geschmack in seiner Komplexität ausgewogen sein - wie nachher der Wein. «

» Unsere Kleinst- und Querterrassen am Oberrotweiler Eichberg schenken uns jedes Jahr beste Spätburgunder. In einem Boden aus Basalt- und Tephritverwitterung, durchsetzt mit Kalkeinschlüssen, wächst dieser Spätburgunder von großer Finesse und Feinheit. Bis er sein volles Potential entfaltet, hat er noch einen langen Weg vor sich. Spätestens dann erinnert er sehr an große elegante Burgunder ohne aber dabei seinen ureigenen Charakter zu verleugnen. «

FRITZ KELLER

Mehr als die Hälfte der Rebanlagen des Weinguts Franz Keller Schwarzer Adler sind mit Grau- und Spätburgunder bestockt, den Paradeweinen der Region. Damit zeigt Fritz Keller, wie wichtig diese Rebsorte für diese Region ist!

» 2013er Schlossberg Grauburgunder „Großes Gewächs" «

Weinbeschreibung:

Ein mittleres Gelb mit grünen Reflexen. Die Aromatik: Feine Birne, Ananas, Exotik, Kumquat, Quitte, Brioche, reife Äpfel, Honig, etwas Karamell, Vanille, Blüten, feines Holz und etwas Feuerstein. Am Gaumen: Hier merkt man die feine Mineralität: Im Abgang Feuerstein-ähnlich, spiegelt sie die Eigenschaften des Vulkangesteins wider. Am Gaumen ist der Wein zwar stoffig, hat Dichte und viel Struktur, bleibt aber dennoch unglaublich elegant. Feine Noten von Citrus, Quitte, reife Apfel, Honig und Würzigkeit sind am Gaumen gut zu spüren. Der Wein hat eine schöne Länge und Schmelz, bleibt aber sehr filigran. Ein Grauburgunder mit Alterungspotential. Der Einsatz von Holz im Ausbau ist sehr gut eingebunden und wirkt nicht überladen sondern fein. Der Wein wirkt nicht fett in seinem Ausdruck am Gaumen, sondern auch sehr saftig.

Ein paar Daten:

→ 13% ALKOHOL / 6,8 G/L SÄURE / 1,3 G/L RESTZUCKER
→ EMPFOHLENE TRINKTEMPERATUR: 10-12 °C
→ KOSTET AB WEINGUT 34,00 EURO
→ KARRAFIERUNG (EINE ART DES DEKANTIERENS FÜR WEISSWEINE) EMPFOHLEN UND GROSSE WEISSWEINGLÄSER VERWENDEN

Ausbau

Der Wein ist im großen Holzfass 10 Monate ausgebaut worden (2000 Liter aus Eichenholz).

Lage

Zweifellos ist der Achkarrer Schlossberg eine der besten Weinbergslagen in Baden, ein echter Charakterberg. Ein steil nach Süd-Südwest ausgerichteter Hang mit Böden aus schwarzer Vulkanerde und Vulkan-Verwitterungsgestein (Tephrit-Lavaströme - unterschiedlich gefärbtes vulkanisches Ergussgestein, und Pyroklastite – bei einem Vulkanausbruch in die Luft geschleuderte Gesteins-oder Lavabrocken unterschiedlicher Größe). Der dunkle Boden intensiviert die Wärme der Lage.

Speiseempfehlungen

→ JAKOBSMUSCHELTERRINE MIT SAFRANSAUCE UND FENCHELSALAT
→ CHAOURCE KÄSE (WEICHKÄSE AUS DER CHAMPAGNE)
→ STEINBUTT AUF BLATTSPINAT UND APFELSCHAUM

» 2012er Spätburgunder Eichberg „Großes Gewächs" trocken «

Weinbeschreibung:

Die Farbe: Tief rot , brillant. Die Aromatik: Unglaublich vielschichtig nach Süßkirschen, Cassis, Zimt, Pfeffer, Nelke, Kreuzkümmel, Sternanis, Paprika, Mokka und eine feine Holznote. Genuss am Gaumen: Der Wein ist am Gaumen sehr dicht, sehr saftig und hat viel Spannung. Er wirkt sehr mineralisch, rassig und gleichzeitig sehr fruchtig betont und würzig. Viel Pfeffer, Cassis, dunkle Beeren, Eukalyptus und etwas Rauchkomponenten sind gut wahrnehmbar. Der Wein ist sehr animierend, wirkt sehr elegant und sehr typisch für einen Spätburgunder. Die Tannine sind reif, fast süßlich und sehr angenehm. Er ist sehr schön ausgewogen und rund am Gaumen. Ein sehr schöner Spätburgunder mit Charisma und Lagerfähigkeit, der sein Terroir perfekt darstellt.

Ein paar Daten:

→ 13,5% ALKOHOL / 4,8 G/L SÄURE / 2,0 G/L RESTZUCKER
→ EMPFOHLENE TRINKTEMPERATUR: 16°C -18°C FRÜHZEITIG LÜFTEN UND GROSSE BURGUNDERGLÄSER VERWENDEN
→ KOSTET AB WEINGUT 60,00 EURO

Ausbau

Handselektierte Trauben, Maischegärung für 20-30 Tage und Ausbau in Barriquefässern (225Liter) für 16 Monate. Die Eichen-Barriquefässer sind aus den Wäldern des französischen Tronçais und Allier, waren teils neu, teils in zweiter Belegung. Medium toasting.

Lage

Der Oberrotweiler Eichberg liegt als vollkommen der Sonne zugewandter Bergrücken zwischen Bischoffingen und Oberrotweil. Die nach Süd-Südwest ausgerichteten Terrassen zeichnen sich durch Böden aus stark verwitterter mineralischer Asche und durch Tuffe aus. Der dunkle, vulkanische Boden speichert die Wärme des Tages und gibt sie nachts wieder an die Reben ab. Die Rebstöcke können in diesem Boden sehr tief wurzeln und sind dadurch auch in heißen Perioden gut mit Wasser und Mineralien versorgt.

Speiseempfehlungen

→ REHKEULE MIT SPITZKOHL GESCHMORT / PFEFFERSAUCE
→ WILDTERRINE MIT CUMBERLANDSAUCE
→ BRIE DE MEAUX MIT PÉRIGORD-TRÜFFELN

Staatlicher Hofkeller Würzburg

Beispielhafte Symbios von Tradition und Moderne

[Weinkultur und Weltkulturerbe]

Michael Jansen, Weingutsdirektor

Frankenwein wird schon seit 250 Jahren in die typische Bocksbeutel-Flasche abgefüllt. Nur qualitativ hochwertige Weine dürfen in diese besondere Flasche. Der Würzburger Stein ist der Klassiker im Bocksbeutel.

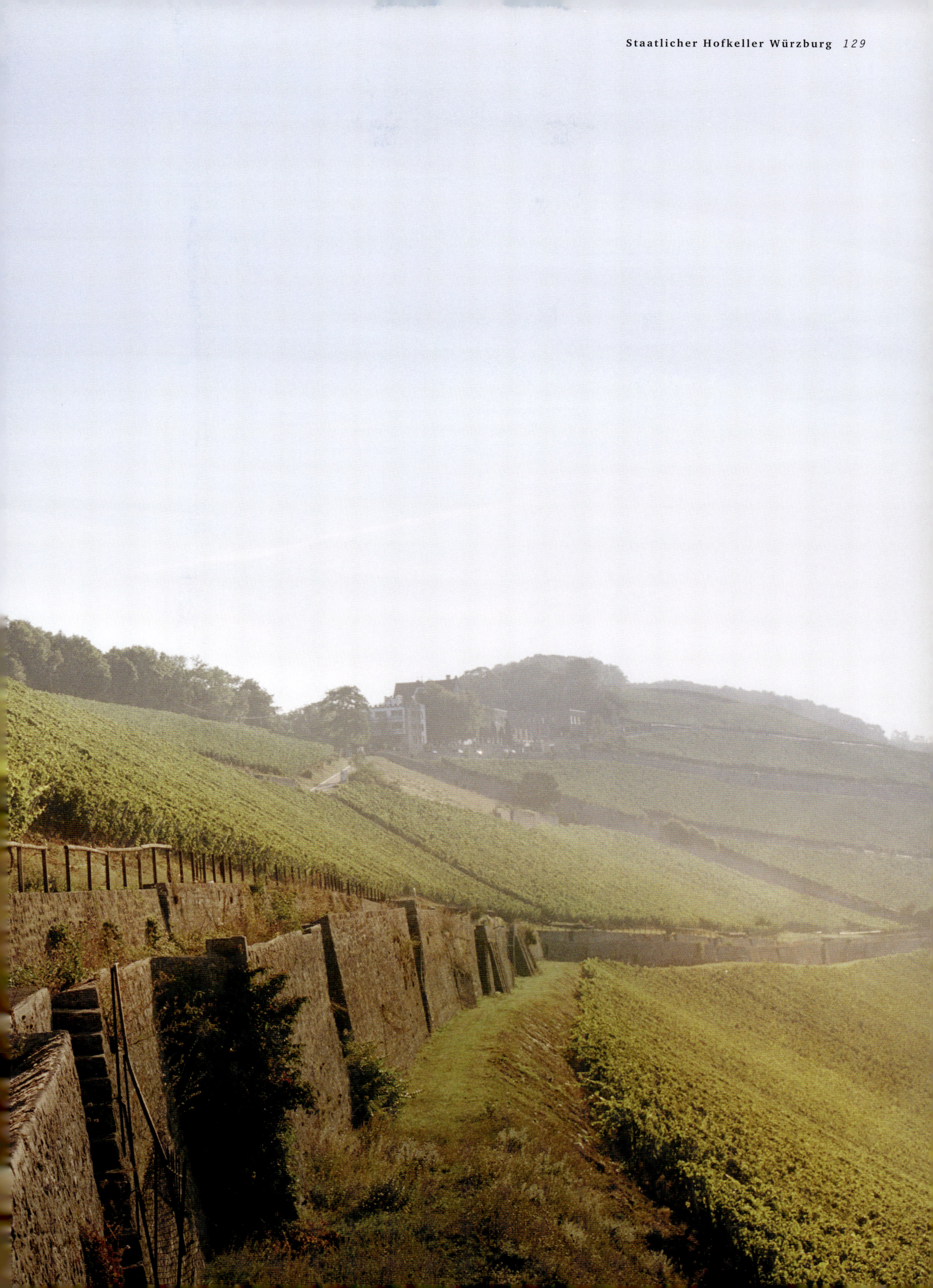

*Blick über die Stadt auf die Würzburger Residenz. Sie ist das Hauptwerk des
süddeutschen Barock, entworfen von Balthasar Neumann und seit 1981 Unesco-Weltkulturerbe.*

Klaus Kuhn, Kellermeister.

» Beispielhafte Symbiose von Tradition und Moderne «

Ansichten von Fritz Richter

🍇 Das Jahr 1806 ist wegen Napoleons Expansionspolitik ein unruhiges Jahr. Johann Wolfgang von Goethe wich deshalb zur Kur nach Böhmen aus, doch auf seinen Würzburger Wein wollte er nicht verzichten:

„Sende mir noch einige Würzburger, denn kein anderer Wein will mir schmecken, und ich bin verdrüßlich, wenn mir mein Lieblingswein abgeht",

schrieb er von dort am 17. Juni 1806 aus Karlsbad, wo er noch bis August zu bleiben gedachte, an seine Lebensgefährtin Christiane Vulpius. Vier Monate später, am 19. Oktober 1806, heiratete er sie kurz entschlossen. Das war fünf Tage nach der Schlacht von Jena und Auerstedt, als Christiane den plündernden Franzosen in Goethes Haus in Weimar beherzt entgegengetreten war. Das Kurfürstentum Bayern ist nun Königreich von Napoleons Gnaden, der Hofkeller in Würzburg vom „Fürstbischöflichen" zum „Königlich Bayrischen Hofkeller" geworden.

Heute heißt er "Staatlicher Hofkeller Würzburg". Dessen Verwaltung mit Michael Jansen an der Spitze, residiert im Rosenbachpalais 3. Dort empfängt uns der Weingutsdirektor zum Gespräch.

Es reicht heute nicht mehr zu sagen, wir waren mal ein altes, sehr erfolgreiches Weingut

🍇 Es gibt keine deutsche Stadt, in der drei große Weingüter so eng aufeinander sitzen, voll von Geschichte, alle drei eine touristische Attraktion. Das größte ist das Juliusspital, mit 170 Hektar zweitgrößtes Weingut in Deutschland. Staatlicher Hofkeller 120 Hektar und Bürgerspital mit 100 Hektar Rebfläche sind etwa gleich groß. „Wir beleben die Stadt Würzburg mit unserer Arbeit in den Rebzeilen", sagt Jansen und weist auch noch darauf hin, dass die drei Weingüter gemeinsam 94 Prozent der weltberühmten Weinlage „Würzburger Stein" besitzen.

„Durch diese enge Zusammenarbeit bin ich froh, dass wir so ein freundschaftliches Verhältnis haben. Man schätzt sich untereinander und stimmt sich ab", so der Weingutschef. Zu seiner eigenen Tätigkeit sagt er: „Es reicht heute nicht mehr, zu sagen, wir waren mal ein altes, sehr erfolgreiches Weingut.

Wir suchen immer die Symbiose aus Historischem und Modernem. Daraus resultiert unser Marketingkonzept."

Von der Mosel an den Main

Jansen ist in Zell an der Mosel in einem Weingut aufgewachsen. Das Thema Wein hat sein ganzes Leben bestimmt. Nach der Lehre als Weinhandelsküfer folgte das Studium in Geisenheim im neuen Studiengang „Weinbau und Wine-Technology". Als einer der ersten Absolventen ging er 1979 als „Flying Winemaker" in die USA.

„Flying Winemaker" sind Önologen, die für mehrere Weingüter arbeiten und daher häufig reisen. Typisch sind sie z.B. für das weitläufige Australien, wo der Begriff und die Berufsform wohl auch kreiert wurde. Er ist abgewandelt von den dort ebenfalls typischen „Flying Doctors", die es sogar ins Abendprogramm deutscher Fernsehsender gebracht haben.

Zurückgekehrt, trat er bei der „WIV - Wein International AG" ein, eine gute Schule, um das gesamte Geschäft von der Produktion bis zum Vertrieb kennen lernen zu können. Lange Zeit für China, Kanada und die USA zuständig und mit dem Thema Wein um die ganze Welt reisend, kam der Moselaner schließlich an den Main und wurde am 1. September 2005 zum Weingutsdirektor des Staatlichen Hofkellers ernannt. Der Privatmann Jansen liebt das Golfspielen, welches ebenso viel Zeit kostet, wie sein zweites großes Hobby, das Reisen. „Und wer gerne Wein trinkt isst auch gerne, und so bin ich im Laufe der Jahre zu einem ziemlich guten Hobbykoch geworden", erfahren wir auch noch. Eine erfreulich ehrliche Auskunft über die gelegentlich zu hörende Standardantwort hinaus „mein Hobby ist der Beruf und die Familie".

🍇 Der Staatliche Hofkeller ist – wie z.B. das Staatsweingut Meersburg am Bodensee – ein öffentlich-rechtlicher Landesbetrieb, während die drei anderen Landesweingüter in Hessen, Thüringen und Sachsen in der privatrechtlichen Rechtsform GmbH arbeiten. „Wir agieren aber wie ein privatwirtschaftliches Weingut, unsere Gewinn- und Verlustrechnung sowie die Bilanz werden von externen Wirtschaftsprüfern geprüft", stellt Jansen fest. Allen Landesweingütern sei heute aufgegeben worden, wirtschaftlich zu arbeiten, wenn auch nicht mit dem Ziel der Gewinnmaximierung.

Für das Hofkeller-Team gelte es, Tradition und Moderne nicht als Gegensätze, sondern als Herausforderung für qualitative Höchstleistungen aufzufassen. Die erstklassigen Weinlagen, über Jahrhunderte in den Besitz des Hofkellers gekommen, bieten dafür beste Möglichkeiten.

Seit Gründung immer im Besitz der regierenden Macht

Der Hofkeller geht auf eine Schenkung an die Kirche von 1128 zurück und ist somit eines der ältesten Weingüter in Deutschland. Seit 886 Jahren befindet sich das Weingut immer in Händen der regierenden Macht. Früher waren es die Fürst-bischöfe und Könige. Heute gehört der Staatliche Hofkeller dem Freistaat Bayern. Die weitläufigen labyrinthisch ver-schlungenen Kellergänge stammen aus den Zeiten des Fürst-bischöflichen Hofkellers.

🍇 Im Jahr 1719 hatte Balthasar Neumann, der Baumeister aus Eger, von Fürstbischof Johann Philipp Franz von Schönborn den Auftrag erhalten, eine neue Residenz in Würzburg mit der Vorgabe zu errichten, auch einen vorzüg-lichen Weinkeller einzuplanen. Herausgekommen ist einer der bedeutendsten Barockbauten nördlich der Alpen. Von der dreiläufigen Treppenanlage aus bewundert der Besucher die atemberaubenden Fresken des Venezianers Giovanni Battista Tiepolo unter dem stützenfreien Muldengewölbe, das dank seiner Statik die alliierten Luftangriffe überstanden hat. Aus statischen Gründen ist nur ein Teil der Residenz unterkellert. Im Südflügel dienen die Stahltanks genau unter der Hofkirche der modernen Weinbereitung, während im Nordflügel 300 Holzfässer stehen, die insgesamt 700.000 Liter fassen können.

So führt der Staatliche Hofkeller im Bewusstsein dieses großen Erbes die Institution des fürstbischöflichen Hofkellers fort, aber nicht als Museum, sondern als Weinkulturdenkmal mit moderner kellerwirtschaftlicher Nutzung. Die Würzburger Residenz mit Schloss, historischem Weinkeller und dem weit-läufigen Hofgarten wurde von der Unesco schon 1981 in den Rang eines Weltkulturerbes erhoben. Das Weingut muss bei seiner Arbeit also Weltkulturerbe und Weinkultur zusammen-bringen.

„Beamtenfass" und „Schwedenfass"

Beim Gang durch die mit Kerzen beleuchteten Gänge des Hofkellers erschließt sich die besondere Atmosphäre eines der schönsten Weinkeller der Welt. Jährlich kommen Tausende Besucher aus aller Welt und genießen das Ambiente oder nehmen an einer der zahlreichen Veranstaltungen teil. Im Stückfasskeller spielen die „Beamtenweinfässer" eine besonde-re Rolle. Die Assoziation zum Großen Heidelbergfass bietet sich an.

🍇 Wie dort einst die Zechgenossen des Kurfürsten die „Cuvée" aus den Zehntweinen trinken mussten, konnten sich die Bediensteten des Würzburger Fürstbischofs nicht gegen die Bezahlung mit minderwertigem Wein wehren. Vor über zweihundert Jahren floss aus diesen Fässern der Naturalsold der fürstbischöflichen Hofbediensteten. Da die Füllung der

„Beamtenfässer" auch hier durch den Abgabe-Zehnt der Winzer erfolgte und diese ihren guten Wein lieber selber tranken, darf man wohl ebenfalls von einer einfachen Weinqualität ausgehen.

🍇 An die dunklen Jahre des Dreißigjährigen Krieges er-innert das „Schwedenfass". Der Bau des Schwedenfasses wurde um 1684 vom Würzburger Fürstbischof Konrad von Wernau in Auftrag gegeben, um darin einen alten Riesling des Jahrgangs 1540 vom Würzburger Stein aufzubewahren. Der Wein galt als verloren, da man ihn im Jahre 1631 im Dreißigjährigen Krieg beim Anrücken schwedischer Truppen hastig vergraben musste. In den Wirren des Krieges vergaß man die genauen Koordinaten, bis der Wein 1684 doch noch entdeckt wurde. Der Fürstbischof ließ das neue Schwedenfass damit befüllen. Mit den Jahren wurde der Bestand durch Verkostungen und Verkäufe allmählich weniger. Heute enthält das Fass keinen Wein mehr. Den Rest ließ der bayrische König Ludwig II. in Flaschen abfüllen und versteigern, um damit den Bau seiner Märchenschlösser teilweise finanzieren zu können.

Die besten Weinberge von der Kirche

Franken ist eines der kleinsten Weinanbaugebiete Deutsch-lands. Seine Ausdehnung beträgt 320 Flusskilometer und umfasst vier geologische Formationen: Urgestein, Muschelkalk, Keuper und Buntsandstein.

Angesichts der Geschichte des Hofkellers überrascht es nicht, dass er in ganz Franken mit die besten Weinberge hat. Sie wur-den nach der Säkularisation aus dem Besitz der Fürstbischöfe, Stifte und Klöster übernommen. Bei den Rebsorten hat es aber Veränderungen gegeben. Zwar ist auch für den Hofkeller der Silvaner nach wie vor die wichtigste Rebe. Aber Michael Jansen wendet ein: „Mit großem Erfolg baut der Hofkeller Weißburgunder an. Auch Müller-Thurgau darf nicht vergessen werden, ebenso eine Besonderheit, der Rieslaner. Ökonomierat Dr. August Ziegler von der Bayrischen Landesanstalt für Wein-, Obst- und Gartenbau in Würzburg kreuzte die Sorte 1921 aus Silvaner x Riesling, die saftige Weine mit schöner Säure bringen. Und wir haben auch edelsüße Weine im Sortiment." Und was sind die Lieblingsweine des Weingutsdirektors? Klare Antwort:

→ Würzburger Stein Weißburgunder trocken, Erste Lage
→ Randersackerer Pfülben Riesling trocken, Großes Gewächs
→ Iphöfer Julius-Echter-Berg Silvaner trocken, Erste Lage
→ Würzburger Stein Silvaner trocken, Erste Lage
→ Würzburger Innere Leiste Riesling trocken, Großes Gewächs

Da wirft sich die Frage auf, was der Weingutsdirektor wohl dazu kocht?

Riesling kann nur in den besten Lagen angebaut werden, und die haben wir

Der Hofkeller verdankt den Mönchen den Qualitätsweinbau und die dazu benötigten Flächen. Die beginnen in der nordwestlichsten Ecke Bayerns an den Ausläufern des Spessartrückens in der alten Weinbaugemeinde Hörstein. Hier wächst der Hörsteiner Abtsberg Riesling, ein säurebetonter Wein im Rheingaustil auf Urgesteinsverwitterungsboden aus Gneis, Glimmerschiefer, Granit und Basalt. Jansen betont: „Riesling kann nur in den besten Lagen angebaut werden, und die haben wir. So erklärt sich mit 28 Prozent der unglaublich hohe Rieslinganteil des Hofkellers, während Franken insgesamt nur 6 bis 8 Prozent Riesling hat. Seinen Namen hat der Hörsteiner Abtsberg vom Abtshof des ehemaligen Benediktinerklosters Seligenstadt.

🐝 In Großheubach hat der Hofkeller nur drei Hektar Weinberge am Großheubacher Bischofsberg. Allerdings wächst hier in den Terrassen, die von Buntsanstein-Trockenmauern gestützt werden, Blauer Spätburgunder von außergewöhnlicher Qualität.

🐝 Auch in Dorfprozelten erinnert der Dorfprozeltener Predigtstuhl daran, wem der Weinberg einmal gehört hat. Der Ort, früher vom Fischer- und Schiffergewerbe geprägt, ist ein in Franken eher seltener Rotweinort. Auf dem Buntsandstein gedeihen Blauer Spätburgunder, Frühburgunder, St.Laurent, Domina, Portugieser und Dornfelder besonders gut.

🐝 In Marktheidenfeld wachsen in einem windgeschützten Seitental am Fuße der Marktheidenfelder Kreuzbergkapelle in einem besonderen Kleinklima Silvaner und Müller-Thurgau.

Der „Stein"

Die berühmtesten Weinberge hat der Staatliche Hofkeller allerdings in der fränkischen Weinmetropole Würzburg. Aus einem Brief Goethes vom 10. Juli 1828 wissen wir, welchen Würzburger Wein der Dichter im eingangs zitierten Brief im Auge hatte. Er schrieb seinem Diener Johann Georg Paul Goetze aus Dornburg, wohin er sich nach dem Tod von Großherzog Carl August zurückgezogen hatte:

„Ich wünsche einen leichten reinen Würzburger und ... willst du eine Flasche echten Steinwein hinzufügen, so soll auch der willkommen seyn."

Der über Jahrhunderte anhaltende Erfolg des „Stein" beruht auf seinem außergewöhnlichen Mikroklima. Der steile Hang mit einer Hangneigung von 45 bis 75 Prozent unterhalb der Steinburg ist vor Wärme entführenden Winden geschützt. Auf Muschelkalkboden, in den stellenweise Lehm-Tonschichten eingelagert sind, finden Riesling, Silvaner, Weißburgunder und Spätburgunder optimale Wachstumsbedingungen. Zusätzlich reflektiert die Wasserfläche des Mains im Sommer und Herbst das Sonnenlicht. Wir erfahren von Michael Jansen: „Goethes Wein war entweder Riesling oder Silvaner, die damals schon als singuläre Rebsorten angebaut worden sind. Im Stein brauchte man wegen der guten Lage den gemischten Satz nicht, weil Riesling und Silvaner nicht erfroren sind."

🐝 Nicht unerwähnt bleiben dürfen auch die Würzburger Lagen „Innere Leiste" und „Schlossberg". Die Würzburger Innere Leiste, dem Hofkeller gehören sechs Hektar davon, ist eine Steillage von 50 bis 65 Prozent und liegt auf Würzburgs linker Mainseite in einem kleinen Taleinschnitt auf der Südseite der Festung Marienberg. Michael Jansen sagt, dass dieser Weinberg besonders viel Arbeitseinsatz erfordere: „Die Innere Leiste hat viele Mauern, also kleine Zeilen, aber erstklassige Weine lohnen den Aufwand. Einerseits beeinflusst der heiße Würzburger Talkessel die „Leiste", andererseits wird sie ausreichend vor der Kaltluft des Nordens geschützt. Die über Jahrmillionen gebildeten tonhaltigen Kalksteine tragen mit dazu bei, dass der Boden eine gute Wärmespeicherung besitzt. Der steinige, schwach tonige Lehm ist tiefgründig und hat eine gute Humusversorgung. Dies führt zu einer ausgewogenen Nährstoffversorgung der Reben. Sie liefern Rieslinge und Silvaner mit üppigen, reifen Aromen und weicher Säure. Silvaner wächst auch am Schlossberg, außerdem Bacchus. Diesen Weinberg kennt jeder Würzburgbesucher, der die Alte Mainbrücke mit den fränkischen Aposteln Kilian, Kolonat und Totnan besucht und von dort auf den Festungsberg blickt. Die vier Hektar darunter sind im Alleinbesitz des Hofkellers.

🐝 Südlicher Nachbar von Würzburg ist Randersacker. Beidseitig begrenzt durch steile Seitentäler, schiebt sich der Randersackerer Pfülben direkt über dem Weinort in das Maintal hinein. Mit seinen abgerundeten Kanten erinnert der Pfülben an ein prall gefülltes Kopfkissen. Dies bezeichnete man im Mittelhochdeutschen als „Pfülwen", woraus sich der Name des Weinbergs entwickelt hat. Auf den steil mit bis zu 70 Prozent nach Süd und Südwest abfallenden Hängen wächst auf Muschelkalkboden in einer Höhe von 200 bis ca. 280 Metern Riesling. Fränkische Lebensfreude spiegeln auch die weiteren Randersackerer Weinlagen wider: ➔ *Ewig Leben, Teufelskeller, Sonnenstuhl, Marsberg und Lämmerberg.*

Kleiner aber feiner Anteil am Iphofener Julius-Echter-Berg

Im Steigerwald begegnet man dem Hofkeller ebenfalls in den wichtigen Weinorten. Franken gedenkt mit der Weinlage Iphöfer Julius-Echter-Berg eines bedeutenden Fürstbischofs. Julius Echter von Mespelbrunn war Gründer der Würzburger Universität und Stifter des Juliusspitals. Daher hat es den größeren Anteil an diesem Weinberg als der Hofkeller. Klein, aber fein, denn gerade einmal 0,6 Hektar umfasst die vom

Hofkeller bewirtschaftete Lage nahe dem malerischen Iphofen. Im Sommer und Herbst strahlt der graubraune Keuperboden enorme Hitze aus. Das bedeutet optimale klimatische Bedingungen für den Silvaner. Der südlich exponierte Steilhang liegt in einer Kessellage des Steigerwalds. Vom Fuß in 280 Meter Höhe schließt sich oben in 380 Meter Höhe an den Weinberg ein Waldgürtel an, der ihn vor kalten Nord- und Ostwinden schützt. Es herrschen so optimale kleinklimatische Bedingungen in dieser Lage, deren Steigung zwischen 45 und 60 Prozent beträgt.

Weinanbau seit dem Jahr 777

Nicht ganz so bekannt sind die Weinorte Handthal und Abtswind. Beide Orte profitieren vom günstigen Klima im Schutz des Steigerwaldes und der Fruchtbarkeit des Keuperbodens. Im höchstgelegenen Weinberg Frankens, dem Handthaler Stollberg, unterhalb der Stollburg im vom Weinbau geprägten Dorf Handthal wachsen duftige Silvaner der Geschmacksrichtung aromatisch, duftig, elegant. Ebenso aromatische Scheurebe-Weine und würzige Silvaner kommen aus dem Abtswinder Altenberg.

☙   Den nördlichen Abschluss des Weinanbaugebiets Franken bildet Hammelburg, eine Kleinstadt im unterfränkischen Landkreis Bad Kissingen. Sie liegt an den Ausläufern der bayrischen Rhön und an der Fränkischen Saale. Da denkt man zunächst an die Infanterieschule der Bundeswehr sowie an den Truppenübungsplatz Hammelburg. Dass hier die „Wiege" des fränkischen Weinbaus stand, ist weniger bekannt. Im Jahr 777 schenkte Karl der Große aus seinem Privatvermögen dem Kloster Fulda die Domäne Hammelburg. Vielleicht eine flankierende wohltätige Maßnahme im Kontrast zu den brutalen Missionierungsaktivitäten gegenüber den heidnischen Sachsen. Zur Domäne gehörten auch Weinberge. Wegen der frühen Erwähnung wird Hammelburg als älteste Weinstadt Frankens bezeichnet. Der Hofkeller besitzt dort 10 Hektar Rebfläche. Der Silvaner, der auf Muschelkalk im Hammelburger Trautlestal wächst, zeigt sich hier von seiner fruchtig-frischen Seite.

60 Prozent Steillagen bedeuten hohen Stundenaufwand

Die Weine des Staatlichen Hofkellers wachsen zu 60 Prozent auf Steillagen. In 40 Prozent der Flächen kann man mit dem Schlepper hineinfahren. Das bedeutet hohen Stundenaufwand pro Hektar. Weil die Weinberge extrem weit auseinander liegen, unterhält das Weingut vier Betriebshöfe, die je 25 bis 30 Hektar bearbeiten. Unterschiedliche Erfordernisse bei Laubarbeit und Pflanzenschutz können so leichter befolgt werden. Nach der Ernte werden alle Trauben abends oder morgens, wenn es ganz kühl ist, nach Würzburg gefahren. Wenn nötig, wird bei einem warmen Herbst Trockeneis eingesetzt,

damit die Trauben kühl in die Kelterstation kommen, die unter der Hofkirche liegt. „Es ist das Alleinstellungsmerkmal des Staatlichen Hofkellers, hier – und nicht auf der grünen Wiese - Weine von höchster Qualität herzustellen", sagt Weingutsdirektor Jansen. Damit gelingt es dem Staatsweingut Bayerns eine Jahrhunderte während Tradition in der heutigen Zeit fortzuführen.

Besser als der VDP-Standard

Das Weingut ist, wie das Juliusspital und das Bürgerspital, seit 1955 Mitglied des Vereins der Naturweinversteigerer, aus dem der Verband der Qualitätsweingüter (VDP) hervorgegangen ist. Die Qualitätsgemeinschaft, der rund 200 deutsche Weingüter angehören, hat jüngst Standards vorgeschrieben, die der Staatliche Hofkeller übererfüllt. Der Weinkunde kann unter Gutsweinen, Ortsweinen, Ersten Lagen und Großen Lagen (Großen Gewächsen) wählen. Die erlaubten 75 Hektoliter pro Hektar bei den Ortsweinen unterbietet der Hofkeller mit 65 Hektolitern pro Hektar! Mögliche 60 Hektoliter pro Hektar bei den Ersten Lagen werden nicht erreicht. „An die bei den Großen Gewächsen möglichen 50 Hektoliter pro Hektar kommen wir mit 35 bis 38 Hektoliter pro Hektar nie ran", stellt Jansen fest.

Wichtigster Absatzkanal ist der Endverbraucher

Der Staatliche Hofkeller ist in der komfortablen Situation, einen Privatkundenanteil von 72 Prozent zu haben. Die übersichtliche VDP-Klassifikation liefert deshalb auch das Grundmuster für die Kundeninformationen, die sich zudem in der Ausstattung der Weinflaschen wiederfindet. Analysewerte in den Weinlisten und Informationen über Rebsorten, Weinbergslagen und Bodenverhältnisse sind selbstverständlich. „Wir haben den Fokus auf den Endverbraucher gesetzt. Wir verkaufen sehr viel Wein direkt in unserer Vinothek. Hinzu kommen viele Veranstaltungen im historischen Keller und Mailing-Aktionen. Unser wichtigster Absatzkanal ist der Endverbraucher. Danach kommen die klassischen Absatzkanäle Gastronomie und Fachhandel. Im Großhandel sind wir kaum aktiv", sagt Weingutsdirektor Michael Jansen zum Abschluss.

Gleich zweimal Kult: Würzburger Stein im "Bocksbeutel".

» Das Weingut sieht es als Herausforderung und Ansporn an, die seit Jahrhunderten bestehende Tradition der Weinkultur zu pflegen und emotionale Weinwerte zu bewahren. Prämissen und Ziele sind: eine umweltschonende, die Natur rücksichtsvoll nutzende und bewahrende Traubenerzeugung im Weinberg und eine qualitätserhaltende und - optimierende Traubenverarbeitung im Keller, damit schließlich einzigartige Weine entstehen können. Der Winzer komponiert und kreiert aus den Vorgaben der Natur, aber eben auch mit seiner individuellen Handschrift Weine, die seinen Charakter und das Terroir gleichermaßen widerspiegeln. So schafft die Persönlichkeit des Winzers mit handwerklicher Sorgfalt, mit großer Erfahrung und mit viel Hingabe und Leidenschaft im besten Sinne „Weinpersönlichkeiten". «

» 2013er Randersackerer Pfülben Riesling Große Lage trocken «

Weinbeschreibung:
Die Farbe: Feines Gelb mit grünen Reflexen. Aromatik: Intensiv, etwas reife Früchte wie Melone, Zitrus, Apfel, Birne, Pfirsich, getrocknete Aprikosen und Kräuter. Am Gaumen ist der Wein sehr gut ausbalanciert und bietet ein sehr schönes Spiel zwischen Süße und Säure. Er ist etwas pfefferig-würzig, hat Noten von Zitrus, Grapefruit, Quitte, getrockneten Aprikosen, reifen Birne und ist leicht nussig. Er ist sehr schön mineralisch, hat am Gaumen eine Spannung, gepaart mit viel Extrakt und Struktur. Ein toller Riesling mit viel Eleganz und Trinkfreude.

Ein paar Daten:
→ 12,5% Alkohol
→ 8,2g/l Säure
→ 8,8g/l Restzucker
→ empfohlene Trinktemperatur: 8-10°C
→ Grosse Weissweingläser verwenden
→ Kostet ab Weingut 23,90 Euro

Ausbau
Es wurde im Weinberg sehr viel Aufwand getrieben, per Hand gelesen und sehr selektiert gearbeitet – immer nur eine Traube je Trieb. Der Wein wurde im Edelstahltank ausgebaut.

Lage
Die Weinlage Randersackerer Pfülben wurde 1329 erstmals unter dem Name „Pfulwen" bzw. „Pfülwen" erwähnt. Dies ist ein alter mittelhochdeutscher Begriff für Kissen und spielt auf das Erscheinungsbild des Weinbergs an: Wie ein prall gefülltes Kissen/Kopfkissen schiebt sich der Randersackerer Pfülben mit seinen abgerundeten Kanten und steilen Seitentälern in das Maintal hinein. Die Weinlage zählt zu den besten Weinlagen Frankens. Die nach Südwesten abfallenden Hänge erreichen eine Neigung von bis zu 70%, was eine besonders starke Sonneneinstrahlung mit sich bringt. Da der Weinberg nahe an das Flussufer heranreicht, profitiert der Wein außerdem von der Licht- und Wärmereflexion des Mains - ein Phänomen, das sich auch in anderen Weinlagen beobachten lässt. Die Böden bestehen aus Muschelkalkverwitterungsböden und dienen als guter Wärmespeicher".

Speiseempfehlungen
→ Wolfbarsch auf Mangold mit Quitte
→ Garnelen auf Spinat mit gerösteten Pinienkernen
→ Kabeljau auf Lauchgemüse mit Safransud

» 2013er Würzburger Stein Silvaner Erste Lage trocken «

Weinbeschreibung:
Die Farbe: Tiefe, goldgelbe Farbe mit grünen Reflexen. Aromatik: sehr reif in der Nase, Bananenschale, reifer Apfel, Heu, Birne, Honig, Artischocke, Bohnen und Quitte. Genuss am Gaumen: Feine Dropsnoten (Bonbons), nussig, Mandeln, reife Äpfel. Der Wein ist von seinem Terroir sehr geprägt und wirkt sehr mineralisch, erdig und würzig.

Ein paar Daten:
→ 12,5% Alkohol
→ 6,9g/l Säure
→ 3,7g/l Restzucker
→ empfohlene Trinktemperatur: 10-12°C
→ Kostet ab Weingut 12,50 Euro

Ausbau
„Die Trauben wurden per Hand gelesen und der Wein wurde im Edelstahl ausgebaut." (Zitat des Winzers).

Speiseempfehlungen
→ Seeteufel auf grünen und weissen Bohnen mit Basilikumschaum
→ Wolfbarsch mit gebratenen Artischockenböden und Olivenöl-Emulsion
→ Kalbsfilet mit weissem Spargel und Bärlauch-Hollandaise

Andere empfehlenswerte Weine
Würzburger Innere Leiste Riesling trocken GG oder Würzburger Stein Weißburgunder Erste Lage

Der Würzburger Stein
Von diesem einzigartigen Weinberg herab erschließt sich ein umfassender Blick in das malerische Tal. Die Steillage erstreckt sich im Südhang muschelförmig nördlich der Stadt Würzburg auf dem für das Maindreieck typischen Muschelkalkboden und liegt auf einer Höhe von 210 bis 270 Meter ü. NN, umfasst 85 Hektar und hat eine Hangneigung zwischen 30 und 65 Prozent. Der Würzburger Stein ist die größte zusammenhängende Einzellage Deutschlands.

„Ich bin gebürtiger Moselaner. Von meiner Heimat her kenne ich also die Steillagen und weiß sie zu schätzen. Vielleicht ist das der Grund warum ich gerade die Weine aus diesen wunderbaren Steillagen liebe. Als ich vor 10 Jahren nach Franken kam, waren es drei Lagen, die mich sehr beeindruckt haben: Würzburger Stein, Würzburger Innere Leiste und Randersackerer Pfülben. Von jedem dieser Standorte hat man einen herrlichen Blick auf den Main - Top Steillagen für erstklassige Weine." (Zitat des Winzers)

Seine Königliche Hoheit Bernhard Prinz von Baden

Gegründet 1134

Weingut Markgraf von Baden

[Wir machen schon sehr lange Wein]

Blick von Schloß Staufenberg auf die Weinberge...

... und von der Meersburger Chorherrnhalde auf den Bodensee.

Trester - Traubenreste nach dem Abpressen.

Lesemannschaft auf Schloß Staufenberg.

» Wir machen schon sehr lange Wein «

Ansichten von Fritz Richter

🐏 Römern und Mönchen verdanken wir das Kulturgut Wein. In außergewöhnlicher Weise wird das in Salem deutlich, einem der bedeutendsten Klöster am Bodensee. Hier wird seit der Gründung im Jahr 1134 Wein gemacht. Bis heute hat in dieser Region der Weinbau dank der Markgrafen von Baden den ihm gebührenden Platz inne. Salem ist weltweit bekannt durch seine Schule. Der Historiker Golo Mann, Sohn von Thomas Mann, hat sie besucht und später den Bodenseeraum als eine politische Region beschrieben. Ganz in der Nähe von Salem fand von 1414 bis 1418 das Konzil von Konstanz statt. Das spätmittelalterliche Weltereignis machte Konstanz zu einem Zentrum der europäischen Politik. In eine Landesausstellung am Originalschauplatz strömen 600 Jahre später die Besucher aus aller Welt. Sechs Jahre davor hatte eine andere Ausstellung in Konstanz und Schloss Arenenberg an einen Mann erinnert, dessen Politik ebenso die Machtkonstellationen in Europa verändert hat. Ihr Thema: „Napoleon III. Der Kaiser vom Bodensee." Golo Mann hat in seinen „Erinnerungen und Gedanken" der Schulzeit in Salem ein ganzes Kapitel gewidmet, in dem wir viel über die Zusammenarbeit der Schulgründer Kurt Hahn und Prinz Max von Baden, letzter Kanzler des Kaiserreichs, erfahren. Der Urenkel Prinz Max von Badens, Seine Königliche Hoheit Bernhard Prinz von Baden, hat uns in Salem zum Gespräch über die Weinbautradition des Hauses Baden – es gehört seit Jahrhunderten zum deutschen Hochadel - empfangen.

Der Salemer Torkel

🐏 Das Kloster gehört zu den herausragendsten Kulturdenkmälern Baden-Württembergs. Nach der Säkularisierung ging es 1802 in den Besitz der Markgrafen von Baden über, die das Zisterzienererbe am Bodensee im Weinbau bis heute fortführen. Die weitläufige Anlage ist nach und nach entstanden, seit die Mönche des Zisterzienserordens sich hier niedergelassen hatten. Heute finden sich dort traditionelle Handwerksbetriebe, in der umliegenden Landschaft Obstgärten und Fischteiche sowie im Haupt- und Langbau des Schlosses das „Weingut Markgraf von Baden"; all das steht für gelebte Tradition. Hier befindet sich auch der berühmte Salemer Torkel von 1706, der noch bis in die zwanziger Jahre in Betrieb war, bis er durch eine hydraulische Presse abgelöst wurde.

🐏 Das Salemer Ensemble ist weitgehend in authentischem Zustand und gehört seit 2009 in weiten Teilen zu den Staatlichen Schlössern und Gärten Baden-Württembergs. Kern der Anlage sind die repräsentativen Prälatur- und Konventsgebäude, ehemals Klausurbereich der Mönche. Dort lernen heute die Schülerinnen und Schüler der Schule Schloss Salem.

🐏 Prinz Max von Baden hat sie 1920 zusammen mit dem Pädagogen Kurt Hahn gegründet und gefördert. In den Prunk- und Repräsentationsräumen der Prälatur demonstrierten die Äbte des Klosters ihren Rang. Ein Feuerwehrmuseum und die Klosterbibliothek sind zu besichtigen. Ein Teil der Prälatur ist Wohnsitz der Markgrafen von Baden geblieben.

Eine Audienz beim Markgrafen?

🐏 Der unkundige Besucher irrt an diesem Tag bei fürchterlichem Regen zunächst über die reichlich vorhandenen Parkplätze vor der Anlage, um dann beherzt im Innenhof des „Markgräflich Badischen Gasthofes Schwanen" zu parken. Im „Schwanen" haben schon Golo Mann und seine Mutter im Dezember 1922 bei winterlichem Wetter gewartet, um von Schulleiter Hahn ins Schloss gebeten zu werden. Das dauerte. Heute macht der Vertriebschef des Weingutes, Volker Faust, freundlich den Cicerone. Es geht zunächst durch einen erst jetzt erkennbaren modernen Empfangspavillon für die Besucher, die auf eine Schlossführung warten, dann durch das Untere Tor über einen Vorplatz zur Prälatur. Nun kann der langgestreckte Bau durchschritten werden. Nach Öffnung einer weiteren Tür gelangen wir bald ins Vorzimmer von Prinz Bernhard, der sogleich in sein Arbeitszimmer bittet.

Vor 100 Jahren wäre ein Journalist hier wohl nicht so ohne weiteres empfangen worden, obwohl das Großherzogtum Baden als erstes Mitglied des Deutschen Bundes schon 1820 unter dem liberalen Großherzog Leopold die Pressefreiheit eingeführt hat, wenn auch unter starken Protesten der Bundesgenossen – insbesondere Preußens und Württembergs. Bis vor 100 Jahren war der Großherzog Landesherr und Staatsoberhaupt. Die Ersterwähnung Badens geht auf eine Schenkungsurkunde Kaiser Heinrichs V. für den Bischof von Bamberg aus dem Jahr 1112 zurück. Darin wird erstmals Markgraf Hermann von Baden genannt, der diese Schenkung befördert hatte. Somit besteht Baden schon 900 Jahre, was auch mit einer Großen Landesausstellung in Karlsruhe im Jahre 2012 gefeiert wurde. Heute ist Prinz Bernhard Unternehmensleiter. Weht ihn manchmal der Atem der Geschichte an?

Ich bin froh, kein Staatsoberhaupt sein zu müssen!

🐐 „Ich bin hier aufgewachsen, das ist mein natürliches Umfeld und ich glaube, das prägt einen unglaublich stark. Wenn ich in einem Plattenbau aufgewachsen wäre, dann wäre das auch so. Man wird geprägt durch seine Heimat, das Umfeld, in dem man groß geworden ist. Das ist so. Für mich ist das natürlich. Ich fühle mich hier wohl, und ich bin dankbar, und das hilft mir sehr, meine Tätigkeit auszuüben", stellt er fest. Da scheide ein politisches Amt aus. Er fühle sich durch seine Aufgaben voll ausgelastet und habe noch nie einen Gedanken darauf verwendet, sich ein neues Betätigungsfeld zu suchen. Und es sei eine spannende Aufgabe, die ihn voll ausfülle, außerdem auch ein neuer Abschnitt in der Familiengeschichte und Tradition des Hauses Baden. „Manchmal denke ich, dass ich ganz froh darüber bin, im 21. Jahrhundert nicht Staatsoberhaupt sein zu müssen. Das ist nicht immer eine einfache Aufgabe. Das Unternehmerdasein ist auch nicht immer eine leichte Aufgabe. Aber es macht mir Freude und ich möchte meinen Job hier gut machen." Was ihm gelungen ist, seit er im Alter von 28 Jahren in die Verantwortung genommen wurde, die wirtschaftlichen Aktivitäten des Hauses Baden zu straffen.

Wir machen schon sehr lange Wein!

Das „Weingut Markgraf von Baden" produziert an zwei Standorten:
➜ *in Schloss Salem am Bodensee und*
➜ *auf Schloss Staufenberg in Durbach in der Ortenau.*
Das Weinmachen an zwei Standorten ist für Prinz Bernhard nicht nur historisch sinnvoll, weil man den jeweils eigenen Traditionen und Produktionsbedingungen verpflichtet sei. Das könne man „nicht über einen Leisten schlagen". Die Geschäftsführung des Weingutes hat er seinem jüngeren Bruder Michael übertragen, dem in Salem Volker Faust und in Staufenberg Achim Kirchner zur Seite stehen. Hier wird „mächtig an der Qualitätsschraube gedreht", dort „beständig und sensibel an der Qualität der Weine gefeilt", urteilt der führende Weinguide „Gault Millau" in seiner neuesten Ausgabe über die beiden Standorte.

🐐 Von der zierlichen Sitzgruppe in einer Ecke des großen Arbeitszimmers aus fällt der Blick sofort auf das große Porträt des Markgrafen Karl Friedrich über dem Schreibtisch von Prinz Bernhard. Der erste Großherzog von Baden, der von 1728 bis 1811 gelebt hat, gilt als Schöpfer des „badischen Musterländles". Als in ganz Europa angesehener, aufgeklärter Souverän hat er nicht nur Folter und Leibeigenschaft abgeschafft, sondern sich auch um die wirtschaftliche Existenz seiner Untertanen gekümmert. Der Förderer von Landwirtschaft und Weinbau setzte durch, dass der Weinbau in der Ebene und in schlechten Hanglagen untersagt wurde. Außerdem bestimmte er, dass die bisher vernachlässigten und mit minderwertigen Reben bestockten Südlagen an Kaiserstuhl

und Tuniberg, bei der Burg Lichteneck, in Durbach in der Ortenau und in Wiesloch im Kraichgau durch Edelreben ersetzt wurden.

Markgräfler macht badische Weine bekannt

Das Markgräflerland verdankt Karl Friedrich den einheitlichen Anbau der Gutedelrebe, des Chasselas`, den er bei seinen Studien in Vevey am Genfer See kennengelernt hatte. Es war der erste „reine Satz" einer Rebe. Der „Markgräfler", wie der Gutedel auch genannt wird, trug als erster der badischen Weine seinen guten Ruf weit über die Grenzen des Landes hinaus und brachte auf den Weinmärkten die höchsten Preise. Nur zwei Jahre später ließ Karl Friedrich in seinem Weingut auf Schloss Staufenberg in Durbach im Gewann Klingelberg ausschließlich sortenreinen Riesling anpflanzen. Die gute Qualität des Rieslings vom Klingelberg machte schnell die Runde. Die Reben wurden auch von anderen Winzern gepflanzt. Schnell wurde der „Klingelberger" Synonym für Qualitätsriesling aus der Ortenau.

Universale Pioniere

🐐 Eine Pionierleistung, meint Prinz Bernhard: „Wir waren ein regierendes Haus und deshalb hatten unsere Weingüter immer auch einen öffentlichen Auftrag. Es ging darum, Wohlstand in dieses Land zu bekommen, den Menschen bei der Existenzsicherung zu helfen. Und da war bis weit ins 19. Jahrhundert der Weinbau sehr wichtig, weil die Industrialisierung erst später Existenzmöglichkeiten bot. Das bedeutete beim Weinbau, nicht nur für den eigenen Betrieb, sondern auch für das ganze Land zu denken. Umgesetzt hat man das, indem die eigenen Güter als Musterbetriebe geführt wurden. So ist es verständlich, dass meine Familie als Pionier den Gutedel im Markgräflerland, den sortenreinen Riesling in der Ortenau und den Müller-Thurgau am Bodensee auf den markgräflichen Flächen angebaut hat."

Alle wollen den Klingelberger

🐐 Insbesondere durch den Riesling-Anbau sei eine ganze Region durch seine Familie geprägt worden, stellt Prinz Bernhard fest. Da die bäuerliche Ausbildung früher nicht an Schulen stattgefunden habe – „häufig war es auch mit dem Lesen und Schreiben schwierig" – seien Musterbetriebe geschaffen worden. Die darin vorgelebte Professionalität hätten die Menschen abschauen können. „Wir wollen sehen, was der Markgraf am Klingelberg macht, haben die Bauern gesagt." Denen sei es „egal gewesen, ob das Riesling war oder sonst was. Sie haben gewusst, dass es gut und erfolgreich war und gesagt, ,das möchten wir auch'. Das ist der Ursprung unserer Riesling-Geschichte von 1782 in der Ortenau", stellt Prinz Bernhard fest. Sie werde bis heute – auch in Symposien unter Einbindung der Winzergenossenschaften und privater Winzer

– hoch gehalten. Eine einzigartige Situation, die in anderen Ländern Exklusivität garantiere.

Wir wollen die Einzellagen wieder

So wisse beim Barolo oder Chablis kaum jemand, aus welcher Rebsorte der Wein gemacht werde. In Burgund definiere man Weinqualitäten nur über Orts- und Herkunftsbezeichnungen. „So kämpfen wir gegenwärtig darum, unsere alten Gewann-Namen wieder nutzen zu dürfen", sagt Prinz Bernhard. Wer den Weinbau ernst nehme, müsse das Herkunftsprinzip hochhalten. Es sei eine Absurdität, dass man in den 70er Jahren die Vielfalt, Individualität und Qualität der deutschen Weine durch radikale Zusammenlegung vieler Lagen eingeschränkt habe. „Der Klingelberg ist keine Lage mehr! Und dass der Buchberg in Bermatingen unsere beste Rotweinparzelle ist, dürfen wir im Moment nicht auf die Flasche schreiben. Aber wir sind sehr dahinterher das zu ändern."

🐏 „In Salem haben wir eine andere Tradition. Die haben wir von den Zisterziensern geerbt. Die haben sich im Mittelalter mit einer Rasanz ausgebreitet, die man sich heute nicht mehr vorstellen kann. Sie waren die prägende Kraft. Salem ist 1134 eine der ganz frühen Gründungen noch zu Lebzeiten des Ordengründers Bernhard von Clairvaux", stellt Prinz Bernhard fest. Der erste Salemer Abt Frowin habe ihn noch bei seinen Werbereisen für den zweiten Kreuzzug durch Deutschland als Dolmetscher begleitet. Beim jährlichen Gedankenaustausch der Äbte im Mutterkloster Citeaux sei auch über den Weinbau gesprochen worden. Die Mönche brachten auch die Burgunderreben mit. „So haben wir seit dem frühen 12. Jahrhundert eine direkte burgundische Weinbautradition, die bis zum Ende der Säkularisierung bestanden hat". Über all die Jahrhunderte habe es einen regen Austausch gegeben. Die Reben kamen manchmal auf höchst unkonventionellen Wegen.

Rebenschmuggel in Orgelpfeifen

🐏 Als Abt Anselm II. eine neue Orgel beim Orgelbauer Ried in Dijon bestellt hatte, sind bei der Lieferung gleich Burgunderreben mitgeliefert worden – in den Orgelpfeifen. „Das wissen wir aus bis heute noch vorhandenen Rechnungen", sagt Prinz Bernhard. Weitsicht muss wohl diesem Abt eigen gewesen sein. Er gründete 1749, also in Goethes Geburtsjahr, die Sparkasse Salem. Er wollte, dass die Ersparnisse von Witwen und Waisen sicher angelegt werden konnten. Die älteste Sparkasse Deutschlands besteht – klein aber fein - noch heute. Sie hat alle Fusionswellen überstanden, was man von anderen badischen Bezirkssparkassen nicht immer sagen kann.

🐏 Mit dem Ende des Klosters im 19. Jahrhundert brach die Weinbaukultur am Bodensee zusammen. Markgraf Wilhelm führte die Wende durch Versuchsgüter am Bodensee, in Augustenberg bei Durlach und in Rotenfels in der Ortenau herbei.

Zunächst Soldat - er kommandierte die badischen Truppen, die das Land Kaiser Napoleon für den Russland-Feldzug stellen musste - wurde er im späteren Zivilleben ein großer Förderer der Landwirtschaft und des Weinbaus. Im Musterwirtschaftshof auf dem Augustenberg bei Karlruhe ersetzte er den säurebetonten, keine großen Erträge bringenden Schwarzen Gelbhölzer durch Muskateller, Gutedel, Schwarzriesling, Weißburgunder und Portugieser. Er schickte seine Winzer zur Fortbildung nach Frankreich und in den Rheingau. Lange Jahre war er Präsident des Landwirtschaftlichen Vereins Badens. Aus seinem Mustergut auf dem Augustenberg in Grötzingen bei Karlsruhe wurde das bis heute bestehende „Landwirtschaftliche Technologiezentrum Augustenberg".

Rebenschmuggel über den Bodensee

🐏 Das Ziel seiner Familie sei es, die Traditionen aus der Klosterzeit mit den Traditionen seiner Familie zu verknüpfen und fortzuführen, stellt Prinz Bernhard fest. „Wir haben hier am Bodensee aus den genannten Gründen einen sehr hohen Burgunderanteil. Außerdem spielt der Müller-Thurgau eine besondere Rolle. Als um 1900 der Weinbau überall durch Industrialisierung, Handelshemmnisse, Änderung der Konsumgewohnheiten sowie eingeschleppte Rebschädlinge am Boden lag, bot der Müller-Thurgau die Chance für einen Neuanfang." Die Kreuzung aus Riesling und Madeleine Royal ist dem Weinbauforscher Hermann Müller aus dem benachbarten Thurgau zu verdanken.

Die Geschichte beginnt damit, dass der markgräfliche Gutsverwalter Wilhelm Röhrenbach heimlich über den Bodensee gerudert ist, um aus dem schweizerischen Thurgau die in Deutschland nicht zugelassenen Reben zu holen und zu pflanzen, erläutert Prinz Bernhard. Sein Urgroßvater Prinz Max sei dadurch in eine missliche Lage gekommen, habe aber angesichts des besonderen Vertrauensverhältnisses zu seinem Gutsverwalter letztlich zugestimmt.

🐏 Die Stärke des Müller-Thurgaus liegt darin, dass er konstante und gute Erträge liefert. Die Rebe ist allerdings ein stückweit in Deutschland als Massenträger in Verruf gekommen. Auch das Bodenseegebiet mit seinem kühlen Klima, das den Müller-Thurgau langsamer reifen lässt, wo gute Lagen mit kargen Böden zur Verfügung stehen, hatte plötzlich einen schlechten Ruf. „Wir haben uns daraufhin entschlossen, noch konsequenter unsere Tradition zu pflegen, und da steht Qualität im Zentrum und nicht Hektoliter", sagt Prinz Bernhard. Seine Familie sei schon seit vielen Jahrhunderten in der Landwirtschaft tätig, „und da lernt man, ‚kleine Brötchen zu backen', also langfristig und vor allem in den Zyklen der Natur zu denken, um qualitätvolle Erzeugnisse zu erhalten". Konsequenterweise spielt der Müller-Thurgau daher heute nicht mehr die große Rolle von damals.

Weißer Bordeaux aus Reben von Château Yquem

🐝 Die Qualitätsorientierung des Weingutes Markgraf von Baden wurde unter anderem auch durch die Berufung in den VDP, den Verband der Qualitätsweingüter Deutschlands gewürdigt. Die neue VDP-Klassifikation unterscheidet in der Spitze zwischen Großen Lagen und Ersten Lagen. Einen Überblick schafft die nebenstehende Übersicht.

Erste Lagen gibt es am am Durbacher Schlossberg. Im oberen Teil wächst auf südlichen Steillagen *Klingelberger*. Dafür sind die Granitverwitterungsböden gut geeignet. Die besten Spätburgunder gedeihen im unteren Hangbereich, wo die Böden höhere Lehm- und Lößanteile aufweisen. Auch Grauburgunder fühlt sich hier wohl und Sauvignon Blanc. Gegenwärtig in Mode gekommen, wird er schon seit 1830 in Durbach angebaut. Bis 1971 hieß diese Rebe dort „Weißer Bordeaux", weil die Stöcke von Château Yquem stammten. Mit dem *Gailinger Schloss Rheinburg* (prädestiniert für die Burgunderrebe), dem *Bermatinger Leopoldsberg* (die Spitzenrotweinlage ist nach Großherzog Leopold benannt) und der *Birnauer Kirchhalde* (der Müller-Thurgau wächst gleich neben der berühmten Wallfahrtskirche) werden die Ersten Lagen des Weingutes Markgraf von Baden komplettiert. Die *Birnauer Kirchhalde* wird ökologisch bewirtschaftet. Als der ‚Seewein' schlechthin liegt der Müller-Thurgau Prinz Bernhard besonders am Herzen.

Fidelitas heißt Treue

🐝 Was nun die Großen Lagen angeht, so wird der Connaisseur beim *Durbacher Schlossberg* auf zwei Klingelberger „M" und „K" stoßen. In einer vergleichenden Weinprobe könnte er noch den Riesling von der *Meersburger Chorherrnhalde* hinzunehmen. Zwei „Große" Spätburgunder - bis 2011 trugen sie den Namen „Fidelitas"- wachsen am *Schlossberg* und am *Leopoldsberg*.

„Fidelitas" steht auch auf jedem Weinetikett des Weingutes Markgraf von Baden. „Das lateinische Wort „Fidelitas" bedeutet Treue oder Verlässlichkeit, unser Familienmotto", stellt Prinz Bernhard fest. „Es stammt aus dem Hausorden der Treue, der 1715 von Markgraf Karl Wilhelm von Baden-Durlach anlässlich der Gründung Karlsruhes als Residenzstadt eingerichtet wurde. Ich finde, dass Treue und Verlässlichkeit als Grundsatz gerade für ein Weingut und seine Erzeugnisse sehr gut passen", meint Prinz Bernhard.

VDP-Klassifikation des Weinguts Markgraf von Baden

**VDP.
Große Lage (GG)**

→ Bermatinger Leopoldsberg
Spätburgunder trocken

→ Meersburger Chorherrnhalde
Riesling Trocken

→ Gailinger
Schloss Rheinburg
Weissburgunder trocken

→ Durbacher Schlossberg
Klingelberger trocken
Spätburgunder trocken

**VDP.
Erste Lage**

→ Bermatinger Leopoldsberg
Spätburgunder trocken

→ Birnauer Kirchhalde
Müller Thurgau

→ Gailinger
Schloss Rheinburg
Grauburgunder trocken
Chardonnay trocken
Auxerrois trocken
Sauvignon Blanc trocken
Spätburgunder trocken

→ Durbacher Schlossberg
Klingelberger trocken
Klingelberger 1782 trocken
Grauburgunder trocken
Sauvignon Blanc trocken
Gewürztraminer
Spätburgunder trocken

Schloß Staufenberg thront hoch über Durbach in der südlichen Ortenau.

» Der Müller-Thurgau verkörpert für mich perfekt die Bodenseeregion. Er wurde 1925 vom Weingut Markgraf von Baden am Bodensee angepflanzt. Seitdem ist er zur meist angepflanzten Weißweinrebsorte am See geworden. Er spiegelt ideal das Terroir am See wider. Mit seiner Leichtigkeit, Bekömmlichkeit und Eleganz beeindruckt er mich sehr. Er vermittelt ein Lebens- und Laisser-Vivre-Gefühl. «

MARKGRAF VON BADEN

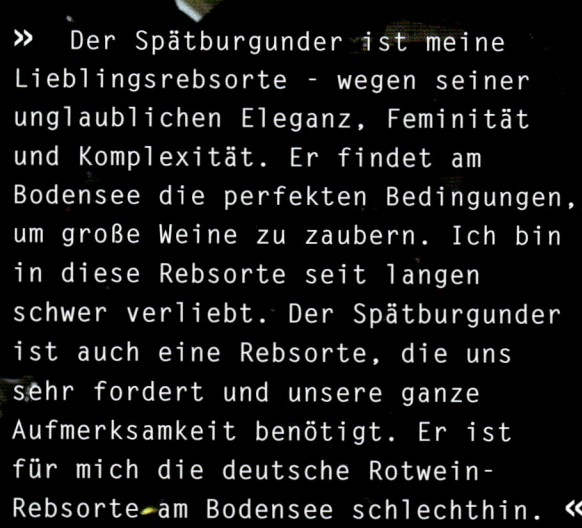

» Der Spätburgunder ist meine Lieblingsrebsorte - wegen seiner unglaublichen Eleganz, Femität und Komplexität. Er findet am Bodensee die perfekten Bedingungen, um große Weine zu zaubern. Ich bin in diese Rebsorte seit langen schwer verliebt. Der Spätburgunder ist auch eine Rebsorte, die uns sehr fordert und unsere ganze Aufmerksamkeit benötigt. Er ist für mich die deutsche Rotwein-Rebsorte am Bodensee schlechthin. «

MARKGRAF VON BADEN

» 2013er Birnauer Müller Thurgau trocken «

Weinbeschreibung:
Feines Gelb mit grünen Reflexen und strahlend. In der Nase Noten von Apfel, Birne, zart Muskat, exotisch-tropisch: Maracuja, Mango und Ananas sowie Zitrusfrüchte, aber auch schwarze Johannisbeeren. Am Gaumen hat der Wein eine schöne Struktur, Mineralität, sehr fruchtig, betont nach exotischen Früchten aber auch nach Orangenschalen, Mandeln, feine Hefenote, Passionsfrucht und Zitrusnoten. Er wirkt sehr animierend am Gaumen. Der Wein ist feingliedrig, elegant und sehr bekömmlich. Ein schöner, leichter, fruchtiger Müller-Thurgau mit einer schönen Mineralität und Lebhaftigkeit.

Ein paar Daten:
➜ 11,5% Alkohol / 6,6 g/l Säure / 8,1 g/l Restzucker
➜ Empfohlene Trinktemperatur: 8 bis max 10°C
➜ Kostet ab Weingut 10,50 Euro

Ausbau
Der Wein wurde im Stahltank ausgebaut, um Frische, Fruchtigkeit und Spritzigkeit zu bewahren.

Lage
Auf der Spitze der Lage Birnauer Kirchhalde und ihren Hängen thront die wunderschöne Wallfahrtskirche Birnau. Sie ist eine Maria geweihte Barockkirche am Nordufer des Bodensees zwischen den Orten Nußdorf und Uhldingen-Mühlhofen in Baden-Württemberg. Die Kirche liegt in Birnau an der Westroute der Oberschwäbischen Barockstraße direkt an der B 31. Sie wurde von 1746 bis 1749 von dem Vorarlberger Baumeister Peter Thumb für die Reichsabtei Salem errichtet. Die Kirche erhielt eine reiche barocke Ausstattung mit Fresken von Gottfried Bernhard Göz sowie Stuckaturen, Altären und Skulpturen von Joseph Anton Feuchtmayer, deren bekannteste der Honigschlecker ist, ein Putto mit Bienenkorb.Das der Kirche vorgelagerte Ordensgebäude mit dem markanten Glockenturm beherbergt heute ein Priorat der Zisterzienserabtei Wettingen-Mehrerau. Seit 1946 ist sie auch Pfarrkirche der Orte Deisendorf und Nußdorf..

Meine Meinung
Dieser Wein bietet sehr viel Trinkvergnügen, hat viel Saftigkeit und eine feine Frucht. Ein toller Sommerwein par excellence.

Speiseempfehlungen
➜ Gebratene Felchen mit Kräutersalat
➜ Weisser Spargel mit Apfelvinaigrette
➜ Lauwarmer Ziegenkäse mit geschmorten Quitten

» 2012er Durbacher Schlossberg „S" Spätburgunder Große Lage trocken «

Weinbeschreibung:
Der Wein hat eine tiefrote, sehr dichte Farbe mit einem fast schwarzen Kern. In der Nase ist der Wein fruchtig betont nach roten Früchten, wie Kirsche, Brombeeren, Holunderbeeren, pfefferig-würzig, gepaart mit einer leichten Mandel- und einer feinen Mokkanote. Der Wein hat zusätzliche Noten von Vanille und weihnachtlichen Gewürzen. Am Gaumen bleibt der Wein sehr dicht, komplex und fruchtig betont. Hier finden sich schöne kirschige Komponenten aber auch Brombeeren, Gewürze, Schokolade, Mokka und feines Süßholz.

Ein paar Daten:
☞ 13% Alkohol / 5,4 g/l Säure / 1,4 g/l Restzucker
☞ Empfohlene Trinktemperatur : 16 bis 18°C
☞ Kostet ab Weingut 45,00 Euro

Den Wein rechtzeitig öffnen und große Burgunderweingläser verwenden

Ausbau
Selektive Handlese erst Ende Oktober von vollreifen, gesunden Trauben mit 98° Oechsle. Extreme Ertragsreduzierung - hier wird die Qualität des Weines geboren. 20 % des Saftes wurde durch die Saignée-Methode abgezogen, der Rest kontrolliert sanft gepresst. Die Maischegärung wurde im Holzbottich für 22 Tagen durchgeführt. Der Trester-Hut wurde mit viel Vorsicht und Liebe alle 6 Stunden untergestoßen. Der Wein wurde zu 100% im Barrique aus Allier-Eiche für 18 Monate ausgebaut.

Lage
Prägend sind mineralische Granitverwitterungsböden und eine extreme Steillage mit Süd-Südost-Ausrichtung, teilweise querterrassiert. Die kargen Böden erlauben nur geringe Erträge und zwingen die Wurzeln in die Tiefe, was die Mineralität und den Charakter der Spätburgunder von Schloss Staufenberg ausmacht. Das „S" steht für Sophienberg" - ein Filetstück im Schlossberg.

Meine Meinung
Ein sehr schöner Spätburgunder mit viel Leidenschaft und Sortentypizität. Ein Wein mit viel Eleganz und Struktur, Feminität und doch charaktervoll - ein klasse Spätburgunder mit einer Lagerfähigkeit von 5 bis 10 Jahren.

Speiseempfehlungen
➜ Rehrücken mit Pfeffer-Kirschsauce
➜ Wildhase mit Gewürz-Brombeersauce
➜ Brie de Meaux mit Perigord Trüffeln

Weingut Wit

[Mondkalender-App auf dem iPhone]

Philipp Wittmann, Winzer des Jahres 2014.

VDP Große Lage Morstein.

Philipp Luckert, Praktikant.

» Mondkalender App auf dem iPhone «

Ansichten von Fritz Richter

🐑 Rheinhessen ist das größte deutsche Weinanbaugebiet. Von der in 2000 Jahren entstandenen Kulturlandschaft zwischen Rhein und Donnersberg kamen vor dem Ersten Weltkrieg Weine, die bei internationalen Auktionen Spitzenpreise erzielten. Mitte bis Ende des 20. Jahrhunderts gab es allerdings eine „quantitative" Phase, das Stichwort „Blue Nun" sagt Kennern der Szene, was hier gemeint ist.

„Blue Nun" war in den 50er bis 80er Jahren die Weinmarke mit dem vermutlich größten Umsatz aller damaligen Weinmarken. Ab den 20er Jahren wurden erstmals dem derzeitigen Geschmack geschuldete gefällige Weine in großen Mengen vor allem für den Export produziert. „Blue Nun" war also einer der ersten Weine, die speziell für den internationalen Massenmarkt produziert wurden.

🐑 Doch gegen Ende des 20. Jahrhunderts dachte eine neue Winzergeneration um. Heute haben rheinhessische Weine wieder einen guten Ruf und bekannte Weinkritiker und Weinführer loben die Qualität der Weine wieder. Einer der Hochdekorierten ist Philipp Wittmann. Wir haben ihn in Westhofen bei Worms besucht.

Der berühmte Rosengarten

🐑 Beim letzten Besuch blühten im berühmten Rosengarten des mediterran anmutenden Weingutes die Hochstämme in den mannigfaltigsten Farben. Wie doch das Symbol der Liebe so gut zum Symbol des Lebens, der Rebe, passt. Blühende Kübelpflanzen im Hof vermittelten ländliche Idylle. Da kommt die Erinnerung an die Gespräche mit Großmutter Irmgard, Mutter Elisabeth und Vater Günter Wittmann, einem der Pioniere des ökologischen Weinbaus, auf: über den Wein, über die Schätze im uralten Keller, den die Vorfahren gebaut haben, oder die modernen Gemälde, die noch heute im Gutshaus hängen. Und man kann sich von der Geschichte anwehen lassen! Was waren das für Menschen, die hier bereits seit 20 v. Chr. Wein angebaut haben? Welche Reben hatten sie aus dem sonnigen Italien mitgebracht, wie schmeckte der Wein damals? Das wäre doch mal einen Feldversuch des akademischen Winzernachwuchses wert.

Wein fürs „Ostreich"

🐑 Aus späteren Jahrhunderten wissen wir schon mehr. Nach den Römern übernahmen die Franken die Weinkultur. Karl der Große begründete den Ruf Ingelheims als Rotweinstadt, indem er in der zweiten Hälfte des achten Jahrhunderts

mit dem Bau seiner Kaiserpfalz auch die Pflanzung der roten Burgunderrebe verfügte. Und dann gelingt in Rheinhessen etwas, wofür sonst Krieg geführt wird: Eine einvernehmliche Grenzgestaltung europäischer Länder. Als sich im neunten Jahrhundert die Enkel Karls des Großen, Lothar, Karl und Ludwig, um sein Erbe stritten und sein Reich 843 im Vertrag von Verdun unter sich in ein Ost-, Mittel- und Westreich aufteilten, fiel das rechtsrheinische spätere Deutschland an Ludwig den Deutschen. Der 200-köpfigen Grenz-Verhandlungskommission war aber gegenwärtig, dass Ludwigs Teilreich wirtschaftlich, kulturell und administrativ weniger weit entwickelt war als das des Westfranken Karls des Kahlen und das Mittelreich Lothars. Als Ausgleich erhielt Ludwig ausdrücklich einige linksrheinische Gebiete, darunter die drei bedeutenden Bischofsstädte Mainz, Worms und Speyer mit ihrem Hinterland zugesprochen, mit der Begründung, die Versorgung mit Wein im Ostreich zu gewährleisten.

Im Jahr 1921 der erste Wein in Flaschen

🐑 Dieser Verpflichtung sind die Winzer Rheinhessens in all den Jahrhunderten nachgekommen. Über 6000 von Ihnen produzieren auf rund 26000 Hektar Rebfläche heute pro Jahr mehr als 2,5 Millionen Hektoliter Wein. Westhofen ist eine der größten Weinbau treibenden Gemeinden mit über 700 Hektar Rebfläche. Die Wittmanns sind hier schon lange als Winzer und Weinbauern tätig. 1663 wurden sie erstmals als Erbpächter des Kurpfälzischen Seehofes in Westhofen urkundlich erwähnt. Damals konstituierte sich gerade der Ewige Reichstag des Heiligen Römischen Reiches Deutscher Nation in Regensburg. Damit war 1806 Schluss, als Napoleon neue Grenzen und Bündnisse installierte. Damals hatte die Familie Wittmann ihre Karriere als weithin anerkanntes Spitzenweingut noch vor sich. Bis weit ins 20. Jahrhundert hatte man Gemischtbetriebe mit Ackerbau, Viehzucht und Weinbau. Im Jahr 1921 wurden erstmals Weine auf Flaschen gefüllt. Davor wurde Wein nur in Fässern, Krügen etc. vermarktet.

Sonnenblumenkerne für die Hofphisterei

🐑 In den 80er Jahren stellten die Eltern Philipp Wittmanns, Günter und Elisabeth, Landwirtschaft und Weinbau auf die ökologische Produktion um. Der Sohn erinnert sich: „Wir haben Sonnenblumenkerne für die Hof-Phisterei in München, Hartweizen zur Nudelherstellung und Zuckerrüben für

Bio-Zucker produziert, dann aber festgestellt, dass unsere Strukturen zu klein waren, um das langfristig ökonomisch betreiben zu können. Landwirtschaft funktioniert heute nur in größerem Stil", lautet sein Fazit. Ohnehin sei der Weinbau immer das wichtigere Standbein gewesen. Die Spezialisierung auf höhere Qualitäten habe nach und nach stattgefunden und irgendwann sei es die logische Konsequenz gewesen, sich nur noch mit dem Weinbau zu beschäftigen und zu versuchen in die Spitze der Region oder Deutschlands vorzustoßen. Das ist nun gelungen. Der von dem Weinführer „Gault Millau" vergebene Titel „Winzer des Jahres" ist Philipp Wittmann 2014 verliehen worden. Das Weingut wird mit vier Trauben (Deutsche Spitze) bewertet.

„Das Gute ist, dass wir hier als Familie gemeinsam agieren"

🦇 Medienaffin, das iPhone immer im Blick, antwortet Philipp Wittman auf die Frage, wann ihm bewusst geworden sei, Winzer zu werden. „Für mich war als Kind und als Jugendlicher schon immer klar, dass ich Winzer werden, in die Fußstapfen meines Vaters treten und den Betrieb weiterführen wollte." Nach der Winzerlehre beim Weingut Sigrist in der Südpfalz und bei Bassermann-Jordan in Deidesheim folgte dann in Geisenheim das Weinbau-Studium. Dort hat er seine Frau Eva, die aus dem Trittenheimer Weingut Ansgar Clüsserath stammt, kennen gelernt.

🦇 Ohne Umschweife ist er 1999 als Kellermeister in den Familienbetrieb eingestiegen. In den ersten Jahren als Juniorpartner für den Weinausbau zuständig, wurde er 2007 Miteigentümer. „Als Juniorpartner im Betrieb hatte ich nicht alle Last auf den Schultern. Über die Jahre hat sich das dann so entwickelt, dass die Eltern jetzt meine Seniorpartner sind und nicht mehr die Last tragen müssen. Das Gute ist, dass wir hier als Familie gemeinsam agieren", sagt der heute Vierzigjährige, der seit 2005 Vorsitzender des VDP-Rheinhessen ist. Im Jahr 2012 wurde er als Nachfolger von Graf Adelmann Vizepräsident des VDP auf Bundesebene. Das sei beides sehr zeitintensiv, aber eine Aufgabe, die viel Freude mache, weil er im VDP in den letzten Jahren wichtige Entwicklungen habe mitgestalten können.

Und der Privatmann Philipp Wittmann? „Den wesentlichen Anteil an meiner Freizeit hat meine Familie. Meine Frau und meine Kinder machen mir am meisten Spaß. Mein Leben lang betreibe ich intensiv und mit viel Liebe Fußball. Aktiv und passiv vor dem Fernseher oder im Stadion. Auch hier habe ich diverse Ämter im regionalen Bereich schon hinter mir. Wein und Genuss ist ein weiteres ganz großes Hobbythema für mich. Kultur und Kunst spielen in der Familie eine gewisse Rolle. Das Reisen, zum Teil beruflich bedingt, macht großen Spaß. Insofern gibt es schon viele Themen, die mich interessieren".

Biodynamischer-Wein

🦇 Ab Ende der 80er Jahre konzentrierten sich die Wittmanns allein auf den Weinbau. Dabei war es selbstverständlich, wie vorher in der Landwirtschaft, biologisch zu wirtschaften. Die biologisch-dynamische Wirtschaftsweise wurde dann 2003 eingeführt. Philipp Wittmann erklärt, dass es bei der biologischen Wirtschaftsweise vornehmlich um die Wachstumsbalance im Weinberg geht. Die Rebe solle einerseits nicht zu schnell wachsen, nicht zu viel produzieren, aber andererseits auch nicht zu langsam zu wachsen, zu wenig Produktion liefern. Im konventionellen Anbau habe man viele Einflussmöglichkeiten, Pflanzenbau über Mineraldüngung und Pflanzenschutz zu betreiben. Die biologische Landwirtschaft, insbesondere die dynamische, gehe da deutliche Schritte zurück und versuche, die Pflanze auf natürliche Weise ihren Weg gehen zu lassen. Das heiße, automatisch niedrigere Erträge zu erhalten, dafür aber Früchte mit besonderer Wertigkeit, mit besonderen Inhaltsstoffen zu erzeugen. „Und ich bin der Überzeugung, um so natürlicher eine Pflanze wächst, umso ausgewogener ist auch die Frucht am Ende. Und das ist eigentlich unser großes Ziel, die Erzeugung bestmöglicher Früchte. Das hat dazu geführt, dass wir nach dem ersten Schritt, biologisch zu wirtschaften - das heißt auf chemisch- synthetischen Pflanzenschutz, Mineraldünger, Herbizide zu Gunsten eines natürlichen Pflanzenschutzes mit natürlichen Wirkstoffen zu verzichten als den zweiten Schritt die Biodynamie haben folgen lassen."

Die Balance im Weinberg

🦇 Der zweite Schritt zur Biodynamie beinhaltet den Wunsch, so Philipp Wittman, eine bessere Balance im Weinberg anzustreben, das heißt ein noch ausgeglicheneres Wachstum zu bekommen, um nicht im Sommer die Hälfte der Früchte auf den Boden schneiden zu müssen, weil zu viele gewachsen sind. Die Aufgabe für den Winzer, so Wittmann, bestehe darin, von Natur aus den Weinberg in diese Balance zu bringen, dass nur das erzeugt wird, was wunderbar ausreift. „Es ist zweifelsohne so, dass es kosmische Einflüsse auf´s Pflanzenwachstum gibt. Das ist nachweislich so. So lautet die Frage an mich als Winzer, als Praktiker, als Weinbauer, wie kann ich mir das zu Nutze machen?" Und die biodynamische Wirtschaftsweise versuche diese Impulse, die durch den kosmischen Einfluss entstehen, für sich zu nutzen, um den Weinberg in einer vitalen ausbalancierten Weise wachsen zu lassen, erklärt Philipp Wittmann.

Mit Hornmist einen Impuls setzen

🦇 Das heißt im konkreten Fall, im Frühjahr, wenn das Wachstum losgeht, über den Hornmist einen Impuls zu setzen, damit das Wurzelwachstum beginnt. „Und das macht man eben in der Zeit kurz vor Vollmond, wenn sehr viel Energie aus der Erde in den Kosmos geht. Dann kann man diesen Impuls setzen. Das sind kleine Stellschrauben, aber die helfen eben. Genauso kann ich dann im Sommer über ein Hornkieselpräparat das Ausreifen der Früchte fördern. Hornkiesel ist gemahlenes Silizium, reflektierendes Material, welches das Sonnenlicht deutlich reflektiert, um der Pflanze zu sagen, dass sie reifen solle. Das sind feine Stellschrauben, mit denen ich diese Bilanz feinjustieren kann. Das ist die Idee, die über dem biodynamischen Arbeiten im Weinberg steckt. Noch bessere Früchte zu erzeugen, noch mehr die natürlichen Einflüsse für sich nutzbar zu machen", erklärt er überzeugend.

Mondphasen als Richtschnur

🐦 Er ist allerdings Realist genug, einzuräumen, dass man ein 28 Hektar großes Weingut nicht ausschließlich nach Mondrhythmen bewirtschaften kann. „Dazu sind wir ein bissel zu groß. Das kann man mit zwei, drei Hektar machen. Wir müssen auch immer Kompromisse machen, aber es gibt Dinge da sind wir sehr genau dran. Selbstverständlich ist das Ausbringen der Präparate nur in der entsprechenden Mondphase sinnvoll. Daran halten wir uns auch strikt. Selbstverständlich ist es auch so, dass wir zum Beispiel in der Phase kurz vorm Vollmond nicht abfüllen, weil dann die Abfüllung deutlich unruhiger verläuft, vielleicht auch mit Aromenverlusten verbunden ist. Wir füllen erst im abnehmenden Mondbereich ab. Das kann man auch nach dem Mondkalender planen. Aber ich kann natürlich nicht meinen kompletten Rebschnitt, der über Monate geht bzw. meine Ernte, die in kurzen Zeiten je nach Wetterbedingungen entschieden werden muss, nach dem Mondkalender planen. Aber das Thema begleitet uns das ganze Jahr, ich habe eine Mondkalender-App auf meinem iPhone, mit der ich täglich arbeite."

Der Riesling wächst auf Spitzenlagen

🐦 Heute bewirtschaftet das Weingut Wittman Reben, dessen Kernlagen wurden schon 1930 im Zuge einer Reichsbodenschätzung in die Güteklasse Eins eingestuft. Produziert wird zu 75 % Riesling. Der Rest verteilt sich auf 10 % Silvaner und die Burgundersorten. Die Reben wachsen um Flörsheim-Dalsheim, Westhofen und Bechtheim in einem fruchtbaren Urstromtal auf Tonmergel-, Löss-, Lehm- und Kalksteinverwitterungsböden, was den Weinen Vielschichtigkeit und Fülle verleiht. Regelmäßig gehören die Kollektionen zum Feinsten, was von deutschen Winzern geboten wird.

Der Verbraucher ist mit den „Basisweinen" bestens bedient, die das Weingut nach der neuen VDP-Klassifikation als VDP. Gutsweine und als VDP.Ortsweine anbietet. Philipp Wittmann: „Es ist mein größtes Anliegen, dass sich mein Qualitätsverständnis durch alle Bereiche zieht. Unser Gutsriesling kommt aus Aulerde, Steingrube und den Randlagen des Morstein. Einzelpartien werden sogar später geerntet als die für das Große

Gewächs! Unsere Gutsweine sind nicht für den schnellen Konsum gemacht – sie schmecken meist erst im zweiten Frühjahr nach der Ernte am besten."

Morstein erst in fünf Jahren trinkbar

Und seine Lieblingsweine? „Zuerst der
➡ *2013er Gutsriesling trocken*. Das ist unsere flüssige Visitenkarte, der Wein, der auch im größten Volumen produziert wird und auch der wichtigste Wein im Export ist. Ein Jahr gereift, ist er ein echter Klassiker geworden.
Der zweite Wein ist unser
➡ *Riesling Morstein, Großes Gewächs*. Eine kühle Lage, die eine späte Traubenreife bringt. Eine sehr salzige Textur, weil der Kalksteinboden hier so eine dominante Rolle spielt, die Weine sehr mineralisch werden. Ein Wein, der lange braucht, um sich zu entwickeln. Der aktuelle Jahrgang 2013 wird erst in fünf Jahren trinkreif sein." Als älteste in Westhofen erwähnte Einzellage lässt sich der Morstein bis ins Jahr 1282 zurückverfolgen. Als reiner Südhang erstreckt sich die gesamte Lage bis ins westliche Gundersheim. Der Hang steigt aus dem Urstromtal des Rheins bis zu einer Höhe von 280 Metern über Meereshöhe mit einer Hangneigung von 20 Prozent zu einem Hochplateau auf. Die Rebstöcke für die Morstein-Rieslinge befinden sich auf einem vier Hektar großen, privilegierten Teilstück der Lage.

Aulerde, Kirchspiel, Brunnenhäuschen

🐦 Neben dem Morstein ganz oben stehen die VDP Großen Lagen, Große Gewächse genannten Spitzenlagen *Aulerde*, *Kirchspiel* und *Brunnenhäuschen*. Die Einzellage *Aulerde* in Westhofen wurde erstmals 1380 erwähnt. Der Rebhang mit etwa 10-prozentiger Steigung ist die wärmste Lage der Wittmanns mit sehr früher Traubenreife. Nur hier im etwa vier Hektar großen, privilegierten Kernstück der Lage finden die Rieslinge optimale Voraussetzungen. Denn nur hier dominiert der Tonmergel neben geringen Anteilen an Lößlehm und Kalkstein. Der Untergrund besteht aus gelbem Tonsand und kiesigem Sand und sorgt somit für die unverwechselbare und individuelle Charakteristik dieser Rieslinge. Bei einem Großteil der Lage besteht der Boden dagegen aus einer meterhohen Lössschicht. Reife Aromen gelber Früchte wie zum Beispiel Pfirsich und Aprikose sowie exotische Anklänge an Ananas präsentieren sich am Gaumen.

🐦 Die Westhofener Einzellage *Kirchspiel* wurde bereits im Jahr 1348 urkundlich erwähnt. Die 45 Hektar große Rebfläche wird rundum durch eine Hügelkette geschützt, die sich zum Rhein hin wie ein antikes Amphitheater öffnet. Die Wittmannschen Rebstöcke stehen zum Großteil im oberen Bereich der Einzellage in Südost- und Ostausrichtung. Sie reicht bei einer Steigung von 30 % bis auf 150 Meter hinauf. Auf Tonmergel mit Kalksteineinlagerungen sowie Kalksteinverwitterungslehm wächst ein Riesling mit würzigen Aromen sowie Kräuternoten bis hin zu Minze.

🐑 Die Westhofener Einzellage *Brunnenhäuschen* ist ein Hang in reiner Südlage, der bis über 240 Meter hoch ansteigt. Kühler Westwind sorgt für eine besonders lange Vegetationsperiode mit später Reife und dadurch entstehender feiner Kalksteinmineralik. Der Boden besteht aus Tonmergel mit Kalkstein sowie Kalksteinfelsen im Untergrund. Sie bestimmen die Charakteristik der Lage. Die roten Böden der sogenannten Terra Rossa enthalten einen hohen Eisenoxidanteil und beeinflussen somit maßgeblich die Stilistik. Der Großteil der Wittmannschen Reben befindet sich im unteren Teil des Brunnenhäuschens im Gewann Abtserde.

„Wir bleiben dem Silvaner treu"

🐑 Rheinhessen ist Silvanerland. Beim Weingut Wittmann sind damit 10 % der Rebfläche bestockt. Und so darf die Frage nach dieser Rebe, die im 13. Jahrhundert von Fürst Castell in Deutschland eingeführt wurde, nicht fehlen. „Als Patriot muss ich natürlich sagen, dass der beste Silvaner in Rheinhessen wächst. Ich habe aber große Wertschätzung für die fränkischen Silvaner, auch für Silvaner vom Kaiserstuhl. Die Rebsorte ist so vielfältig und so unterschiedlich, wie es die Wachstumsbedingungen sind. Heute werden wohl in Franken sehr viel hochwertige Silvaner erzeugt, so dass Franken als das Silvaneranbaugebiet schlechthin gilt. Aber Rheinhessen ist nach wie vor das größte Silvaner-Anbaugebiet der Welt von der Hektarzahl her und in Rheinhessen schmeckt der Silvaner etwas fruchtiger, etwas weicher und wir werden auch dem Thema treu bleiben. Rheinhessen und Silvaner, das gehört auch ein Stück weit zusammen."

Wittmanns Weine trinkt man weltweit

🐑 Wer als Kunde nicht über fünf Jahre warten will, bis er einen Morstein trinken kann, aber zu einem Silvaner greifen will, steht der Gutswein aus der Übersicht der nebenstehenden VDP-Klassifikation zur Verfügung. Das Weingut Wittmann exportiert seine Weine mittlerweile in über 40 Länder. Deutschland ist aber nach wie vor der Hauptmarkt. „Das soll auch so bleiben", erklärt Philipp Wittmann. „Etwa 60 % der Ernte bleibt im Inland. Der Rest geht in den Export in über 40 Länder, schwerpunktmäßig in Europa, wobei Skandinavien einen großen Anteil hat. Dänemark und Norwegen sind unsere stärksten Exportmärkte. Aber wir vertreiben auch nach China, Japan, Australien, USA, Großbritannien, nach Südamerika sogar nach Südafrika. Es ist schon schön, die Renaissance des deutschen Weins in diesem Ausmaß zu erleben."

Die Lagen des Weinguts Wittmann und deren Weine nach der VDP-Klassifikation

VDP. Große Lage (GG)
→ Aulerde Riesling trocken
→ Kirchspiel Riesling trocken
→ Brunnenhäuschen Riesling trocken
→ Brunnenhäuschen Riesling Auslese
→ Morstein Riesling trocken
→ Morstein Riesling Auslese

VDP. Ortswein
→ Westhofener Riesling trocken
→ Westhofener Spätburgunder trocken

VDP. Gutswein
→ Silvaner trocken
→ Riesling trocken
→ Scheurebe trocken
→ Weißer Burgunder trocken
→ Grauer Burgunder trocken
→ Wittmann Rosé trocken
→ Spätburgunder trocken

VDP Große Lage Kirchspiel.

» Der Riesling Morstein ist unser Flaggschiff, der beste große, trockene Riesling, extrem von kühlem Klima, langer Vegetationszeit und kalkhaltigem Untergrund geprägt. Ein Wein mit einem extrem hohen Lagerpotential und hoher Komplexität. Ein großer Riesling! «

PHILIPP WITTMANN

» Bei 70% Riesling-Rebfläche und einem schlanken Riesling-Portfolio mit nur sechs Weinen ist der Gutsriesling sehr wichtig für uns, er ist quasi unsere flüssige Visitenkarte. Mit dem Gutsriesling können wir uns perfekt identifizieren und unsere Kunden haben einen wunderbaren Einstieg in unser Sortiment. Der Wein ist ungemein saftig und mineralisch, gepaart mit einer tollen Frucht. Der Boden ist hier entscheidend, er ist sehr kalkhaltig. «

PHILIPP WITTMANN

Die Gutsweine von Weingut Wittmann werden durch Handlese in den Weinbergen rund um Westhofen geerntet. Alle Weinberge sind im Familienbesitz. Es sind fruchtbetonte, elegante Weine und ideale Essensbegleiter. Traditionell spielt der Riesling bei Wittmann die Hauptrolle. Er spiegelt die Ausdruckskraft der Böden optimal wieder.

» 2013er Gutsriesling trocken «

Weinbeschreibung:

Der Wein hat eine schöne Farbe: strahlendes Gelb mit zarten grünen Reflexen. Die Nase darf sich über eine leichte Hefenote, Aprikose, Pfirsich, Zitrus, grüner Apfel, Birne und eine leichte Quittennote freuen – der Wein ist also fruchtig betont. Am Gaumen hat der Wein eine elegante und klare Struktur, zeigt sich mineralisch, Zitrus, Grapefruit, Birne und grüne Ananas. Der Wein hat auch eine schöne Balance und bietet eine tolle Qualität für einen Gutsriesling. Ein Wein mit viel Spannung, Mineralität und Saftigkeit, der sehr von seinem Terroir geprägt ist. Die feinen Kräuternoten harmonieren wunderbar mit der zarten Kalksteinmineralität - langer Nachhall.

Ein paar Daten:

➡ DER WEIN HAT NUR 12% ALKOHOL, IST DADURCH SEHR BEKÖMMLICH UND AUSBALANCIERT
➡ 8,6 G/L SÄURE / 4,7 G/L RESTZUCKER
➡ EMPFOHLENE TRINKTEMPERATUR: 8-10°C
➡ KOSTET AB WEINGUT 10,90 EURO

Ausbau

Intensive Weinbergpflege das ganze Jahr über, niedrige Erträge und eine konsequente Selektion der Trauben von Hand schaffen die Grundlage für eine hohe Qualität. Es folgt eine schonende Trauben-und Mostverarbeitung sowie eine traditionelle Weinbereitung. Die Weine vergären zum Großteil im traditionellen Holzfass in unterschiedlichen Größen wie beispielsweise mit (600, 1200 und 2000 Liter Fassungsvermögen). Danach werden die Weine bis zur Abfüllung im Stahltank weiter ausgebaut.

Meine Meinung

Es gibt in Deutschland wenige trockene Gutsrieslinge dieser Qualität. Dieser Wein ist für mich das Paradebeispiel für die Darstellung von Terroir und Qualität, die sonst oft nur bei großen Gewächsen zu finden ist.

Speiseempfehlungen

➡ JAKOBSMUSCHELN AUF ÄPFEL-ROTE BETE-GEMÜSE MIT KÜMMELSCHAUM
➡ ZIEGENFRISCHKÄSE MIT BIRNENRAGOUT
➡ MIESMUSCHELASPIK (KALTE TERRINE) MIT GEMÜSESTREIFEN VON KAROTTEN, ZUCCHINI UND STAUDENSELLERIE, DAZU SAFRANVINAIGRETTE

» 2013er Morstein Riesling „Großes Gewächs" «

Weinbeschreibung:

Tiefe schöne gelbe Farbe mit grünen Reflexen und strahlend. In der Nase intensive Noten nach gelben Früchten, Honig, Melone, grüner Apfel, Ananas, Passionsfrucht, Limette und viele exotische Komponenten wie Ananas, Passionsfrucht und etwas Mango. Am Gaumen dominieren gelbe Früchte wie Pfirsich und Aprikose, Zitrus und Grapefruit. Der Wein wirkt am Gaumen noch etwas verschlossen, bietet aber jetzt schon Grund zur Vorfreude auf die Zukunft. Er ist kraftvoll, mineralisch, präsent und hat einen sehr langen eleganten und komplexen Abgang. Der Wein bietet ein sehr schönes Spiel zwischen Frucht, Dichte und Säure. Er ist würzig, salzig, spannend und hat bereits jetzt eine schöne Reife. Besonders in sehr guten Jahren zeigt der Morstein seine Größe.

Ein paar Daten:

➡ 12,5% ALKOHOL / 9,1 G/L SÄURE / 5,1 G/L RESTZUCKER
➡ EMPFOHLENE TRINKTEMPERATUR: 10-12 °C
➡ KOSTET AB WEINGUT 42,00 EURO

Lage

Als älteste in Westhofen erwähnte Einzellage lässt sich der Morstein bis ins Jahr 1282 zurückverfolgen. Als reiner Südhang erstreckt sich die gesamte Lage bis ins westliche Gundersheim. Der Hang steigt aus dem Urstromtal des Rheins bis zu einer Höhe von 280 Metern über NN mit einer Hangneigung von 20% zu einem Hochplateau auf.

Warum heißt diese Lage Morstein?
Der Name Morstein kommt vermutlich von Martstene, ein mittel-alterliches Wort für "weißer Stein" - in diesem Fall Kalkstein.

Boden

Hier findet man schwere Tonmergelböden mit Kalksteineinlagerungen in der oberen Schicht. Der Untergrund wird von wasserführenden Kalksteinfelsschichten dominiert.

Speiseempfehlungen

➡ GEBRATENER SEETEUFEL AUF MANGO-BLATTSPINAT MIT RIESLINGSCHAUM
➡ GEBRATENE JAKOBSMUSCHEL AUF BLUMENKOHLPÜREE MIT CURRYSCHAUM
➡ KLEINE KALBSPAILLARDE (KALBSSCHNITZEL) IN ZITRONENBUTTER UND SALBEI-THYMIAN

Volkach an der Mainschleife

Weingut „Zur Schwane"

[Vom Gasthof zum Romantikhotel und Spitzenweingut]

Ralph Düker, Inhaber des Weinguts.

Hier wächst der Volkacher Ratsherr Silvaner "Großes Gewächs".

Ralph Düker fröhnt der Leidenschaft zu gutem Wein genauso wie zu Rassepferden.

» Vom Gasthof zum Romantikhotel und Spitzenweingut «

Ansichten von Fritz Richter

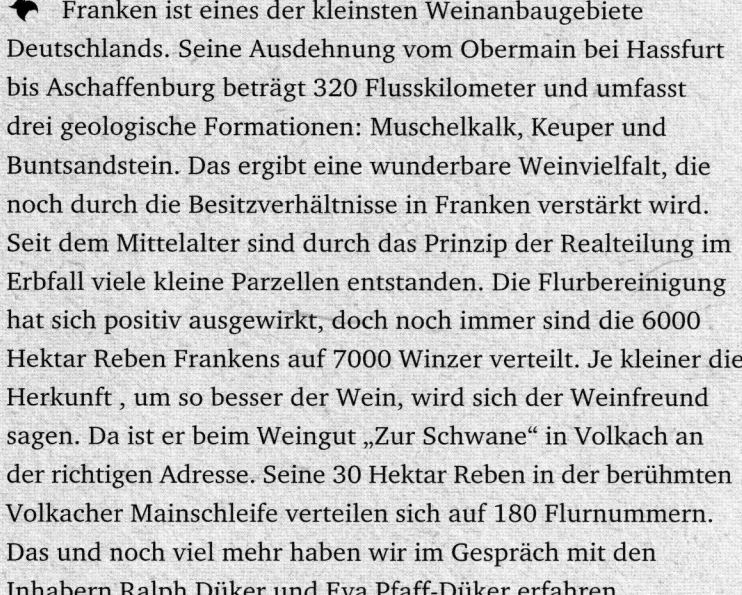

🐦 Franken ist eines der kleinsten Weinanbaugebiete Deutschlands. Seine Ausdehnung vom Obermain bei Hassfurt bis Aschaffenburg beträgt 320 Flusskilometer und umfasst drei geologische Formationen: Muschelkalk, Keuper und Buntsandstein. Das ergibt eine wunderbare Weinvielfalt, die noch durch die Besitzverhältnisse in Franken verstärkt wird. Seit dem Mittelalter sind durch das Prinzip der Realteilung im Erbfall viele kleine Parzellen entstanden. Die Flurbereinigung hat sich positiv ausgewirkt, doch noch immer sind die 6000 Hektar Reben Frankens auf 7000 Winzer verteilt. Je kleiner die Herkunft , um so besser der Wein, wird sich der Weinfreund sagen. Da ist er beim Weingut „Zur Schwane" in Volkach an der richtigen Adresse. Seine 30 Hektar Reben in der berühmten Volkacher Mainschleife verteilen sich auf 180 Flurnummern. Das und noch viel mehr haben wir im Gespräch mit den Inhabern Ralph Düker und Eva Pfaff-Düker erfahren.

🐦 Hier wird die Erfolgsgeschichte erzählt, wie aus einem fränkischen Gasthof ein Romantikhotel und aus dem dazuge- hörenden landwirtschaftlichen „Nebenbetrieb" mit Weinbau ein renommiertes VDP-Weingut wurde! Damals wie heute handelt es sich um einen Familienbetrieb, den das Ehepaar Düker, beide Winzer und Gastronomen aus Leidenschaft, heute in dritter Generation führt. Für Eva Pfaff-Düker war es schon vor dem Abitur klar, dass sie Winzerin werden wollte. Nach der Lehrzeit als Weinküfer im Juliusspital und im Staatlichen Hofkeller in Würzburg, dem Studium zum Wein- bautechniker in der Bayrischen Landesanstalt für Wein- und Gartenbau in Veitshöchheim war sie drei Jahre in der Fränki- schen Weinprüfstelle in Würzburg tätig, um ihre Sensorik zu schulen. Durch die zahlreichen Verkostungen ist sie zur Expertin par excellence geworden.

„Mich hat die Liebe zum Wein gebracht"

🐦 „Bei mir war das ganz anders. Mich hat die Liebe zum Wein gebracht", sagt Ralph Düker. Schon mit Zwanzig war er mit seiner Frau liiert und hat sich peu á peu mit ihr zusammen Gedanken gemacht, das Weingut „Zur Schwane" neu aus- zurichten. Der „Maschinenbauer mit Gießervergangenheit", der aus einem Familienbetrieb stammt, ist 1997 dann voll in das Weingut eingestiegen, in dem dadurch gewissermaßen die Neuzeit begann. Mit dem häufig zu beobachtenden Elan des Seiteneinsteigers kniete er sich in die Weinbau-Materie hinein. „Ich denke quer und mache mit 35 nicht noch einmal eine

Lehre", meinte der „Jungwinzer" damals. Mit zwei Weinbau- technikern, einem fitten Schwiegervater und einer fachwissen- den Frau an der Seite sowie Kontakt zu den Professoren der Hessisschen Lehr- und Forschungsanstalt für Wein-, Obst- und Gartenbau in Geisenheim hat er „sehr viel umkrempeln können, weil ich quer fragen durfte und lernfähig war".

Kinder, Pferde und Pferdestärken

🐦 Die Dükers haben drei Hobbies. An erster Stelle stehen die Kinder. „Dieses Hobby verebbt so langsam. Sie sind alle am Studieren und gehen einen guten Weg", sagt der Vater nicht ohne Stolz. Das zweite Hobby ist ein seltener Sport, bei dem sie sich kennen gelernt haben. Dem Chronisten ist als Volontär beim „Winsener Anzeiger" in Winsen an der Luhe dieser Sport in dem Heidedorf Luhmühlen schon einmal begegnet. Richtig: bei der Deutschen Military, einem Reitturnier.

Heute stehen die Dükerschen Pferde auf der Weide und werden von der großen Tochter bewegt, während Vater, Sohn und Großvater auf andere Pferde setzen. Sie entfalten ihre Kraft unter der Haube von zwei Oldtimern der „Traumklasse", einem Triumph TR6 „die Fenster sind bei Weinbergsinspek- tionen genau auf Traubenhöhe", und einem Porsche 912, Baujahr 1965, letzterer von Großvater und Enkel restauriert.

Seit 1404 bewirtschaftet

🐦 Der Name „Zur Schwane", grammatikalisch falsch und trotzdem richtig, geht auf den 1404 durch die Familie Schwan gegründeten Gasthof zurück. Man vermutet, dass es einst „Zur Schwane Wirtin" hieß. Was viel bemerkenswerter ist: Seit dieser Zeit wurde das Haus immer bewirtschaftet, auch im Dreißigjährigen Krieg. Das ist durch dokumentierte Rats- beschlüsse belegt, durch welche die Familie Schwan ge- zwungen wurde, für die „Nachsitzungen" des kommunalen Gremiums einen Schoppen bereitzuhalten. Der Ursprung des Weingutes „Zur Schwane" liegt somit in einem „Nebenbetrieb" zur Produktion des Schankweines. Bis 1998 wurde zum leib- lichen Wohl der Gäste des seit 1979 bestehenden Romantik- hotels noch selbst im Hof geschlachtet, wo heute noch die eigene Schnapsbrennerei arbeitet. Bis zum Zweiten Weltkrieg hat „Die Schwane" sogar eigenes Bier gebraut. Doch schon davor hatte der Weinbau des Hauses eine bedeutende Rolle bekommen.

Josef Pfaff, bis dato Kellermeister der Winzergenossenschaft Volkach, widmete sich ab 1938 verstärkt dem Weinbau der Schwane, der nun auch überregional wahrgenommen wurde. 1934 hatte Pfaff zusammen mit seiner Ehefrau Maria, geborene Holzer das Schwane-Anwesen gekauft. Die Nachfolge von Josef Pfaff trat dann Sohn Michael an. Er hatte in Kloster Eberbach gelernt und so den Riesling in der Schwane etabliert, der heute noch 20 Prozent der Rebfläche des Weingutes einnimmt. Angesichts des damaligen Klimas war das eine Herausforderung. „Aber er hat ihn in die besten Weinlagen gepflanzt und dadurch können wir heute die Ernte aus Toplagen 40 Jahre alter Rieslingbestände einfahren", freut sich Ralph Düker über den Weitblick seines Schwiegervaters.

🦢 Wir lernen den freundlichen älteren Herrn im Hof kennen. Welch ein schönes Gefühl muss es für ihn sein, die richtigen Weichen für sein Lebenswerk gestellt zu haben, das nun ein eingeschworenes Kern-Team fortführt. 1993 ist Tochter Eva nach abgeschlossener Berufsausbildung in das Unternehmen eingestiegen, gefolgt von dem noch heute tätigen Kellermeister Stefan Ott. Dazu gehört neben Schwiegersohn Ralph noch der altbewährte Weinbautechniker Michael Kirch. Eine nicht zu unterschätzende Starthilfe zu diesem frühen Zeitpunkt war die schon 1993 erfolgte Berufung des Weingutes „Zur Schwane" in den Verband der Qualitätsweingüter Deutschlands (VDP). Die ökonomisch erforderliche Vergrößerung des Betriebes wurde dann beherzt umgesetzt. Aus den 1990 bewirtschafteten 12 Hektar sind heute 30 Hektar geworden. Die Weinberge liegen von Escherndorf bis Obereisenheim alle rund um Volkach, immer an den Prallhängen des Mains , so dass hier von den Bodenformationen her alle traditionellen Weine der Mainschleife wachsen.

Ein Paar in der Mainschleife:
„Ratsherr" und „Lump"

🦢 Die „Großen Gewächse" bringen das Terroire der Mainschleife am besten zur Geltung. „Wir sind das Weingut auf den zwei Hügeln", sagt Ralph Düker bei einer Rundfahrt durch die Schwane-Weinberge. Auf dem einen wächst in der Steillage der „Volkacher Ratsherr" auf Muschelkalk. Durch ihn ist insbesondere beim Riesling und Silvaner eine intensive Mineralik präsent. Der zweite Hügel ist sicher bekannter. Hier wächst der „Escherndorfer Lump". Den konnte das Weingut im Rahmen seiner Vergrößerung hinzugewinnen. Über den Main hinweg sind es nur zwei Kilometer Luftlinie. „Geologisch sieht es gleich aus, ist es aber nicht. Im „Lump" ist über die Jahrhunderte in den unteren zwei Dritteln deutlich mehr Humusauflage gewachsen. Den Untergrund bildet auch hier Muschelkalk, aber beide Weine sind jedes Jahr deutlich unterschiedlich, obwohl Klon, Winzerhand und Kellerbearbeitung identisch sind. „Es ist Hochinteressantes zu beobachten und jedem Laien wird klar, unterschiedliches Terroir gibt´s wirklich", stellt der Winzer fest.

Weil der Silvaner in der Schwane eine besondere Rolle spielt, hat sich das Weingut in Obereisenheim engagiert. Dort ist etwas mehr Lehm/Lös-Auflage über Muschelkalk, wodurch seit vielen Jahren etwas saftigere Silvaner entstehen. Für das Weingut eine gewünschte Abrundung seines Silvaner-Angebots, dessen Rebsortenspiegel in der Tradition Frankens seinerzeit 15 eigenständige Rebsorten umfasste. Heute macht der Silvaner 40 % der Rebfläche aus. Es folgen 20 % Riesling und 15 % Spätburgunder. Der Rest verteilt sich - dem Klimawandel sei Dank – auf Weißburgunder und auf die zwei Aromasorten Traminer und Scheurebe. „Mit Herzblut werden die weiter gepflegt", sagt Ralph Düker.

🦢 Die Weine der Schwane kann der Privatkunde in der Vinothek beim Romantikhotel und im Weingut probieren und kaufen. Es sei denn er nutzt die klassischen oder modernen elektronischen Bestellmöglichkeiten. Ralph Düker informiert über die Vertriebswege: „Wir sind ein klassisches Familienweingut, das über das angegliederte Hotel einen gewissen Eigenverbrauch hat. Dann kommt die Gastronomie, die wir direkt oder indirekt über den Fachhandel beliefern. Das hängt sicherlich mit der Affinität zu dieser Branche zusammen. Der Export ist eher unbedeutend und liegt bei drei Prozent."

„Die fünf Gutskomplizen"

🦢 Dabei hatte das Weingut zusammen mit Kollegen vor einigen Jahren zur Exportsteigerung eine eigene Vertriebsorganisation, „Die Gutskomplizen" genannt, gegründet. Die Export-Federführung lag bei dem erfahrenen Weingut Dr. Pauly-Bergweiler aus Bernkastel-Kues an der Mosel. Auf der ProWein 2007 in Düsseldorf wurde daraus eine Vertriebsorganisation für den deutschen Markt. Sie arbeitet heute zur Zufriedenheit aller Gründer mit einem Lager ohne eine Vertriebsstruktur dazwischen. Der Weinhändler kauft direkt ein und hat die Wahl zwischen 300 Weinen aus fünf deutschen Weinregionen. Düker: „Eine Idee, die nur unter echten Freunden funktionieren kann. Wir können jetzt mehr Zeit im Weinberg oder im Weingut verbringen, weil wir uns weniger um den Vertrieb kümmern müssen."

Der Schwan als Symbol

🦢 Die Ausstattung der Schwane-Weine zeigt in der Mitte den berühmten Vogel. Der Schwan schwebt gewissermaßen über den drei Weinlinien des Gutes. Sie beginnen mit der etwas peppig-modernen Weinlinie *Fünf Freunde*", was auch dem Weinstil entspricht. Bei den „Fünf Freunden" kann man Weiß-, Rot- und Rosé- Weine für jeden Tag genießen. Abgefüllt wird in eine helle Bordeaux-Flasche. Im darauf folgenden *Weintheater*" werden in dunklen Burgunderflaschen auch Weine vorgestellt, die nicht klassisch-fränkisch sind. Zum Schluss kommen die in Bocksbeuteln abgefüllten Weine der *Bodenhaftung*" mit den klassischen Frankenweinen.

Als VDP-Weingut klassifiziert das Weingut „Die Schwane" auch nach der neuen Vorgabe des VDP. Darüber informiert der nebenstehende Kasten. Beide Einordnungs-Schemata neben-einander sind etwas verwirrend. Am besten, man probiert in der Vinothek der Schwane, die einen Ausgang zum Innenhof hat, wo man in Ruhe genießen und vergleichen kann.

Die Lieblingsweine Ralph Dükers sind ein

➜ *2012er Weißburgunder trocken aus dem Weintheater/VDP Erste Lage* und ein

➜ *2011er Volkacher Ratsherr Silvaner Bodenhaftung/VDP Großes Gewächs*, während seine Frau einen

➜ *2013er Volkacher Silvaner trocken Bodenhaftung/VDP Ortswein* und einen

➜ *Silvaner Am Lumpen 1655 Großes Gewächs* trocken bevorzugt.

Der Klimawandel: Für Franken eher von Vorteil

🐏 Der Klimawandel mit der Folge alkoholstärkerer Weine ist nach Ansicht Dükers in Franken bislang eher eine angenehme Sache. Vor 20 Jahres habe es in jedem dritten, vierten Jahr eine Reifeproblematik gegeben. Die Folge seien nichtkonstante Weinqualitäten gewesen. „Aber seit Übernahme des Weinguts haben meine Frau und ich jedes Jahr eine vollreiche Ernte in den Keller bekommen und kontinuierlich hohe Weinqualitäten erzeugen können. Allerdings müssen wir angesichts des sich weiter entwickelnden Klimawandels lernen, mit der Vollreife-problematik umzugehen", meint der Winzer. Bei einer zu frühen Lese besteht die Gefahr, dass die Weine nicht mehr schmecken. In Zukunft werde es komplexere Weine geben. Die Gewöhnung an 12,5 bis 13 Volumenprozent Alkohol sei leichter, weil die umfangreichere Substanz den Alkohol ab-puffere. Durch die schöne Mineralik und ausgewogene Frucht schmecke man den Alkohol nicht mehr so sehr.

🐏 Werden in Zukunft wegen des Klimawandels die alten Rebsorten verschwinden und neue kommen? Darauf antwortet der Winzer metaphorisch: „So schnell schießen die Preußen nicht!" Die Reben gewöhnten sich an die sich langsam ver-ändernden Umweltbedingungen. Im frühreifen Bereich falle sicher die eine oder andere Sorte weg, aber es werde mehr Möglichkeiten in den Burgundersorten geben. In der Region Franken sei schon der verstärkte Anbau von Spätburgunder, Grauburgunder und Chardonnay zu beobachten. „Die Möglich-keiten sind da, allerdings muss sich jeder Betrieb selbst ent-scheiden. Wir stellen fest, dass trotz dieser Klimaveränderung der Silvaner immer noch die absolut richtige Rebsorte hier ist, die jedes Jahr schöne Weine bringt, die uns Freude machen. Insofern sehen wir keine akute Wechselgefahr", sehen Ralph Düker und seine Frau optimistisch in die Zukunft.

Die Weine des Weinguts „Zur Schwane" nach der VDP-Klassifikation

VDP. Große Lage (GG)

➜ *Volkacher Ratsherr Silvaner Großes Gewächs trocken*

➜ *Volkacher Ratsherr Riesling Großes Gewächs trocken*

➜ *Escherndorf - Am Lumpen 1655 Silvaner Großes Gewächs trocken*

➜ *Escherndorf - Am Lumpen 1655 Riesling Großes Gewächs trocken*

VDP. Erste Lage

➜ *Escherndorfer Lump Silvaner trocken*

➜ *Escherndorfer Lump Spätburgunder trocken*

VDP. Ortswein

➜ *Volkacher Müller-Thurgau trocken*

➜ *Volkacher Silvaner trocken*

➜ *Volkacher Riesling trocken*

VDP. Gutswein

➜ *Duett - Cuvée Weiß Riesling & Müller-Thurgau trocken*

➜ *Scheurebe trocken*

➜ *Weißburgunder trocken*

➜ *Allegro Cuvée Rot trocken (Spätburgunder & Blauer Zweigelt)*

» Mir gefällt dieser Wein, weil er eine sehr schöne Komplexität und Schmelz hat. Er ist ein angenehmer Abschluss nach einem ereignisreichen Tag. «

RALPH DÜKER

» Dieser Wein beeindruckt mich, weil er die Sprache seines Weinbergs spricht und auf seine individuelle Art und Weise dennoch den rebsorteneigenen Charakter aufweist. «

RALPH DÜKER

Hier ist der Anspruch, höchste Ansprüche zu erfüllen. Schwane-Spitzenweine zählen zu den besten Weinen Frankens. Die einmaligen Weinlagen haben daran natürlich einen nicht unerheblichen Anteil - der Part des Weinguts besteht darin, diese besondere Ressource verantwortungs- und hingebungsvoll zu nutzen, um mit traditionellen Rebsorten Weine von unverfälschtem Charakter zu erzeugen.

» 2013er Weißburgunder trocken «

Weinbeschreibung:

Die Farbe: Mittleres Gelb mit grünen Reflexen. Die Aromatik: Feine Birnen, Zitrus, Grapefruit, Heu, Karamell, Bananenschalen, Bitterorange, vegetabil nach Spargel und etwas grünen Bohnen. Man merkt ziemlich schnell, dass der Wein auch im Holzfass ausgebaut wurde: Feine Vanillenoten und Holzkomponenten zeugen davon. Genuss am Gaumen: Der Wein ist vielschichtig, hat Schmelz und ist charaktervoll. Am Gaumen bleiben klassischen Noten des Weinburgunders bestehen, wie Birnen, Zitrusfrüchte, reife Äpfel und leichte Orangenkomponenten. Ausbau: Der Wein wurde zum Teil im Edelstahltank ausgebaut, um seine Frische, Spritzigkeit und Mineralität zu bewahren. Zum Teil wurde er für vier Monate im Holz ausgebaut (1200-l-Fässer, neues Holz aus dem Spessart). Hier ist es gelungen dem Weißburgunder einen Charakter mit Tiefe und Länge zu verleihen.

Ein paar Daten:

➡ 13,4% Alkohol / 5,4 g/l Säure / 5,9 g/l Restzucker
➡ Trinktemperatur: 10-12°C
➡ Kostet ab Weingut 11,00 Euro

Rebsorte

Der Weißburgunder oder Pinot Blanc findet seine Heimat nicht nur in Frankreich sondern auch weltweit. Das besondere am Weißburgunder ist für mich, dass er sowohl im Edelstahl als auch im Barrique-Ausbau mit sehr guten Resultaten aufwarten kann. Durch den unterschiedlichen Ausbau bekommt der Wein natürlich eine ganz andere Stilistik, bleibt aber sehr spannend. In Franken auf Muschelkalkböden wächst der Pinot Blanc besonders gut, bleibt aromatisch, mineralisch und sehr saftig. Der Wein kommt aus der Lage Volkacher Ratsherr.

Der Jahrgang 2013
Der Jahrgang war in Franken geprägt von Wetterkapriolen und hat Natur und Winzer gefordert. Die warmen Temperaturen im Sommer und ein exzellenter Spätsommer haben für ein gesundes, reifes Lesegut gesorgt. Zwar mit Verlusten, aber mit guter Qualität.

Speiseempfehlungen

➡ Pochiertes Kalbsfilet mit weissem Spargel und Sauce Béarnaise
➡ Zander auf grünen Bohnen mit Bohnenkraut und Beurre Blanc
➡ Garnelen mit Tomatenragout und Zitronen-Thymian

» 2012er Volkacher Ratsherr Silvaner „Großes Gewächs" «

Weinbeschreibung:

Farbe: Mittleres Gelb mit grünen Reflexen und brillant. Aromatik: Sehr intensiv nach Karamell, Heu, Honig, Quitte, Birne, Apfel, Spargel, etwas Artischocken und Bananenschale. Genuss am Gaumen: Der Wein ist sehr dicht, stoffig mit viel Struktur. Er hat eine schöne Frucht nach reifen Birnen, Apfel, Zitrusfrüchten, Honig und etwas Melone. Der Wein lebt durch seine sehr schöne Komplexität, Dichte, Struktur, aber auch durch seine Frische am Gaumen ist der Wein sehr elegant. Er ist sehr saftig und bringt sehr viel Trinkgenuss mit sich. Obwohl der Wein mit 14% kein Leichtgewicht ist, ist es hier gelungen, die Balance zwischen Alkohol, Säure und Eleganz zu halten.

Ein paar Daten:

➡ 14% Alkohol / 5,1 g/l Säure / 2,7 g/l Restzucker
➡ Empfohlene Trinktemperaturen: 10-12°C
➡ Preis ab Weingut 22,00 Euro

Ausbau

Der Wein wurde im Edelstahltank spontan vergoren.

Lage

Der „Ratsherr" ist ein schwindelerregend steiler Muschelkalkhang, der sowohl durch eine Hangneigung bis 50% und einen sehr skelettreichen, fast kargen Boden Weine von großer Mineralität hervorbringt. Seinen Namen hat er vermutlich durch einen Ratsherrn, der im Schwedenkrieg einiges an Wein konsumieren konnte und die vor den Toren der Stadt (am Ort der heutigen Weinlage) lagernden Schweden damit tief beeindruckte.

Der Jahrgang 2012
Fakt war eine sehr gute Ausreifung bei allen Rebsorten und er war einer der entspanntesten Herbste der letzten Jahre. Die Mostgewichte fanden sich im oberen Bereich. Ergebnis waren moderate Säuren bei hervorragender Traubengesundheit. Die frühreifen Rebsorten glänzten mit fantastischer Aromatik und köstlichem Schmelz.

Speiseempfehlungen

➡ Seeteufel auf Artischockenböden mit Tymianschaum
➡ Kalbsfilet mit gebratenem weissem Spargeln.
➡ Poulardenbrust mit Mangold und Safranschaum mit Curryschaum

Naumburg an der Saale

Winzerhof
Gussek

[Spitzenweine von der Saale-Unstrut]

André Gussek begann seine Winzerkarriere in der DDR.

Pergola im Naumburger Sonneck.

Talismann im Keller: Brockenhexe.

Talismann Weinfee auf einem "Säuferstein" sitzend.

André Gussek im Kaatschener Dachsberg.

» Spitzenweine von der Saale-Unstrut «

Ansichten von Fritz Richter

Ich bin unterwegs auf Landstraßen, die nach Naumburg ins Weinanbaugebiet Saale-Unstrut führen. Dort sind wir mit dem Winzer André Gussek verabredet. Wie in Frankreich auf den Routes Nationales geht es kilometerlang schnurgeradeaus. Auf der Via Regia, der alten Handelsstraße, heute Bundesstraße 7, kurzer Halt bei Mönchholzhausen. Ein Gedenkstein erinnert an das historische Treffen Napoleons mit Zar Alexander am 27.September 1808. Auch nach Weimar auf der Bundesstraße 87 nach Naumburg Geschichte pur: Wegweiser nach Oßmannstedt verweisen auf Wielands Landgut, später wird Auerstedt angezeigt. Die Niederlage der Preußen im Jahr 1806 relativiert sich in diesen Herbsttagen allerdings dadurch, dass der Korse sieben Jahre später vor 200 Jahren den umgekehrten Weg flüchten musste: Nach dem Sieg der Alliierten in der Völkerschlacht bei Leipzig.

Das Tor steht offen

Dann Weinberge, die Saalebrücke in Bad Kösen, Kloster Pforta, Naumburg: die Weinregion Saale-Unstrut ist erreicht. Gleich nach der Wende haben wir im Dom St. Peter und Paul Markgräfin Uta besucht. Hüben wie drüben Symbolfigur unserer gemeinsamen Geschichte. Heute reisen die Besucher aus aller Welt an. Im Gegensatz zu damals kommt man erst nach Lösen einer Eintrittskarte hinein. Dagegen steht das repräsentative Eisengittertor im Stil französischer Weinschlösser in der Kösener Straße 66 offen. An einer Müller-Thurgau-Anlage entlang geht es auf einen soliden Zweckbau zu – früher Verwaltungssitz des Landesweingutes Kloster Pforta. Dort empfängt uns André Gussek. Zwanzig Jahre lang war er Kellermeister dieses Weinguts. Heute nimmt er unter den etwa 40 Selbstvermarktern der Weinregion Saale-Unstrut - der größere Teil (93 %) liegt in Sachsen-Anhalt, der kleinere Teil in Thüringen - die Spitzenposition ein. So die Weinführer Gault Millau und Eichelmann.

Den Beruf des Weinmachers hat André Gussek nicht nach einem Geistes-Blitzeinschlag (der Übung dieser Landschaft entsprechend) sondern unter Beachtung der Gegebenheiten des Arbeiter- und Bauernstaates ergriffen. Er erinnert sich: „Bei uns gibt´s keine Tradition in fünfter oder sechster Generation, sondern es ist es so, dass mein Vater gerne Wein trank (heute leider aus gesundheitlichen Gründen nicht mehr darf) und so bin ich seit meiner Jugend mit den Erzeugnissen des Winzerberufs bekannt. Ich habe dann auf Empfehlung meines Vaters das Studium der Biotechnologie aufgenommen, weil das in den 70er Jahren eine neue Richtung mit viel Perspektive war. Dabei ist mir aber die Getränketechnologie ans Herz gewachsen. Und ich habe mich für den Wein entschieden und hatte das große Glück, in einem der nur vier Wein erzeugenden Betriebe der DDR Arbeit zu finden.“

Wein war härter als die DM

Die Erzeugnisse dieser Arbeit waren zu DDR-Zeiten eine Währung, härter als die DM. Trabbi-Ersatzteile ließen sich damit beschaffen, oder Handwerkerleistungen. Primär war der DDR-Wein für „Sonderbedarfsträger" bestimmt. Selbst für Westgeld war er schwer zu beschaffen. Der Versuch in einem Interhotel misslang dem Autor damals. So kann man sich vorstellen, dass weinnahe Berufe gefragt waren. Gussek: „Das war ja auch eine Grundvoraussetzung, um an die Winzerei heranzukommen. Ich konnte da gleich an kellertechnischer Stelle Verantwortung übernehmen. Und dann kam natürlich der Wunsch, auch selber Wein zu machen. Zu DDR-Zeiten haben wir Mitte der 80er Jahre ganz klein angefangen. Mit der Wende war dann die Chance da. Wir haben uns für den Winzerberuf entschieden und auch Glück gehabt in Situationen, in denen man einfach nur „ja" zu sagen brauchte, um das alles in die Gänge zu bringen. Das ist eigentlich der Hintergrund für meinen heutigen Status.“

Auf der nördlichen Halbkugel liegt das Hauptverbreitungsgebiet des Weinanbaus zwischen dem 35. Und dem 50. Breitengrad. Allerdings gab es im Laufe der Jahrhunderte immer mal Schwankungen – nicht nur wegen des Klimas. Die Römer brachten den Wein im 1. Jahrhundert nach Südwestdeutschland. Als sie abzogen, ging es abwärts, bis Karl der Große die Sache in die Hand nahm. Danach brachten die Zisterziensermönche es fertig, dass sich zwischen dem 12. und 14. Jahrhundert die Rebfläche in Deutschland auf 300.000 Hektar vergrößerte. Das Dreifache der heutigen Fläche. Die Mönche gründeten 1154 gewissermaßen den Arbeitsplatz Gusseks, das Kloster Pforta, heute Landesweingut Kloster Pforta. Allerdings ist der Weinbau schon Jahrhunderte vor den Zisterziensern nachweisbar. „Amtlich" bestätigt das eine Urkunde von 998, die im Hessischen Staatsarchiv in Marburg liegt. Darin bestimmt Kaiser Otto III., dass dem Benediktinerkloster Memleben sieben Dörfer mit Weinbergen zu schenken seien.

Von 6000 Hektar auf 100

❦   Zu Luthers Zeiten fand der Weinbau an Saale und Unstrut mit 6000 Hektar seine größte Ausdehnung, aus denen nach dem zweiten Weltkrieg 100 ha übrig geblieben waren. Zu DDR-Zeiten hatte der Weinbau zumindest nicht höchste Priorität. Der Wiederaufbau erfolgte durch das Landesweingut und durch die Winzergenossenschaft Freyburg. Gleich nach der Wende nahmen engagierte Winzer in den neuen Bundesländern die Sache in die Hand. Im Einigungsvertrag war festgelegt worden, dass als Ausnahme von den EU-Regelungen die Anbauflächen an Saale und Unstrut auf eine Gesamtfläche von 600 Hektar aufgerebt werden durften. Heute sind es 765 Hektar, Tendenz steigend.

Wein funktioniert hier nicht? Von wegen!

❦   Oft ist die Region, wie auch in Sachsen, von starken Frösten heimgesucht wurden, die zu empfindlichen Ausfällen führten. Gussek erinnert sich, dass in dem einzigen Fachbuch der DDR, das sich mit dem Weinbau beschäftigt hat („Das Weinbuch", Fachbuchverlag Leipzig) die Frostproblematik etwas einseitig behandelt wurde. "Dr. habil. Friedrich Gollmick, ein anerkannter Wissenschaftler, der hier auch vor dem Kriege wissenschaftlich gewirkt hat, stellte darin die These auf, dass im Saale-Unstrut-Bereich kein Spielraum für den Qualitätsweinbau bestehe, weil das nördlich des 50. Breitengrads nicht erfolgversprechend sei. Leider hat er nicht die Chance gehabt, seinen Irrtum so in Gänze mitzubekommen. Er hat nur noch ein paar Jahre nach der Wende die Anfänge miterlebt", bedauert Gussek und stellt fest, dass an Saale und Unstrut und auch bei den Kollegen in Sachsen beste Bedingungen für den Qualitätsweinbau herrschen, für den Massenweinbau eher weniger.

❦   Gussek: „Wir profitieren von der Klimaerwärmung als solcher. Bei uns herrscht das osteuropäische Kontinentalklima. Das ist geprägt von heißen und trockenen Sommern, was ja für die Traube und Rebe sehr gut ist, aber leider auch im Winter von starken Frosteinbrüchen. Das ist eben hier unser Risiko. Aber wir haben weitere Vorteile: Erstens fällt hier wenig Regen. Somit wachsen uns die Erträge nicht über den Kopf. Weniger Ertrag bedeutet bessere Qualität. Außerdem: Sonnenscheinstunden haben wir hier deutlich mehr als an der Mosel. Wir liegen mit den fränkischen Kollegen bei der durchschnittlichen mittleren Julitemperatur von 18,7 Grad auf gleicher Höhe. Man muss auch wissen, dass die Franken 300 Meter höher über dem Meeresspiegel liegen als wir. Fazit: Für den Qualitätsweinbau sind alle Voraussetzungen gegeben."

Qualitätsinitiative Breitengrad 51

❦   Wein von der Saale Unstrut (und der Elbe) gilt als teuer. Und er hat ein Luxusproblem. Tatsächlich müssen sich die Winzer an den steilen Hängen der Saale und der Unstrut sowie in den kleinen und kleinsten Parzellen in den Terrassen sehr plagen, wo der Wein auf Muschelkalk-, Keuper und Buntsandsteinböden wächst. Und doch hat man nach der Wende den nach dem Weingesetz von 1971 möglichen Unsinn der Großlagen mitgemacht. Man kann es auch Verbraucher-Täuschung nennen. In Deutschland liegt die Durchschnittsgröße der 164 Großlagen bei 600 Hektar, die größten umfassen 1.800 Hektar. Mit blumigen Bezeichnungen soll dem Kunden vorgaukelt werden, er habe Qualität im Glas. Das ist bei der Becksteiner Tauberklinge oder dem Johannesberger Erntebringer der gleiche Etikettenschwindel wie beim Freyburger Schweigenberg oder Naumburger Göttersitz.

❦   Doch der Verbraucher muss nicht verzagen und Winzer suchen, die dank ihrer Persönlichkeit für strenge Qualitätskriterien einstehen oder Mitglied von Qualitätsgemeinschaften sind, zum Beispiel des Verbands der Prädikatsweingüter (VDP). Man kann in den VDP wie erwähnt ja nicht einfach eintreten, sondern wird „berufen". Das soll dem Verband etwas Exklusives geben. André Gussek ist Mitinitiator einer anderen Qualitätsgemeinschaft, die sich „Breitengrad 51" nennt und in die jeder eintreten kann, der die Bedingungen des Vereins erfüllt. Er und seine Kollegen wollen ins öffentliche Bewusstsein bringen, dass an Saale-Unstrut hervorragende Weine gemacht werden können, die der Weinliebhaber Goethe mit Sicherheit getrunken hätte. Es gab sie zu seiner Zeit noch nicht und so orderte er 1828 einen Würzburger Stein, als er im nahen thüringischen Dornburg in einem der Schlösser weilte, um seines gerade gestorbenen Großherzogs zu gedenken. Das wäre heute nicht mehr nötig!

Je kleiner desto besser

❦   André Gussek erinnert sich an die Gründungsidee von Breitengrad 51: „Es ist nun schon zwei, drei Jahre her. Es gab ja in der Europäischen Union den Versuch einer bezeichnungsrechtlichen Reform, letztlich um die Frage der romanischen oder der germanischen Weinklassifizierung. Erstere setzt auf den Ort der Weinberge auf Grundlage geologischer und klimatischer Bedingungen und Kontrolle der Weinbereitung, während Letztere den einzigen Fokus auf den Zuckergehalt der Trauben als glückselig machendes Kriterium richtet. Territoriale Begrenzung heißt, je kleiner die Herkunft, umso besser die Traube, weil sie vom Ertrag her beschränkt ist. Und das hat sich durchgesetzt, die romanischen Weinländer sind ja in der Mehrzahl. Und viele Winzer in Deutschland, nicht nur hier in der Gegend, waren von dieser Entwicklung elektrisiert. Wir haben sofort die Initiative ergriffen. Das Weinrecht sollte umgeschrieben werden, aber wie das so ist, die Großen bestimmen.

Die Großen, das sind die Kellereien und die Genossenschaften. Und deswegen ist das also mehr oder weniger im Sande verlaufen. Aber wir haben uns eigene Gedanken gemacht. Wir leben davon, dass wir territoriale Weine machen, dass wir nur mit unserer Persönlichkeit in den Wein eingreifen."

Mengenbegrenzung heißt das Zauberwort

🐏 Ausgangspunkt für die Arbeit der Breitengrad 51-Winzer ist Mengenbegrenzung. „Dann kommt die Qualität automatisch", sagt Winzer Gussek. Angesichts der niedrigen Erträge an Saale und Unstrut dürfte das ohnehin kein Problem sein. Das deutsche Weinrecht mit seinen Prädikaten wird nicht verdammt, sondern etwas spezifiziert. Die Qualitätspyramide sieht folgendermaßen aus: Die Prädikate (Kabinett, Spätlese, Auslese, usw.) werden nur noch mit einer spürbaren Restsüße angeboten. Sie sollen allein für den Stil des Weines stehen. Ein „Kabinett" ist ein schlanker Wein mit maximal 11,5 Prozent Alkohol. Spät- und Auslesen sind frucht- oder edelsüß. Die Herkunftsweine, also Gutswein, Ortswein und der Lagenwein, werden immer im trockenen Bereich ausgebaut. Es handelt sich um ausgesuchte Weine mit dem Namen einer Weinbergslage und damit eindeutigem Herkunftsnachweis. Neben den Zuckergehalten der Trauben, die nach wie vor gelten, stehen noch deutlich geringere Erträge. Die Spitze bildet der Breitengradwein. Das ist ein Wein der Region aus einer Steil- oder Terrassenlage. Zugelassene Rebsorten sind alle Burgundersorten, also Weiß-, Grau-, und Spätburgunder, Traminer, Riesling, Silvaner und bei den Rotweinen kommt noch der Blaue Zweigelt hinzu. Die Weine müssen eine hohe physiologische Reife haben – 95 °Öchsle – aber bei einem maximalen Ertrag von 55 Hektolitern pro Hektar.

Strengere Kriterien als beim VDP

🐏 Die Pyramide hat eine gewisse Ähnlichkeit mit dem VDP, doch die Breitengradwinzer waren etwas schneller. Gussek: „ Der VDP hat lange diskutiert, der muss ja viel mehr Rücksicht nehmen als wir in einem Gebiet. Das sind 13 Weinbaugebiete und es gibt da sehr viele Ausnahmen und Sonderregelungen. Wir sind aber auch bestätigt worden. Auf unser Projekt sind auch andere Winzer gekommen, und so glauben wir, und das hat uns bestärkt, dass wir auf dem richtigen Weg sind. Im Gegensatz zum VDP darf bei uns jedes Mitglied nur einen Weißwein und einen Rotwein vorstellen. Den Breitengrad 51-Wein kann man nicht so einfach abfüllen, denn die Mehrheit der Mitglieder muss dafür stimmen. Und wir haben dieses System in diesem Jahr sogar dahingehend verschärft, das wir bei den Weinproben, wo mit „ja" oder „nein" abgestimmt wird, auch noch externe Verkoster mit hinzuziehen, um damit die ganze Sache noch strenger zu machen.

🐏 Vorstellen kann jedes Mitglied mehrere Weine, doch wenn mehrere einen „positiven Bescheid" bekommen, muss der Winzer sich für einen entscheiden. Dazu Gussek „Wir ostdeutschen Winzer meinen, dass wir es schwerer haben als andere, weil wir immer wieder mit Skepsis betrachtet werden. Wir wollten nicht gleich eine inflationäre Entwicklung bei den Breitengradweinen zulassen, das soll wirklich so superstreng sein, es soll kein Überangebot geben. Der zweite Hintergrund ist, dass wir diese Weine nicht unter 19 Euro verkaufen dürfen.
Wir haben uns gesagt, wir fangen erst mal so an, dass wir auch in die richtige Richtung laufen, dass wir nicht nur die Breitengradweine positionieren, sondern auch unsere Qualitätspyramide, auf der ja der Breitengradwein in Gänze beruht, und die Weinliebhaber dafür sensibilieren." André Gussek hat bis dato vier Weine aus seinem Weingut als Breitengradweine an die Spitze gebracht, wie die Übersicht zeigt.

Seine Lieblingsweine sind ein
➜ *2013er Silvaner Bin 87*
alte Reben, vom Kaatschener Dachsberg und ein
➜ *2013er Riesling *** vom Kaatschener Dachsberg.*

Breitengrad 51-Weine vom Winzerhof Gussek

➜ *2011er Weißer Burgunder Kaatschener Dachsberg*

➜ *2011er Blauer Zweigelt Kaatschener Dachsberg, im Barrique gereift*

➜ *2012er Blauer Zweigelt Kaatschener Dachsberg, im Barrique gereift*

➜ *2013er Grauer Burgunder Kaatschener Dachsberg*

Klassifikation Winzerhof Gussek

	Mindest-mostgewicht	Mengenbegrenzung
Gutswein	60° Öchsle	max. 90 hl/ha
Ortswein trocken	75° Öchsle	max. 75 hl/ha
Lagenwein trocken	85° Öchsle	max. 55 hl/ha
Breitengrad 51	95° Öchsle	max. 55 hl/ha

» Dieser Wein gehört zu meinen
Lieblingsweinen, weil er die
Dachsberglage mit Ihren Muschelkalkböden
einfach ideal verkörpert. Dieser Wein
ist der Ausdruck meiner Philosophie:
Ein Wein mit Ecken und Kanten, ein
Wein mit Charakter, ein Wein der nicht
in jede Schublade passt. Ein Wein mit
Zukunft. « ANDRÉ GUSSEK

» Dieser Wein gehört zu meinen
Lieblingsweinen, weil er als Silvaner
die Bodenstruktur und die Region
perfekt repräsentiert. Ein Wein, der
durch die sehr alten Reben enorm komplex
ist und durch diese wunderbaren, sehr
spezifischen Muschelkalkverwitterungsböden
einfach ausgesprochen persönlich ist. «
ANDRÉ GUSSEK

„Die Chance der Wendejahre bescherte uns den Kaatschener Dachsberg, Thüringens einzigen bewirtschafteten Terrassenweinberg. Seit 1990 schlugen wir uns mit kaputten Mauern und Treppen herum, haben schweren Herzens viele nicht zu rettende alte Reben roden müssen. Aber wir konnten auch einige Terrassen erhalten: Einen 1927 gepflanzten Silvaner und einen weit über 60jährigen Riesling."

» 2013er Riesling*** vom Kaatschener Dachsberg «

Weinbeschreibung:
Tief gelbe Farbe, grüne Reflexe, strahlend. Aromatik in der Nase: Bananenschale, Honigmelone, reife Mango, Blüten, Passionsfrucht - ein schöner Korb exotischer Früchte. Genuss am Gaumen: Zitrus, Limone, Grapefruit, Pfirsich, Aprikose, Mango, Passionsfrucht, mineralisch, saftig, feinnervige Säure. Ein Wein mit viel Dichte, Komplexität und Länge, mit viel Charakter, der in keine Schublade passt!
Ein toller Wein mit viel Charisma - à la Gussek eben!

Ein paar Daten:
➡ 13,0% Alkohol / 7,9 g/l Säure / 6,6 g/l Restzucker
   Beide Weine enthielten unter 2% Edelfäule
➡ Trinktemperatur: 10,0-12,0 °C
➡ Kostet ab Weingut 15,50 Euro

Ausbau
Die *** sind eine interne Bewertung - Weine die trocken ausgebaut worden sind, bekommen grundsätzlich keine Prädikatbezeichnung. Geerntet wurde mit 95°Oechsle. Dann wurde spontan vergoren. 20% der Trauben wurden auf der Maische angegoren, dann abgepresst und dem Rest zugefügt. Auf der Feinhefe für mehrere Monate gelagert und anschließend wurde nicht filtriert. Der Ausbau erfolgt in Edelstahltanks (9 Monate).

Lage
Die Lage Kaatschener Dachsberg (Muschelkalk) war in der Vergangenheit ausschließlich dem Terrassenweinberg (1 ha) vorbehalten, aber seit dem Beitritt zur Bundesrepublik dürfen alle Weinberge in Kaatschen (ca. 15 ha) Dachsberg heißen. Dieser Riesling kommt aber vom Terrassenweinberg. „Nach unserer Betriebsphilosophie darf die Einzellage nur verwendet werden, wenn der Ertrag unter 55 hl/ha liegt und ein Minimum von 85°Oechsle erreicht ist. Die Lagenbezeichnung ist schon sehr alt – unsere Unterlagen weisen darauf hin, dass früher in der Gegend sehr viele Dachse lebten." (Zitat des Winzers)

Speiseempfehlungen
➡ Gegrillte Jakobsmuschel mit Zitronengras dazu Kokos-Curry
➡ Forellentatar mit Yuzu Mayonnaise und Mango
➡ Kabeljau mit geschmortem Chicorée, dazu Orangenschaum

» 2013er Silvaner Bin87 - Alte Reben, vom Kaatschener Dachsberg «

Weinbeschreibung:
Die Farbe: Tiefes Gelb, sehr reif und strahlend. Die Aromatik ist wirklich sehr ungewöhnlich für einen Silvaner! Neben klassischen Noten von Äpfeln oder Birne duftet der Wein nach schwarzem Tee, Karamell, Honig, Heu, Rauch, Akazienblüte, Bananenschalen, Kokos und Zitrus. Genuss am Gaumen: Hier hat der Wein eine enorme Tiefe und Struktur, aber auch eine sehr schöne Mineralik. Es finden sich Noten von Artischocken, Gemüse, reifem Apfel, Birnenkompott, gepaart mit einer rauchigen Note. Der Wein ist unglaublich charaktervoll und sehr Terroirgeprägt. Er ist elegant und wurde spontan vergoren.

Ein paar Daten:
➡ 13% Alkohol /6,7 g/l Säure / 3,6 g/l Restzucker
➡ Empfohlene Trinktemperatur von 10-12 °C
➡ Kostet ab Weingut 13,50 Euro

Ausbau
Der Silvaner wird immer betont trocken ausgebaut, um die Kalksteinmineralik herausarbeiten zu können. Verbunden mit einer späten Lese Anfang November und der Vergärung mit seinen eigenen Hefen ist dann dieser Wein entstanden. Vor der Gärung wurden die Trauben über Nacht auf der Maische liegen gelassen, um eine verstärkte Aromatik zu erreichen. Der Ausbau fand im Edelstahltank statt. Der Wein ist für mehrere Monate auf der Feinhefe gelagert worden, um ihm mehr Struktur, Tiefgang und Komplexität zu verleihen. Er ist ohne Filtration abgefüllt worden.

Speiseempfehlungen
➡ Seeteufel mit gebratenen Artischocken und Rieslingschaum
➡ pochiertes Kalbsfilet mit Spargel und Bärlauch-Béarnaise-Sauce
➡ Perlhuhn mit gebratenem Apfel-Blumenkohlgemüse

Markus Drautz

Weingut Drautz-Able

[Ein Jungwinzer tritt in große Fußstapfen]

Die Blüte ist vollendet, die Blütenkäppchen fallen ab.

Das Handwerkszeug: die Rebschere.

Weinflaschen aus den Fünzigern und Sechzigern im Archiv des Weingutes Drautz-Able.

Kalkhaltiger Tonmergelstein am Heilbronner Wartberg.

» Ein Jungwinzer tritt in große Fußstapfen «

Ansichten von Fritz Richter

Heilbronn, Sommer 2014: Der englische Weinpublizist Stuart Pigott kürt den 1980 in Heilbronn geborenen Weingärtner Markus Drautz, Spross einer uralten Winzerfamilie in Heilbronn, zu einem der 111 besten deutschen Jungwinzer.

❦ Seit 2006 trägt Markus Drautz im Weingut Drautz-Able die Verantwortung, einem der renommiertesten Weingüter im württembergischen Unterland. Wir haben ihn in seinem Weingut unterhalb des Wartbergs besucht.

Heilbronn, ehemalige Freie Reichsstadt, ist Mittelpunkt einer grandiosen Landschaft. Vom Wartbergturm geht der Blick in das Herz dieser Gegend, das weite Heilbronner Becken. Goethe schreibt an seinem 48. Geburtstag:

Abends um 6 Uhr fuhr ich mit dem Bruder des Wirthes auf den Wartberg...Die eigentliche Einrichtung oben ... ist eine Glocke, wodurch den Ackerleuten und besonders Weingärtnern ihre Feyerstunde angekündigt wird. Er liegt ohngefähr eine halbe Stunde von der Stadt auf einer mit buschigem Holz oben bewachsenen Höhe, an deren Fuß Weinberge sich hinunterziehen... Der Neckar schlängelt sich sanft durch die Gegend, die von beyden Seiten des Flusses sanft aufsteigt.

❦ Somit hat Goethe die Drautz´schen Weinberge schon im Blick gehabt. Markus Drautz: „Weil wir eine alte Weinbaufamilie sind, haben wir auch sehr gute Lagen . ´Ihr seid halt Wartbergwinzer´, hören wir manchmal. Der Wartberg ist unser Hausberg. Früher hieß er Nordberg, weil er im Norden der Stadt liegt, aber er hat nur Südhänge. Und wir haben hier relativ viel Rebfläche, Hanglagen, die teilweise nicht immer befahrbar sind. Das bedeutet viel Handarbeit, ohne Terrassen, sondern steile Weinberge im Direktzug."

Familiensiegel mit zwei Tauben

❦ Der Weinbau ist in Heilbronn seit der Römerzeit ein bedeutender Wirtschaftszweig. Er gab der Stadt während des gesamten Mittelalters bis in die Neuzeit ihr besonderes Gepräge. Nicht zu Unrecht nannte sich Heilbronn in einem Schreiben an Kaiser Maximilian I die „Bawstatt", die Weinbaustadt.

Nachweislich seit Anfang des 15. Jahrhunderts ist die Familie Drautz in Heilbronn ansässig. Und sie hatte damals schon mit dem Weinbau zu tun. Markus Drautz: „Im Jahr 1496 hat mein Vorfahr Jodokus Drautz durch Edikt von Kaiser Maximilian I zu Worms das Recht bekommen, mit einem Wappen zu siegeln. Der Habsburger, bekannt als „der letzte Ritter" initiierte 1495 auf dem Reichstag zu Worms eine umfassende Reform des Heiligen Römischen Reiches Deutscher Nation, darunter eine reichsweite Steuer, den Gemeinen Pfennig. Sein Leben lang knapp bei Kasse, hatte er ständig Geld bei den Fuggern geliehen. Und man darf vermuten, dass auch Jodokus Drautz für das Privileg, ein Siegel führen zu dürfen, einen Obolus entrichten musste. Das Siegel zeigt das Familienwappen mit den zwei Tauben. Es kommt vom mittelhochdeutschen „Drudaz" und bedeutet „der liebe oder auch friedliebende Freund" - gekennzeichnet durch das traditionelle Friedenssymbol der weißen Taube.

❦ Ein Urgroßonkel des Winzers hatte die Familiengeschichte aufgearbeitet. Leider sind am 4. Dezember 1944 die Unterlagen im Drautz´schen Haus in der Innenstadt Heilbronns im Feuersturm komplett zerstört worden. Nur noch ein Wein erinnert an den Urvater des Weingutes. Es ist der Jodokus, eine Rotweincuvée aus Cabernet Sauvignon, Merlot und Lemberger. Er wird 24 Monate in neuen Barriquefässern ausgebaut und kommt erst drei Jahre nach der Lese auf den Markt.

HADES und ein „Weinfehler" namens Barrique

❦ Der Name Drautz-Able ist neueren Datums. Die Schwester von Markus Drautz´ Vater heiratete Martin Able, der auch aus einer alten Heilbronner Weingärtnerfamilie stammt. So kann sich das Weingut für Generationen von den vielen gleichen Namensträgern beider Familien in Heilbronn unterscheiden. Tante und Vater haben 1978 den Betrieb von ihren Eltern übernommen und sofort einen strikten Qualitätskurs eingeschlagen. 1993 sind sie in den Verband der Prädikatsweingüter Deutschlands (VDP) berufen worden.

❦ Ein Meilenstein dieser Politik war 1986 die Gründung von HADES. Dahinter verbirgt sich die „Studiengruppe neues Eichenfass." Die darin ausgebauten Weine galten zunächst als fehlerhaft. Heute gilt der Ausbau von Weinen im kleinen Eichenfass, Barrique genannt, als qualitätssteigernd. Das war in den Achtzigerjahren noch nicht so. Doch eine Handvoll überzeugter Barriqueverfechter in Württemberg ließ sich nicht beirren. So fanden sich 1986 fünf Weingärtner zur „Studiengruppe neues Eichenfass" zusammen, wissenschaftlich begleitet von der Staatlichen Lehr- und Versuchsanstalt für Wein- und Obstbau in Weinsberg. Der Name HADES setzt sich schlicht aus den Initialen der Mitstreiter zusammen:

➡ *Fürst Hohenlohe*, Öhringen;
➡ *Graf Adelmann*, Kleinbottwar;
➡ *Drautz-Able*, Heilbronn;
➡ *Jürgen Ellwanger*, Winterbach;
➡ *Sonnenhof*, Gündelbach.

Mittlerweile haben sich die offiziellen Hüter des deutschen Weins besonnen und dem Barrique den amtlichen Segen erteilt. Selbst Riesling landet heute im neuen Eichenfass.

Große Fußstapfen

🦋 Der junge Drautz wollte schon während der Schulzeit Winzer werden. „Ich war ganz bodenständig. In Baden-Württemberg galt damals noch die verbindliche Empfehlung der Grundschule. So mit dreizehn oder vierzehn habe ich mich entschieden, in die Fußstapfen meines Vaters zu treten. Nicht in die politischen, sondern in die weinbaulichen. Ab da wurden dann auch die Noten besser, als ich endlich wusste, was ich werden wollte", erinnert er sich. Wie so mancher Spätentwickler nutzte er dann die Möglichkeit, auf dem zweiten Bildungsweg die Hochschulreife zu erreichen. Er besuchte nach der Mittleren Reife drei Jahre lang das Agrarwissenschaftliche Gymnasium in Öhringen. Dort standen die biologischen, landwirtschaftlichen bzw. ökologischen Unterrichtsinhalte im Vordergrund. Mit der Wahl einer zweiten Fremdsprache hat Markus Drautz dort die Allgemeine Hochschulreife erworben. „Das war wirklich eine tolle Sache, insbesondere für Spätzünder wie mich, dort die Hochschulreife erreichen zu können", kommentiert er.

„Mein erstes Lehrjahr war eine großartige Zeit"

🦋 Nach diesen Weichenstellungen in der Schulzeit vollzog sich sein beruflicher Werdegang nach dem Muster vieler Winzersprösslinge: Der junge Drautz absolvierte das erste Jahr seiner Winzerlehre beim Weingut Salwey in Oberrotweil am Kaiserstuhl. Damals führte der leider früh verstorbene Wolf-Dietrich Salwey den Betrieb. Der Lehrling aus Württemberg wusste ja schon einiges, aber es sei ihm wichtig gewesen, andere Herangehensweisen kennenlernen zu können. „Wir sind ein sehr technischer Betrieb. Mein Vater war ein großer Freund davon, Innovation und Tradition zu verbinden. Am Kaiserstuhl habe ich dann mehr Tradition vorgefunden. Meine Nase und mein Gaumen wurden dort auch sehr gut geschult. Ich wurde fast wie ein Kind aufgenommen. Mein erstes Lehrjahr war eine großartige Zeit", schwärmt Markus Drautz noch heute. Nicht minder ergiebig war für den jungen Winzer sein zweites Lehrjahr beim Weingut Wirsching im fränkischen

Iphofen. „Auch ein sehr beeindruckender, relativ großer Betrieb. Er gehört zu den größten privaten Weingütern in Deutschland. Da war ich viel im Keller. Das hat meine Leidenschaft geweckt. Dem Kellermeister Werner Probst habe ich wirklich viel zu verdanken. Das ist ein Mann, der jedes Detail im Betrieb überblickt."

„Manchmal ist Nähe nicht das Beste"

🦋 Die Gesellenprüfung hatte Markus Drautz dank der Vorbildung im Agrarwissenschaftlichen Gymnasium auf Anhieb bestanden. Danach fiel ihm Vieles leichter, und der Weg zum Studium in der Fachhochschule in Geisenheim war vorgezeichnet. Gefragt, warum er nicht auf der für ihn fast zu Fuß erreichbaren Technikerschule Weinsberg studiert hat, antwortet Markus Drautz: „Manchmal ist die Nähe nicht das Beste, das man machen kann! Ich bin nach Geisenheim gegangen, weil es in unserem Beruf sehr wichtig ist, über den Tellerrand zu schauen. Das habe ich auch schon in meiner Ausbildungszeit gemacht. Nach Baden und Franken zu gehen, ist ja auch für einen Württemberger nicht gerade üblich." Konrad Salwey half bei der Wohnungssuche. Mit seinem sehr guten Freund Marcel Wiedenmann aus Beilstein zog Drautz nach Geisenheim in das Verbindungshaus der „G.V. Rhenania". Drautz: „ Es war kein Muss, aber wir haben uns so wohl gefühlt, dass wir auch der Verbindung beigetreten sind. Eine Zeit, die ich nicht missen möchte!"

Verantwortung in jungen Jahren

🦋 Markus Drautz´ Vater ist der bekannte und beliebte baden-württembergische Landespolitiker (und natürlich Weingärtner) Richard Drautz. Am 29. Januar 1953 in Heilbronn geboren, begann er seine politische Karriere im Jahr 1986 als Stadtverbandsvorsitzender der FDP in seiner Heimatstadt Heilbronn und als stellvertretender Kreisvorsitzender. Dem Landtag von Baden-Württemberg gehörte er von 1992 bis 2006 an. Von 2006 bis 2011 war er Staatssekretär im Wirtschaftsministerium. Der humorvolle, bodenständige und stets gut gelaunte Winzer verfügte über ein legendäres Netzwerk zu Verbänden und Betrieben. Das hatte er als langjähriger Schatzmeister der Landes-FDP aufgebaut. Als er 2006 Staatssekretär im Stuttgarter Wirtschaftsministerium wurde, musste er allerdings die Arbeit in Weinberg und Keller in die Hände seiner Frau Monika und seines Sohnes Markus übertragen. Da der Student noch nicht ganz fertig war, unterbrach er die Ausbildung in Geisenheim vorläufig und trat ohne Zögern ins elterliche Weingut ein.

Drei Trauben für das „große Nachwuchstalent"

🦋 Markus Drautz: „2006 war somit meine erste Weinlese, die ich komplett selbst verantwortet habe. Da gab es keine Traube, die nicht durch meine Hände gegangen ist." So musste die Diplomarbeit ein Jahr warten. Die legte Markus Drautz 2007 zum Thema: „Einfluss verschiedener Ausbauweisen von Spätburgunder und Weißburgunder auf das Alterungspotential der Weine" vor. Mit der Note 1,3 hielt er nach der Prüfung bald das begehrte Diplom der Fachhochschule Geisenheim in Händen und durfte sich nun Dipl.-Ing. (FH) für Oenologie und Weinbau nennen. Die Versuchsanordnungen hat er übrigens in Weinsberg gemacht, denn zwischen den beiden Einrichtungen für den deutschen Winzernachwuchs gibt es gute Verbindungen. Nach dem frühen Tod seines Vaters am 7. Mai 2014 trat er dem Verein ehemaliger Weinsberger bei.

Seinen ersten Merlot nannten Weinkritiker damals „monumental", 2012 gewann Markus Drautz für seinen 2008er Samtrot einen Vinum-Rotweinpreis. Für das „große Nachwuchstalent in Württemberg" gab es vom Weinführer Gault Millau drei Trauben. Die erhalten nur Erzeuger, die seit Jahren konstant hohe Qualität liefern.

Drei Rebsorten haben bei Drautz-Able eine besondere Bedeutung: *Trollinger*, *Lemberger* und *Riesling*. Zur Zeit der Aufnahme in den VDP war *Trollinger*, die Brot- und Butterrebe Württembergs, mit 45 % die Hauptrebsorte, gefolgt von Riesling. Dann kam erst der Lemberger.

17jähriger Weinbrand und 17 Rebsorten im Anbau

🐦 Das hat sich in den letzten Jahren geändert. Heute haben Trollinger und Lemberger etwa gleiche Anteile, wie die Übersicht zeigt. Der Trollinger ist auch nicht mehr der Massenträger alter Zeiten. Seit 2008 wachsen neue Propfrebenkombinationen in einer Versuchsanlage in Kooperation mit der Hochschule Geisenheim, wobei nicht die Menge, sondern die Qualitätssteigerung und die Adaption an den Klimawandel im Vordergrund stehen. Das Weingut ist indessen kein Rotweingut allein. Es bietet ein Sortiment von „rot-weiß-perlend-süß-trocken bis gebrannt". So erfreuen sich die Weinbrände, die lange Jahre im Barrique gelegen haben, höchster Anerkennung. Dem „Weinbrand 1994", 17 Jahre im kleinen Eichenfass gelagert, verlieh der Gault Millau 2012 den Titel „Bester Winzerbrand Deutschlands".

🐦 Die erstaunliche Anzahl von 17 Rebsorten im Anbau - 60 Prozent Rotweine und 40 Prozent Weißweine- dokumentiert das Selbstverständnis der Familie als experimentierfreudige Weinärtner. Dagegen waren bis zu Beginn der achtziger Jahre viele Weingärtner im Ländle recht selbstzufrieden mit ihrer „exklusiven" Rolle als Trollinger-Lieferant für „Kenner" und „Vierteles-Schlotzer". Als dann in den neunziger Jahren in Württemberg die Rotweinrevolution mit dem Aufstieg des Lembergers und dem Anbau anderer Sorten wie Merlot und Cabernet Sauvignon ausbrach, war das Weingut Drautz-Able gut aufgestellt.

„In Österreich mit Lemberger zu punkten, ist schon eine tolle Sache"

"Markus Drautz: „Meine Vorfahren haben den Lemberger schon immer geschätzt. Schon direkt nach dem Zweiten Weltkrieg haben wir den ersten Lemberger angepflanzt, während im Remstal noch die Meinung vorherrschte, das er dort gar nicht wächst. Vor 100 Jahren waren in Württemberg eher Schwarzriesling und Spätburgunder als Trollinger oder Lemberger zu finden. Das älteste Etikett das wir noch haben ist von 1959."

🐦 Heute liegt der Lemberger-Anteil in Württemberg bei 14,6 Prozent. Lemberger liefert sehr dunkel gefärbte, gerbstoffreiche Weine mit nach Waldbeeren- oder Kirschfrucht schmeckendem Bukett und mit einer charakteristischen feinen Säure. Der Wein baut sich langsam aus, hat ein hohes Lagerungspotential und erreicht zum Schluss eine hohe Qualität. Deshalb bauten Markus Drautz´ Urgroßvater und Großvater schon in den Fünfzigerjahren einen Teil ihres Lembergers separat aus, um ihn als Wein für besondere Anlässe und besondere Kunden zur Verfügung zu haben.

Ein Leben für den Lemberger

🐦 Nachfahr Markus meint: „Mein ganzes Leben dreht sich um den Lemberger. Die Zurückhaltung der Weingärtner ist darauf zurückzuführen, dass er nicht so sichere Erträge liefert und etwas kompliziert im Anbau ist." Stolz berichtet der junge Winzer von dem „schönen Moment", seinen *Neckarsulmer Scheuerberg Lemberger trocken Großes Gewächs*, genannt Steinkreuz, nach Österreich verkauft zu haben. Im Mutterland dieser Rebe, wo sie Blaufränkisch heißt, habe der Wein Begeisterung ausgelöst. „Dort mit dem Lemberger zu punkten, ist schon eine tolle Sache."

🐦 Das Weingut Drautz-Able hat sehr kalkreiche Böden, die für Rotweine gut geeignet sind, aber auch für Riesling und Sauvignon Blanc. In Heilbronn gibt es drei Einzellagen: Den *Heilbronner Wartberg*, *Stiftsberg* und *Stahlbühl*. Drautz-Able ist vertreten im Wartberg und im Stiftsberg und zusätzlich noch im schon genannten *Neckarsulmer Scheuerberg*. Markus Drautz: „Das ist unsere schönste Lemberger-Rebfläche. Wo heute die Reben auf Gipskeuper stehen, war früher einmal ein Gipsbruch. Das Terroir ist ein wenig deutlicher und kräftiger zu schmecken als in Heilbronn. Beim Riesling kommen sehr kräftige stählerne Typen heraus. In Heilbronn auf den Böden des bunten Mergels sind die Weine eher ein wenig runder oder weicher. „In aller Munde" ist der Sauvignon Blanc durch die euphorische Bewertung durch die Weinjournalistik und daher sofort ausverkauft. Die heutige Kultrebe hat Markus Drautz´ Vater Richard bereits 1987 angepflanzt. Es ist die älteste Ertragsanlage in Württemberg und eine der ersten Anlagen in Deutschland überhaupt.

Nicht ohne Mengenbegrenzung

🐏 „Wenn man gute Weine produzieren will, kommt man um Mengenbegrenzung nicht herum" sagt Markus Drautz. Im Regionalvergleich liegt das Weingut Drautz-Able um ein Drittel unter dem Ertragsdurchschnitt. Beim Grundertrag pendelt das Weingut um die 7000 Liter pro Hektar. Im Jahr 2013 waren es beispielsweise 5500 Liter und im ausgesprochen guten Jahr 2012 wurden ausnahmsweise 7500 Liter erreicht. Und es gibt Weinberge, da wird verschwindend wenig geerntet. Beim Jahrgang 2013 brachte der Cabernet Sauvignon in einer 25 Ar großen Anlage aus dem Jahr 1992, also keine Junganlage, 18 Liter pro Ar. Das sind 1.800 Liter pro Hektar. Mit dem Ertrag von 450 Litern aus diesem einen Viertelhektar großen Weinberg konnten somit gerade einmal zwei Barriques gefüllt werden. Wahrlich ein Wein für besondere Anlässe und Kunden.

„Die einzige Herkunft ist unser Name"

🐏 Als VDP-Weingut ist Drautz-Able angehalten, die neue Qualitätshierarchie des Verbandes anzuwenden. Das Grundprinzip, „je enger die Herkunft, desto höherwertig der Wein", findet Markus Drautz sehr schlüssig. „Es passt indessen nicht ganz in unser Sortiment. In den Neunzigerjahren haben wir die Herkünfte bewusst abgeschafft. Es galt, die einzige Herkunft ist unser Name." Allerdings bereite es keine Probleme, die VDP-Vorgabe umzusetzen. Die Gutsweine, welche die Herkunft dokumentieren, haben ein weißes Etikett. Die Weißweine sind mit einem grünen Wappen und Rebsorte sowie Geschmacksangabe und Jahrgang gekennzeichnet. Das Etikett

der Rotweine zeigt ein rotes Wappen. Das mittlere Segment sind die „Drei Tauben"-Weine. Qualitativ und preislich ist diese Kategorie vergleichbar mit den Ortsweinen. Darüber folgen bei Drautz-Able die HADES-Weine, also die im Barrique ausgebauten Rot- und Weißweine. An der absoluten Spitze stehen die Großen Gewächse aus den Großen Lagen. Die Weinberge für diese Weine sind parzellengenau am Heilbronner Stiftsberg und am Neckarsulmer Scheuerberg abgegrenzt. Dort reifen die in Württemberg für Große Gewächse zugelassenen Rieslinge, Spätburgunder und Lemberger.

🐏 Drautz-Able ist ein privat orientiertes Weingut. Etwa 50 % der Weine werden ab Hof gekauft. Kundenfreundlich lädt die unlängst eröffnete neue Vinothek im Stammhaus an der Faißtstraße zum Probieren ein. Von dort führt auch eine Wendeltreppe in den Barrique-Keller. Ansonsten sind die Weine in ganz Deutschland im Handel (35 %) zu kaufen oder in der Gastronomie (10 %) zu genießen. Der Exportanteil beträgt 5 %. China ist mittlerweile ein wichtiger Markt für hochwertige Weine, die Beneluxländer, Schweden, aber auch die USA. „Wir haben einen sehr guten Händler, der unsere Weine dort vertritt", sagt Markus Drautz. Und was würde Jodokus Drautz dazu sagen, dass heute dank der neuen Medien plötzlich aus einem Lokal in San Francisco ein Feedback zu den Weinen seines Nachfahren kommt...

Und weil dem nicht genug ist, wurde Markus Drautz im Februar 2015 zum Vorsitzenden des Verbandes der Prädikatsweingüter VDP Region Württemberg gewählt. Welch eine Karriere!

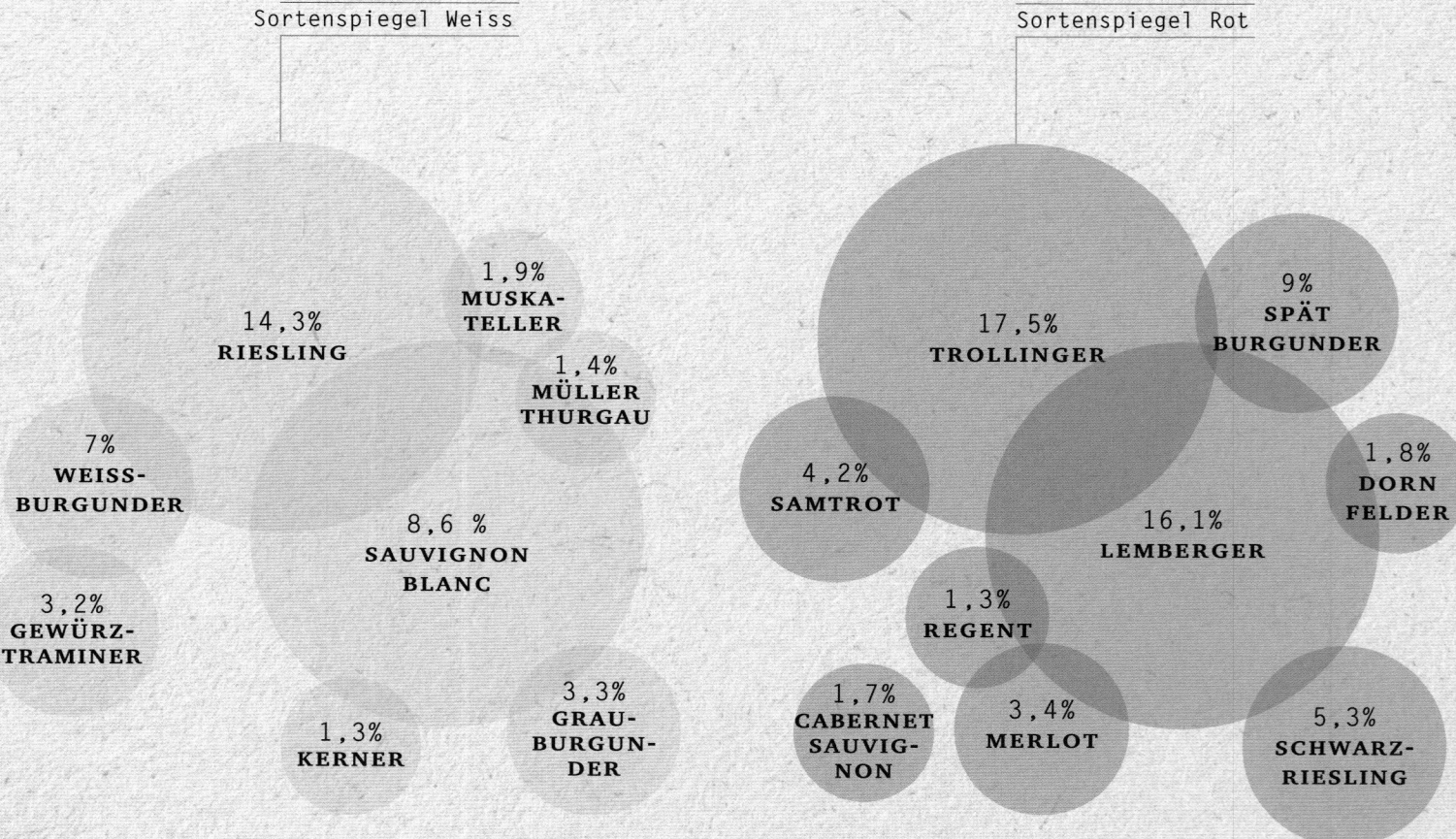

Sortenspiegel Weiss

1,9% MUSKA-TELLER
14,3% RIESLING
1,4% MÜLLER THURGAU
7% WEISS-BURGUNDER
8,6 % SAUVIGNON BLANC
3,2% GEWÜRZ-TRAMINER
1,3% KERNER
3,3% GRAU-BURGUN-DER

Sortenspiegel Rot

17,5% TROLLINGER
9% SPÄT BURGUNDER
4,2% SAMTROT
1,8% DORN FELDER
16,1% LEMBERGER
1,3% REGENT
1,7% CABERNET SAUVIG-NON
3,4% MERLOT
5,3% SCHWARZ-RIESLING

Gipskeuper am Neckarsulmer Scheuerberg.

» Weshalb dieser Trollinger einer meiner Lieblinge ist, hat damit zu tun, daß er aus unserer Württemberger Vergangenheit, Gegenwart und Zukunft und aus meinem Leben nicht wegzudenken ist. Er beweist mir täglich, daß ich das Bestehende erhalten und trotzdem auf neuen Wegen gehen muss. Mein Vater war stolz auf diesen Wein und auf mich. «

MARKUS DRAUTZ

» Am Scheuerberg haben wir das ideale Terroir für den Lemberger gefunden. Der kalkhaltige Gipskeuper gibt dem Wein eine unvergleichliche Spannung und lässt ihn trotz seiner sehr warmen Position (SSW-Hang mit bis zu 50% Neigung, leichter Kessel) frisch und filigran wirken. Der Weinberg steht auf einem alten Gips-bruch, der mit der Flurbereinigung in den 60iger Jahren zugeschüttet wurde. Die Wärme spürt man an den weichen, runden Tanninen. Die Frucht ist klar und eine Vielzahl an Gewürzen kommt durch. Dieser Lieblingswein ist die absolute Spitze unserer Weine. So pur und geradlinig und so ein Teil von uns. «   **MARKUS DRAUTZ**

Meine Beziehung zum Weingut Drautz-Able war immer sehr herzlich. Der Verlust von Richard Drautz war für mich nicht einfach. Ich vermisse seine Lebensfreude und seine schwäbische und einzigartige Art „zu schwätzen" sehr. Schon als Richard Drautz Staatsekretär wurde, übergab er die Leitung des Weingutes an seinen Sohn Markus und seine Ehefrau Monika. Markus brachte gleich von Anfang an neue Ideen und Schwung in den Betrieb. Ich schätze Markus sehr - als liebevollen Menschen mit viel Sachverstand, einem starken Willen, Qualitätsbewusstsein und der Bereitschaft, immer neues dazu zu lernen. Auch bei seinen Winzerkollegen genießt Markus viel Vertrauen: 2015 wurde er zum VDP-Präsident in Württemberg gewählt wurde.

» 2011er Trollinger "3 Tauben" trocken «

Weinbeschreibung:

Tiefrot, brilliant. Sehr fruchtig betont, in der Nase nach Himbeeren, Cassis, Holunderbeeren, Mandeln, Fruchtdrops, Sauerkirschen, Veilchen und Kräuternoten. Genuss am Gaumen: Der Wein ist am Gaumen dicht, stoffig - schmeckt nach Erdbeeren, Cassis, Kirschen und feiner Bittermandel. Er ist rassig, hat eine schöne ausgewogene Art, die Tannine sind reif und gut ausgewogen. Der Wein ist auch würzig und hat am Gaumen eine kräftige Struktur.

Ein paar Daten:

➜ 13,5% ALKOHOL / 4,5 G/L SÄURE / 0,7G/L RESTZUCKER
➜ EMPFOHLENE TRINKTEMPERATUR: 14-16°C
➜ KOSTET AB WEINGUT 8,93 EURO

Ausbau

Lange Maischegärung, anschließend 12-monatige Reifung im gebrauchten Barriquefass. Die Trollingertrauben kommen aus der Lage Heilbronner Wartberg und die Rebstöcke sind im Durchschnitt 43 Jahren alt. Der Ertrag liegt bei 60 hl/ha.

"Unser ältester Trollinger-Weinberg (Pflanzjahr 1970), in der Heilbronner Paradelage Wartberg stehend, wird für diesen Wein separat ausgebaut. Dabei wird seit 2008 jegliche Trollinger-Tradition über Bord geworfen und gleich verfahren wie mit dem Spätburgunder Großen Gewächs. Lange Maischegärung im Holz und Ausbau in Barriquefässern sind ebenso selbstverständlich wie die mindestens 12-monatige Reifung in diesen Fässern." (Zitat des Winzers)

Speiseempfehlungen

➜ ROSTBRATEN MIT GESCHMORTEN ZWIEBELN UND SPÄTZLE
➜ MAULTASCHEN AUF BLATTSPINAT MIT GERÖSTETEN MANDELN
➜ GEFLÜGEL MIT WEISSEM SPARGEL UND TROLLINGER SAUCE

» 2011er Steinkreuz Lemberger GG, Neckarsulmer Scheuerberg «

Weinbeschreibung:

Die Farbe: Dunkelrot mit violettem Rand (Zeuge seiner Jugend), brillant. Die Aromatik: Sehr verführerisch! Nach Brombeeren, Cassis, Pfeffer, Paprika, Wacholderbeeren, dunkler Schokolade, Eukalyptus, Veilchen und feinem Holz. Genuss am Gaumen: Der Wein hat eine unglaubliche Spannung am Gaumen und eine wunderbare Struktur. Auch am Gaumen kommen die würzige Noten des Weines zur Geltung: Pfeffer, Sauerkirschen, Cassis, Brombeeren, Tabak, dunkle Schokolade, Wacholder und Leder. Die Gerbstoffe sind rund, weich, fast süßlich. Sie umschmeicheln den Gaumen, bevor der Druck kräftiger Tannine das Potential dieses Weines erahnen lässt. Ein Großes Gewächs par excellence und ein großer Wein.

Ein paar Daten:

➜ 13,7% ALKOHOL / 5,2 SÄURE G/L / 2,2G/L RESTZUCKER
➜ EMPFOHLENE TRINKTEMPERATUR: 16-18°C
Dekantieren erforderlich! Bordeaux-Gläser sind hier angemessen.
➜ KOSTET AB WEINGUT 35,70 EURO
➜ 10-20 JAHRE LAGERFÄHIG

Ausbau

Der Ausbau im Keller begann mit einer 3-4wöchigen Maischegärung im Edelstahlfass. Die Reifung erfolgt zu etwa 50 % in neuen burgundischen Pièce-Holzfässern, die eher für Pinot Noir gedacht sind. Die anderen 50% wurden in Barriques mit Zweit- oder Drittbelegung ausgebaut. Weinreife 15-17 Monate. Der Wein kam unfiltriert in die Flasche.

Der Scheuerberg
Am Scheuerberg gibt es ein Steinkreuz - ein Hinweis auf die Deutschordensherrschaft in Neckarsulm die Ihre Festungsanlage auf dem Scheuerberg hatten. Auf diese große Tradition baut die Familie Drautz und nennt diesen großen Wein nach dem Symbol des Steinkreuzes.

Speiseempfehlungen

➜ ENTRECÔTE VOM RIND AUF DEM GRILL MIT PAPRIKAGEMÜSE UND ROSMARIN
➜ WILDRAGOUT MIT WACHOLDERSAUCE UND STEINPILZEN
➜ HARTKÄSE (WIE PARMESAN) MIT ETWAS OLIVENÖL

Leinen an der Bergstraße

Weingut Seeger

[Burgund sehr nahe]

Thomas Seeger - Top-Winzer und Harley-Davidson-Fahrer.

Raritäten im Keller.

Kellerpilz - das Klima stimmt also.

Auxerrois in Herrenberg.

Ein Geschein in Winzerhänden.

Hündin Kira ist immer dabei.

» Burgund sehr nahe «

Ansichten von Fritz Richter

Ein Tag in den späten Achtzigern am DDR-Kontroll-punkt Marienborn an der Grenze zu Helmstedt, Bundesrepublik Deutschland. „Sie kommen ja aus Borishausen!", stellte der Grenzer unerwartet grinsend bei der Passkontrolle fest. Hatte er heimlich Westfernsehen geguckt?

Borishausen alias Leimen, an der Badischen Bergstraße bei Heidelberg gelegen, war damals fast berühmter als die Stadt der Romantik am Neckar. Spötter bezeichneten Heidelberg auch als Stadt bei Leimen. Inzwischen gibt es zwei überregional bekannte Leimener. Zu Boris Becker ist noch Thomas Seeger hinzugekommen, Spross einer alteingesessenen Winzerfamilie und zumindest in Weinkennerkreisen ein Star. Er ist einer der Pioniere des Weinausbaus im kleinen Holzfass. Seine im Barrique ausgebauten Rotweine brauchen weltweit keinen Vergleich zu scheuen, und das gilt inzwischen auch für seine Weißweine. Wir haben ihn in seinem Leimener Weingut besucht, das an der Gemarkungsgrenze zu Heidelberg liegt. Seegers Weinberge liegen alle am Herrenberg, der teils zu Leimen und teils zu Heidelberg gehört.

So alt wie das Vereinigte Königreich

Das Weingut Seeger ist das älteste Weingut Leimens und besteht schon über 300 Jahre. Über die Ursprünge können nur begründete Vermutungen angestellt werden. „Der Urgroßvater hat immer erzählt, dass die Familie ursprünglich aus dem Wallis in diesen fast entvölkerten Landstrich um Heidelberg gekommen ist. Die erste Erwähnung der Familie Seeger als Landwirte und Weinbauern ist für das Jahr 1655 belegt", erklärt Thomas Seeger. Das sind sieben Jahre nach dem Westfälischen Frieden, mit dem der Dreißigjährige Krieg endete. Er hinterließ ein in viele Territorien zersplittertes Deutschland und vielerorts entvölkerte Landschaften. Dass in die solcherart verödete Kurpfalz Siedler aus der Schweiz kamen, hat der Wieslocher Genealoge Heinz Gaberdiel nachgewiesen.

Nach Gaberdiel war laut Ortssippenbuch für Leimen (ein nach seinem Eindruck sehr genau und zuverlässig recherchiertes Werk) der erste Seeger in Leimen Jörg Seger, mit einem „e" geschrieben. Unterschiedliche Schreibweisen seien damals nichts Besonderes, sondern fast normal gewesen. Er hat etwa 1679 geheiratet und ist vor 1699 gestorben. Es handelt sich offensichtlich um den Vater von Andres Seeger, der 1707

das Weingut als landwirtschaftlichen Mischbetrieb gegründet hatte. Es besteht somit exakt so lange wie das Vereinigte Königreich, nur mit dem Unterschied, dass Letzterem im Jahr 2014 beinahe das Ende gedroht hatte. Ganz anders die Weinbaufamilie Seeger in Leimen. Sie besteht nun schon in der 13. Generation und ist 2010 in den Verband der Prädikatsweingüter Deutschlands (VDP) aufgestiegen, den Olymp der rund 200 besten Weingüter Deutschlands.

Allerdings gibt es noch eine zweite Seeger-Linie in Württemberg mit schwedischen Ursprüngen. Auf deren Wappen sind Schiffbauer-Werkzeuge dargestellt. Die sägende Tätigkeit beim Schiffbau deutet eher auf nordeuropäische Wurzeln hin, zumal es in Schweden sehr viele Seegers gibt, die sich wie die Leimener schreiben. „Der Name Seeger kommt wohl von „sägen", da wird sich das mit dem Schiffbau doch durchsetzen", meint Thomas Seeger. Namensforscher Gaberdiel hat sich auch nach irgendwelchen Anhaltspunkten für die Schweizer Herkunft der Seegers umgesehen. Ohne Ergebnis!

Mit dem Weinkrug ins Weingut

Seeger war auch schon vor seiner VDP-Berufung durch zahlreiche Auszeichnungen aufgefallen. Das liegt in der Familie. Thomas Seeger: „Wir haben viele Urkunden und Medaillen aus der Zeit zwischen den Weltkriegsjahren."

Schon Urgroßvater Seeger war sehr innovativ. Er hatte nach der Reblauskatastrophe an der Bergstraße, so hieß die heutige Badische Bergstraße damals, die Amerikanerreben , die im gemischten Satz standen, herausgehauen und durch reinsortige Spätburgunder und Rieslingweinberge ersetzt. Er war auch einer der Ersten, der vor dem ersten Weltkrieg Weine in Flaschen abfüllte. Thomas Seeger: „Der Großvater und der Urgroßvater haben früher immer erzählt, dass die Weine davor nur als Fassweine verkauft wurden." Bei den Seegers in Leimen hat man sie auch im Krug im Weingut abholen können.

Mit Glück und unter dem Einsatz aller Familienmitglieder überstand das Weingut Seeger auch den Zweiten Weltkrieg. „Mein Vater musste mit 10 Jahren viel mitarbeiten, sogar spritzen, um das Weingut in Gang zu halten, weil der Großvater an der Front war. So hat mein Vater schon als Kind zusammen mit der Großmutter das Weingut aufrecht erhalten. Er hat dann in den 50er Jahren eine tolle Ausbildung als Weinbautechniker in Weinsberg gemacht und wollte, dass ich auch Weinsberger Weinbautechniker werde. Es hat sich allerdings ergeben, dass ich dann in Geisenheim gelandet bin", sagt der Sohn. Sein Vater sei seiner Zeit voraus gewesen, denn er habe bis in die 70er Jahre durchgegorene Naturweine gemacht. Irgendwann seien die Kunden gekommen und hätte seinen „Sauerampfer" kritisiert.

🐏   So gehört Seegers Vater zu den wenigen Aufrechten, die zu Zeiten des Untergangs der deutschen Weinkultur in süßen Weinseen standhaft blieben - bis fast zur Aufgabe seines Weingutes. Auf dem Höhepunkt der süßen Welle, propagiert unter anderen durch die Marketingabteilungen der Groß-kellereien und durch das Weingesetz von 1971 ermöglicht, wurde lieblicher Wein durch Süßung mit konserviertem Traubensaft hergestellt, was bis heute noch erlaubt ist. Der Sohn über die damaligen Verhältnisse: „Durch den Umstand, dass wir keine fremden Arbeitskräfte gehabt haben, konnten wir uns so durchlavieren. Aber es war nicht einfach, mit trockenen Weinen zu bestehen, in einer Zeit, wo alle süß, süß, süß wollten. Als es dann Mitte der Achtziger wieder in die andere Richtung ging, als die trockenen Weine gewollt waren, sind wir plötzlich sehr gut dagestanden."

„Und im Sommer war immer Not am Mann"

🐏   Das liegt auch daran, dass der junge Seeger zu dieser Zeit in den Betrieb eingestiegen ist. Dabei habe er in seiner Jugend-zeit eigentlich nie Winzer werden wollen, weil in so ruralen Familien die Kinder schon recht früh mit hinaus in die Natur gehen und mit helfen mussten, erinnert er sich. In seiner Familie sei es in den 70er Jahren so gewesen, dass seine Schwester und er, wenn Not am Mann gewesen sei, mit raus in die Wein-berge mussten. „Und im Sommer war immer Not am Mann." Während seine Schulkameraden im Schwimmbad oder im Urlaub waren, wurden die Geschwister mit in die Weinberge genommen, und Kinder im Alter von 12, 13 Jahren könnten ja schon was wegarbeiten.

„Darauf habe ich mir geschworen, kein Winzer zu werden, obwohl mein Vater das unbedingt wollte", sagt er. Seine Mutter habe dafür gekämpft, dass es den Kindern freigestellt sein sollte, was sie beruflich machen wollten. Und Thomas Seeger beschloss, Landarzt zu werden. „Mein Onkel Hubert war hier praktischer Arzt und Hausarzt, und ich habe gesehen, wie oft er im Vergleich zu uns im Urlaub war, während wir unsere Ferien nur im Weinberg verbrachten. Da habe ich mir immer gedacht, ich mach die Praxis weiter, da er keinen Nach-folger hatte, weil seine Tochter das nicht machen wollte."

„Du bist ja der kleine Seeger"

🐏   Zum Glück für die Freunde guter Weine scheiterten diese Pläne am für das Medizinstudium nicht ausreichenden

Notendurchschnitt Seegers im gar nicht so schlechten Abi-tur. Schließlich ist die Zahl der guten Ärzte in Deutschland ungleich größer als die der guten Winzer. Und so konnte die Vorsehung ihren Lauf nehmen.

🐏   Der junge Seeger hatte das Glück, dass sein Klassenlehrer erkannte, dass ein Schüler, der einer seit Generationen in Leimen ansässigen Winzerfamilie entstammt, nicht von vorn-herein der Familientradition entsagen sollte. Er vermittelte ihm deshalb ein Gespräch mit dem damaligen Kellermeister des Winzerkellers in Wiesloch. Seeger, der zur Not beruflich auch etwas anderes gemacht hätte, war auf einmal interessiert, weil der Kellermeister Scholl ein alter Weggefährte seines Groß-vaters gewesen war. „Ach, du bist ja der kleine Seeger, das ist ja toll, dass du Weinbau machen willst, wie geht´s denn dem Großvater?" Der war leider ein halbes Jahr vorher verstorben, doch das Interesse für den Wein wurde bei diesem Besuch geweckt.

Der Abiturient mit mittlerem Notendurchschnitt durfte auf eine Winzerlehre verzichten. Seine Grundausbildung hatte er seit Kindesbeinen permanent erhalten. Er konnte Traktor fahren und war mit den wichtigsten Arbeiten in Weinberg und Keller vertraut. Nach zwei Praxissemestern begann Thomas Seeger das Studium in Geisenheim. Das war seinem Vater gerade recht. „Da haben wir zwei Jahre gespart, hat er gemeint." Mitte der Achtziger mit dem Studium fertig, absolvierte Thomas Seeger dann ein Vierteljahr lang die „Grand Tour" durch die Weingegenden Südkanadas und Kaliforniens. Gelegentlich hat er dort auch gearbeitet. „Zum Herbst 1985 war ich dann wieder da und habe meinen ersten Jahrgang verantwortet."

„Ich gelte als Kontrollfreak"

🐏   Im Keller fällt die hochmoderne Technik des Betriebes ins Auge. Thomas Seeger erteilt bereitwillig Auskunft: „Das Wein-gut hat überschaubare 10 Hektar. Da kann man noch selbst einwirken und hat noch alles unter Kontrolle. Wir sind zwar kein reiner Familienbetrieb mehr und ich gelte als Kontroll-freak, aber das muss sein, denn es schleichen sich immer mal Fehler ein. In dieser Betriebsgröße geht es noch sehr gut. Von 10 bis 20 Hektar wird es schon schwierig, aber über 30 Hektar kann ich nicht mehr alles kontrollieren oder auch nicht mehr komplett mitarbeiten. Dann bin ich mehr am managen. Des-halb waren für uns die 10 bis 12 Hektar so eine Art Schmerz-grenze. Da sind wir noch familiär und darüber wollen wir auch nicht unbedingt hinaus.

„Mein Vater hat nur für seine Familie und sein Weingut gelebt. Er hatte mangels Zeit keine Interessen. Da bin ich schon etwas weiter", und zeigt dem Besucher stolz seine Harley Davidson, Baujahr 1947. „Ich habe sie mir von meinem ersten selbst ver-dienten Geld vor 35 Jahren gekauft. Es ist eines meiner großen Hobbys, an schönen Sommertagen damit zu fahren."

Bewegung verschafft Thomas Seeger die junge Rhodesian-Ridgeback-Hündin Kira, die während des Gesprächs gerne Streicheleinheiten entgegennahm. Sie wird täglich durch die nahen Weinberge geführt.

120 Jahre Gutsausschank

Der Zusammenhalt in der Familie spielt in der Entwicklung dieses Weingutes eine tragende Rolle. Jeder hat seine Aufgabe. Gattin Susanne ist das freundliche Gesicht im Verkauf und bei vielen Veranstaltungen, die nach der Aufnahme des Weinguts in den Verband der Prädikatsweingüter (VDP) noch zugenommen haben. Schwester und Mutter führen den Gutsausschank „Jägerlust", in dem auch Thomas Seeger regelmäßig „Dienst" hat. Zu einem guten Wein gehört selbstverständlich ein gutes Essen. Das wird der Leser dieses Buches auch bei anderen Weingütern mit gastronomischem „Anhang" feststellen können. In dem über 100 Jahre alten Gutsausschank des Weinguts Seeger kochen Barbara Seeger und ihre Mutter Ingrid in einer Art, die selten geworden ist: gute, ehrliche Küche mit Produkten aus der Region. Auch am Herd gilt das Prinzip, dass eine Generation ihr Wissen und ihre Erfahrung an die nächste weitergibt. Hier sind die Krautwickel, der Sauerbraten, die Spätzle und die Maultaschen, die Frikadellen und die Bratkartoffeln nicht "Hausmacher Art", sondern wirklich hausgemacht. Und das auf höchstem Niveau, lobt der Restaurantführer Michelin.

Gute Weine zu machen ist Willenssache

Nach seinem Erfolgsrezept gefragt, schließt Seeger nicht aus, dass er Winzergene hat. Und er hofft auch, dass sie sich auf seine Kinder vererben, zum Beispiel die gute Nase oder der gute Geschmackssinn. Letztlich sei es aber Willenssache, gute oder außergewöhnliche Weine machen zu wollen. Daran müsse man eisern festhalten, nicht nur ein paar Jahre, bis es mal gut läuft. Jeder neue Jahrgang sei eine neue Herausforderung. „Wir haben es ja dieses Jahr mit der Kirschessigfliege gesehen, was uns da wieder alles aufgebürdet wurde und wie viel Arbeit uns das gemacht hat. Aber wir haben die Reblaus überlebt, und wir werden auch die Kirschessigfliege überleben", lautet die selbstbewusste Aussage Seegers.

Dafür sind die Voraussetzungen sehr gut. Die Bergstraße, vor kalten Ostwinden durch den Odenwald geschützt, gilt schließlich als der Frühlingsgarten Deutschlands. Hier blühen die Mandelbäume und die Obstbäume am frühesten. Es herrscht ein sehr gemäßigtes Klima ohne extreme Temperatur-Ausreißer. Milde Winter führen zu einem sehr frühen Austrieb der Reben. Hinzu kommen die idealen Bodenverhältnisse für den Weinbau. Vorherrschend ist reiner Muschelkalk mit einer sandigen Lehm-Löss-Auflage, genau wie an der Mittelhaardt auf der anderen Seite des Rheingrabens. Dazwischen war einst das Meer. Der leicht erwärmbare Boden mit einer guten Wasser-

haltekraft ist ideal für die Seegerschen Burgunder (die auch im Burgund auf Muschelkalk wachsen).

„Weltklasse"

Mit seinen roten Burgundern und seinen Schwarzrieslingen erreichte Thomas Seeger gleich nach seinem „Amtsantritt" einen Platz an der Spitze der deutschen Rotweinerzeuger. Der Winzer erinnert sich: „Wir haben schon zu dieser Zeit angefangen, unsere Rotweine im kleinen Holzfass auszubauen, im Barrique. Da gab es in Deutschland noch nicht so viele. Mein Vater und mein Großvater hatten ein gutes Know-how, was den Ausbau im Holzfass angeht. Das habe ich übernommen." In einer Zeit der Mengenideologie erreichte Thomas Seeger schon damals mit seinem Können eine hohe Qualität. Ergebnis: Rotweine von internationalem Niveau.

Die Auszeichnungen der Weinzeitschrift Vinum machten ihn schlagartig bekannt. Die für seine Entwicklung wohl wichtigsten waren die zweiten Plätze beim Deutschen Rotweinpreis für seinen Spätburgunder der Jahre 1988, 1989, 1993, 1994 und 1995. Nach diversen „Plätzen auf dem Treppchen" kam er 1999 beim Deutschen Rotweinpreis mit seinem Spätburgunder Reserve und zugleich mit seinem Schwarzriesling Reserve ganz nach oben, was sehr selten ist! insgesamt gewann er in der „Königsklasse" Spätburgunder dreimal und kam immer wieder auf die obersten Ränge. Er stellte fünfmal den Sieger beim Schwarzriesling Reserve.

Heute ist er „Weltklasse, ein international bekanntes Weingut", urteilt der Weinführer Eichelmann, seit das Weingut Seeger 2005 den 5. Stern bekam und damit zu den internationalen Toperzeugern aufstieg. Und dort hat er sich gehalten. Zum 25. Jubiläum des Deutschen Rotweinpreises reichte Thomas Seeger acht Rotweine des Jahrgangs 2012 ein. Alle Acht haben unter den 1600 angestellten das Finale erreicht, obwohl schon 1150 Weine in der Vorrunde auf der Strecke blieben. Es sind der Schwarzriesling R, die beiden Spätburgunder S und R, der Spätburgunder Oberklamm, die beiden Rotweine Blaufränkisch S und R (so nennt der Winzer seine in Baden ganz seltenen Lemberger) sowie die Cuvée AnnA und die Cuvée NaaN.

„Wir haben schon immer gute Weißweine gemacht"

Da die Spitze im Rotweinbereich in Deutschland am Anfang sehr schmal war, sei es seinerzeit etwas leichter gewesen, dorthin zu gelangen, meint Seeger. Dass er sich bei zunehmender Konkurrenz dort gehalten hat, ist umso bemerkenswerter. Allerdings muss festgestellt werden, dass Thomas Seeger auch hervorragende Weißweine macht. Im Weißweinbereich gab es schon immer eine breitere Spitze - schon wegen der traditionsreichen Riesling-Weingüter - sodass die Weißweine des Weinguts Seeger erst später die ihnen gebührende Aufmerksamkeit erlangten.

Der Winzer: „Wir haben schon immer gute Weißweine gemacht, aber dafür hatten wir einfach keinen Namen. Anfang der Neunziger hat sich das alles geändert als wir auch Weißweine im Barrique ausgebaut haben. Heute gehören wir im Bereich der Großen Gewächse bei den Grau- und Weißburgundern zu den Besten in Deutschland." Das erfreut den Kundenstamm, zu dem in einem gewachsenen Weingut naturgemäß viele Privatkunden in ganz Deutschland gehören.

Seit das Weingut Seeger überregional bekannt ist, kommen noch die Spitzengastronomie und der Fachhandel hinzu. Die Lieblingsweine Thomas Seegers sind ein
➜ *2013er Sauvignon Blanc ´S´ trocken*, ein
➜ *2012er Grauburgunder Herrenberg Oberklamm VDP Große Lage* und ein
➜ *2008er Spätburgunder trocken RRR*.
Eine Übersicht zeigt die Einstufungen nach der neuen VDP-Klassifikation.

„Schädlinge gibt es für uns nicht"

🐏 Thomas Seeger arbeitet ohne Ökozertifikat biologisch in seinen Weinbergen. Er vergräbt zwar keine Kuhhörner, aber macht seine eigenen Komposte. Momentan fehle ihm die Zeit für die biologisch-dynamische Wirtschaftsweise, aber wenn eines seiner Kinder mit im Betrieb sei (offensichtlich besteht beim Nachwuchs kein Interesse, Landarzt werden zu wollen) strebe er diese Wirtschaftsweise an. Schon jetzt habe er ökologische Prinzipien: „Im begrünten Weinberg haben wir ein wildes Leben, Vögel nisten in den Reben. Man sieht, dass es von der Behandlung her der richtige Weg ist. Wir haben Bienenvölker dort, weil kein Gift gespritzt wird. Schädlinge gibt es für uns nicht, wenn, dann hat der Mensch zu stark in die Natur eingegriffen. Diese sog. Schädlinge oder Schadinsekten bekämpfen wir nicht. Wir haben ein biologisches Gleichgewicht. Wir können auch mal auf Ertrag verzichten. Wir lassen auch den sog. Schadinsekten ihre Nahrung. Wenn wir da eingreifen würden, zum Beispiel mit Pheromon-Verwirrmethoden, dann nehmen wir unseren Nützlingen ja auch die Nahrungsgrundlage weg. Wir können nicht erwarten, dass die uns helfen, wenn wir denen das Futter wegnehmen. Unser Problem ist der Mehltau, der im vorletzten Jahrhundert aus Nordamerika eingeschleppt wurde. Dagegen müssen wir leider spritzen. Aber wir verwenden biologische Mittel."

Klimawandel? Kein Problem, wenn…"

🐏 Wir fragen den 55-jährigen nach der Einschätzung seiner Zukunft als Spitzenwinzer unter dem Aspekt von ausländischer Konkurrenz, auch unter den Bedingungen des Klimawandels. „Für mich ist der Klimawandel kein Problem, wenn man nicht an alten Gewohnheiten festhält. Man darf aber draußen nicht Ertragsreduzierung betreiben und sagen, wir herbsten erst Ende September. Da muss man die großen Burgunder, wenn sie reif sind, auch schon mal in der ersten oder zweiten Septemberwoche holen. Die sind dann reif, weil der Rebstock

nur eine halbe Traube pro Trieb zu versorgen hat. Wenn an einem Trieb eine halbierte Traube hängt und nicht drei wie bei manchen Kollegen, dann muss man die holen. 2003 haben wir die großen Burgunder in der ersten Septemberwoche bei 100 Grad Oechsle gelesen, weil ein Wein von 150 Grad Oechsle 17 Prozent Alkohol bedeutet. Wer will das trinken?"

🐏 Trinken wollen wir seine Spätburgunder, ohne uns große Gedanken über den Unterschied zu burgundischen Burgundern zu machen. Thomas Seeger: „Zu uns kommen Kunden, die bei uns ihre Burgunder für 30 bis 60 Euro kaufen, weil sie sagen, dass sie in Burgund das Zwei- bis Dreifache zahlen müssten." Er konstatiert, dass die burgundischen Winzer schon wesentlich länger in ihrer Tradition arbeiteten. Er versuche seit knapp 30 Jahren in dieser Qualität zu arbeiten. Das sei durch die Klimaveränderung auch einfacher geworden. In Burgund habe man schon viel länger Erfahrung in der Qualitätsschiene. In der Spitze sind wir nicht weit entfernt. Aber man müsse halt das Image der Burgunder sehen. „Von diesem Image sind wir eben noch weit entfernt." So halten wir uns in Deutschland an die überschaubare Zahl von guten Namen. Einer lautet: Thomas Seeger.

Die Weine des Weinguts Seeger nach der
VDP-Klassifikation

VDP.
Große Lage (GG)

➜ *2011er Spätburgunder
Oberklamm*
➜ *2012er Spätburgunder
Spermen*
➜ *2013er Grauburgunder
Oberklamm*
➜ *2013er Weißburgunder
Oberklamm*
➜ *2013 Riesling Oberklamm*
➜ *2012 Spätburgunder
Oberklamm*

VDP.
Erste Lage

➜ *2014er Riesling AnnA Marie
Heidelberger Herrenberg*
➜ *2014er Grauer Burgunder AS
Heidelberger Herrenberg*
➜ *2014 Weißer Burgunder AS
Heidelberger Herrenberg*
➜ *2014er Riesling Philipp
Georg Leimener Herrenberg*

VDP.
Ortswein

➜ *2014er Heidelberger Weißer
Burgunder Qualitätswein*
➜ *2014er Heidelberger Grauer
Burgunder Qualitätswein*
➜ *2014er Heidelberger
Auxerrois Qualitätswein*

VDP.
Gutswein

➜ *2014er Chardonnay
Qualitätswein*
➜ *2013er Spätburgunder
Qualitätswein*
➜ *2013er Blaufränkisch
Qualitätswein*
➜ *2014er Weißer Burgunder
Qualitätswein*
➜ *2014 Riesling
Qualitätswein*

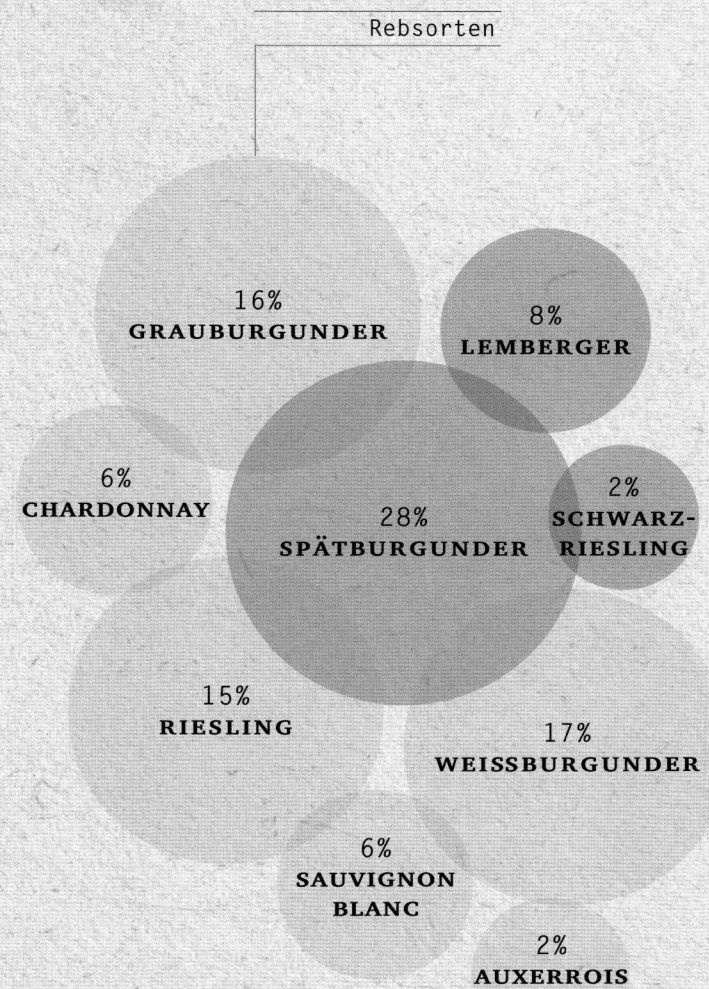

Rebsorten

16% GRAUBURGUNDER

8% LEMBERGER

6% CHARDONNAY

28% SPÄTBURGUNDER

2% SCHWARZ-RIESLING

15% RIESLING

17% WEISSBURGUNDER

6% SAUVIGNON BLANC

2% AUXERROIS

» Seit meinen ersten Reisen nach Südafrika vor
über 15 Jahren haben mir es die Sauvignon Blancs angetan.
So haben wir schon relativ früh diese Rebsorte bei
uns im Anbau. War es am Anfang so, dass mir auch die
Überseeweine ganz gut schmeckten, fand ich doch immer die
Loireweine in ihrer verhaltenen Art für meinen Geschmack
viel passender für unseren Stil im Weingut. Vielleicht
sind unsere Sauvignons so eine Mischung (wie ein bekannter
Weinjournalist einmal meinte) aus neuer und alter Welt.
In der Jugend nicht so laut aber überaus lange haltbar
und dann sich immer besser entwickelnd. «

THOMAS SEEGER

» Unseren absoluten Ausnahme-
Pinot gibt es nicht jedes Jahr;
nur wenn die Natur es zulässt und
nur wenn wir die optimalen Trauben
des Jahrgangs ernten können.
Pure Eleganz, gepaart mit Druck und
Dichte; mineralisch, feingliedrig
und voller Finesse.
Dieser Spätburgunder ist unser
Ausnahme-Spätburgunder. «

THOMAS SEEGER

Seeger-Weine sind Weine mit Seele, Weine mit Persönlichkeit. "Wir lassen den Weinen vom Most bis zum fertigen Wein ihren Lauf; sie werden wie unsere Kinder in ihrer Entwicklung nicht eingeschränkt. So reicht meist nur die gute Beobachtung der Entwicklung. Anhänger der Sozialisationstheorie würden vermuten, dass die Notwendigkeit, einen skeptischen, aber sehr kundigen Vater zu überzeugen, den Sohn zu Höchstleistungen angespornt hat." (Zitat des Winzers)

Ökoweine müssen schmecken! Da hat Thomas Seeger absolut Recht. Nur so kann man Menschen überzeugen. Ich habe leider auch schon schlechte Ökoweine getrunken, aber diese Erfahrung hat meine Überzeugung über einen vernünftigen Umgang mit der Natur nicht erschüttern können.

» 2013er Sauvignon Blanc „S" trocken Erste Lage «

Weinbeschreibung:
Feine gelbe Farbe mit grünen Reflexen, brilliant. Ein aromatischer Fruchtkorb mit Noten von Holunderblüten, Buchsbaum, schwarzen Johannisbeeren, Stachelbeeren, aber auch viel Exotik wie Mango, Maracuja, Ananas und schöne Zitrusfrüchte. Genuss am Gaumen: Der Wein ist unglaublich saftig und feinmineralisch. Zitrusfrüchte, Cassis, Holunderblüten, grüne Paprika prägen darüber hinaus den Geschmack. Ein sehr schöner, animierender Sauvignon blanc mit Saftigkeit und Trinkvergnügen. Ein schöner Sommerwein.
Übrigens: das „S" steht für Selektion- nur die besten Sauvignon Blanc-Trauben werden hier verwendet!

Ein paar Daten:
→ 12% Alkohol / 6,5 g/l Säure / 6,7 g/l Restzucker
→ Empfohlene Trinktemperatur: 10-12°C
→ Kostet ab Weingut 12,50 Euro

Ausbau
Der Wein ist zum Teil im Edelstahltank und 20% im neuen Barrique 6 Monate ausgebaut worden.

Lage
Leimener Herrenberg

Speiseempfehlungen
→ Bachsaibling mit Basilikumspaghettinis
→ Jakobsmuscheln mit Zitronengrasschaum, dazu Mangoragout,
→ Ziegenkäse wie Crottin de Chavignol und Rucolasalat, dazu Olivenöl-Chiabattabrot-Crostinis

» 2009er Spätburgunder RRR trocken «

Weinbeschreibung:
Die Farbe: dunkelrot mit einem fast schwarzen Kern. Die Aromatik: Sehr dicht und konzentriert nach Cassis, Kirsche, Schokolade, Tabak, Gewürze, Zimt, Vanille und Eukalyptus. Das Holz ist zwar präsent, aber nicht dominierend. Genuss am Gaumen: Der Wein ist würzigpfefferig, fruchtig betont nach Cassis, Holunderbeeren, Vanille, Lakritze, Schokolade, Rumtopf von dunklen Beeren und Gewürze. Er hat sehr viel Dichte, ist sehr lang am Gaumen und bleibt dennoch sehr elegant und saftig.

Ein paar Daten:
→ 13,5% Alkohol / 5,2 g/l Säure / 1,9 g/l Restzucker
→ Empfohlene Trinktemperatur: 16-18°C
→ Kostet ab Weingut 120,00 Euro
Frühzeitig lüften und große Burgundergläser verwenden.

Ausbau
18 Monate in neuen Barrique-Eichenfässern aus dem Allier.

Lage
Heidelberger Herrenberg (Lehm-Muschelkalk-Böden). Der Boden hier ist einfach ideal, um große Spätburgunder zu erzeugen. Der Lehm bringt Weine mit Charakter, Tiefe, Schmelz und Frucht hervor. Der Muschelkalk steht für die Eleganz, die Finesse, die Sortentypizität und die Langlebigkeit.

Was bedeutet „RRR"?
RRR ist eine interne Klassifizierung. Die 3 "R" sind die Steigerung der Qualitätsklassifizierung von R und RR. Der Spätburgunder RRR kommt von einem speziellen Klon (Nr. 777) aus dem Burgund. Hier hat Thomas Seeger den für seinen Terroir perfekten Klon entdeckt, der seine Überzeugung von einem perfekten Spätburgunder unterstreicht.
R - Reserve - ein großes Gewächs aus der Lage Spermen
RR - bedeutet auch Reserve und ein Großes Gewächs - ist noch dichter, noch komplexer und kommt aus der Lage Oberklamm.

Speiseempfehlungen
→ Gebratene Entenleber mit Kirschragout
→ Coq au Vin
→ Rehrücken mit Gewürz-Rotkraut

Making of oder die Lust am Bücher machen

Dieses Buch entstand, weil alle Beteiligten Lust darauf hatten. Angefangen beim Textautor, Herrn Richter, der unbedingt ein Buch über einige tolle Winzer machen wollte. Ich fand die Idee wunderbar, zumal das Thema Wein bei mir immer auf fruchtbaren Boden fällt. Und ein Buch über solche außergewöhnlichen Winzer würde sicher Spaß machen.

Auch die Herstellerin in meinem Programmteam, Frau Gronau, war begeistert. „Da machen wir was Tolles draus" waren Ihre Worte. Und Sie begeisterte eine externe Buchdesignerin, Frau Mayländer, die sich mit Haut und Haaren in dieses Projekt verliebte. Dank ihren Kontakten fanden wir auch einen hervorragenden Fotografen, der das Projekt zu seinem machte und wunderschöne Fotos kreierte. Eine gewöhnliche Digitalkamera erschien ihm unpassend für das Thema Wein. Er lichtete die ausdrucksstärksten Fotos auf Roll- und Planfilm ab, ganz wie in alten Zeiten und mit verblüffendem Erfolg. Die Bilder geben die Stimmungen jedenfalls perfekt wieder. Die Arbeit, die dahinter steckt, können sich Eingeweihte vermutlich vorstellen. Und so zog es sich durch das ganze Projekt hindurch. Weil alle Lust darauf hatten, wurde viel mehr Zeit und Arbeit investiert, als wir je hätten bezahlen können.

Für die Beurteilung der Weine ging es schließlich nach Weinsberg in das dort seit ein paar Jahren stehende moderne Weinlabor, das speziell für professionelle Weinproben konzipiert ist. Die beiden Weincracks Evangelos Pattas als Mitautor und Dr. Oliver Schmidt von der LVWO in Weinsberg, einer der profiliertesten Önologen Deutschlands, beurteilten die von den Winzern ausgesuchten Lieblingsweine. Es war für mich als Lektor faszinierend, welch Gleichklang in den Beurteilungen dabei herauskam. Da alles schriftlich und voneinander nicht einsehbar erarbeitet wurde, gab es keinerlei Möglichkeit, zu „schummeln". Mit Profis zu arbeiten macht Spaß und verblüfft immer wieder. Fritz Richter, Textautor, Weinjournalist und daher selbst ein profunder Weinkenner, bestätigte meine Einschätzung. Eine solche Sachkenntnis und Professionalität kann man nur durch lebenslanges Üben und Weiterbilden auf diesem Niveau halten. Hut ab!

Werner Baumeister, Lektor

Weinkenner beim Verkosten: Evangelos Pattas und Dr. Oliver Schmidt. Autor Fritz Richter macht sich seine eigenen Notizen.

[FRITZ RICHTER - AUTOR]

Fritz Richter ist gelernter Wirtschaftsjournalist und stammt aus Norddeutschland, wo Bier das vorherrschende alkoholische Getränk ist. Beruflich südlich der Mainlinie angekommen, wurde aus dem Gerstensaft-Konsumenten ein Weintrinker. Der Autor hat journalistische Gene, denn seine Familie war Herausgeber des Harz-Boten, der Elbingeröder Zeitung. Nach dem Studium der Betriebswirtschaftslehre In Berlin und Hamburg begann Fritz Richter seine journalistische Karriere als Volontär beim Winsener Anzeiger in Winsen an der Luhe. Von dort ging er als Redakteur zur Wirtschaftswoche nach Frankfurt am Main. Nach langen Jahren als Pressesprecher eines Verbandes der Kreditwirtschaft wurde er Weinjournalist. Heute schreibt er für Zeitungen und Magazine und hält Vorträge. Sein jüngstes Buch hat den Titel „Goethe und der Wein". Es weist auf seine zweite Leidenschaft - Goethe - hin. Fritz Richter lebt seit über 40 Jahren bei Heidelberg und ist seit 1976 Mitglied der Heidelberger Weinbruderschaft Kurpfalz, deren Ordenskanzler er einige Jahre war. Auch in der Heidelberger Goethegesellschaft ist er aktiv. So ist auch zu erklären, warum in diesem Buch der größte deutsche Dichter gelegentlich vorkommt. Ansonsten stehen aber 15 Winzerpersönlichkeiten im Mittelpunkt.

[EVANGELOS PATTAS - SOMMELIER]

Wer sich für den Beruf des Sommeliers entscheidet, muss die Leidenschaft für gute Weine, eine feine Nase und Zunge, Wissbegier, Sprach- und Menschenkenntnis mitbringen. Der Sommelier ist der Mittler in Sachen Wein zwischen Erzeuger, Händler, Restaurateur und Gast, und er trägt die Verantwortung für Einkauf und Kellerführung. Ohne psychologisches Feingefühl geht das nicht! Gute Sommeliers erledigen ihre Aufgabe unspektakulär und vermitteln dem Gast das Gefühl, in Ruhe genießen zu können. Im guten Sommelier vereinten sich fachliche Autorität und persönliche Souveränität mit guter Allgemeinbildung.
Alle diese Eigenschaften verkörpert der in Charleroi geborene 53-jährige belgische Grieche Evangelos Pattas in nahezu perfekter Weise. Der Inhaber des vom Gault Millau vergebenen Titels „Sommelier des Jahres 2007" (Gault Millau) ist zudem noch ein erfolgreicher Restaurateur. Sein Stuttgarter Restaurant „Délice" mit wenigen Tischen hat einen Stern im Guide Michelin. Pattas hat zwei Muttersprachen: französisch und griechisch, spricht fließend deutsch und englisch. Auf italienisch kann er sich gut unterhalten.

[DAVID MAUPILÉ - FOTOGRAF]

Der Hamburger Fotograf David Maupilé ist bekannt für charaktervolle, authentische und sehr persönliche Portraits in renommierten Magazinen, aber auch für Geschäftsberichte und Werbekampagnen international namhafter Unternehmen. Mit seiner charmanten Art begegnet er den Porträtierten mit großem Interesse und Offenheit und entlockt ihnen so ihre Natürlichkeit. Mit deutsch/französischen Wurzeln 1980 im badischen Kehl geboren, wurde bei David Maupilé das Interesse an Wein früh geweckt. 7.500 Kilometer quer durch Deutschland zu den besten Weingütern scheuten den Fotografen deshalb nicht, sich ein Jahr lang mit den Winzern und den Besonderheiten des Weinanbaus zu beschäftigen.

Die beeindruckenden Aufnahmen, die so für das Buch „Warum wir Wein machen?" entstanden sind, hat David Maupilé mit einer Großbildkamera auf Film fotografiert. Der Fotograf hat sich ganz bewusst für die selten gewordene analoge Fotografie entschieden, um seine Arbeit zu entschleunigen und eine traditionelle Arbeitsweise vergleichbar dem Anbau von Wein zu verwenden. Die Aufnahmen werden so zu zeitlosen und zugleich eindrucksvollen Dokumenten deutscher Weingüter.

Auf den Geschmack gekommen?
Hier die Kontaktdaten zu unseren Winzern:

Weingut Carl Loewen
Matthiasstraße 60
54340 Leiwen
Tel.: 06507/ 3094
www.weingut-loewen.de

Hessische Staatsweingüter
Kloster Eberbach
Tel.:06723/60460
www.kloster-eberbach.de

Weingut Wittmann
Mainzer Straße 19
67593 Westhofen
Tel.: 06244/905036
www.weingutwittmann.de

Weingut Emrich-Schönleber
Soonwaldstr. 10a
55569 Monzingen
Tel.: 06751/2733
www.emrich-schoenleber.de

Weingut Geheimer Rat
Dr.von Bassermann-Jordan
Kirchgasse 10
67146 Deidesheim
Tel.: 06326/6006
www.bassermann-jordan.de

Weingut Friedrich Becker
Hauptstraße 29
76889 Schweigen
Tel.: 06342/290
www.friedrichbecker.de

Weingut Seeger
Rohrbacher Str. 101
69181 Leimen
Tel.: 06224/72178
www.seegerweingut.de

Weingut Markgraf von Baden
Schloss Staufenberg 1
77770 Durbach
Tel.: 0781/42778
www.markgraf-von-baden.de

Weingut Schwarzer Adler Franz Keller
Badbergstraße 23
79235 Vogtsburg-Oberbergen
Tel.. 07662/93300
www.weingut.franz-keller.de

Collegium Wirtemberg
Württembergstraße 230
70327 Stuttgart
Tel.: 0711/ 327775810
www.collegium-wirtemberg.de

Weingut Herzog von Württemberg
Schloss Monrepos
71634 Ludwigsburg
Tel.: 07141/221060
www.weingut-wuerttemberg.de

Staatlicher Hofkeller Würzburg
Residenzplatz 2
97070 Würzburg
Tel.: 0931/3050923
www.hofkeller.de

Weingut Zur Schwane
Erlachhof 7
97332 Volkach
Tel.: 09381/71760
www.schwane.de

Weingut Drautz-Able
Faissststrasse 23
74076 Heilbronn
Tel.. 07131/177908
www.drautz-able.de

Winzerhof Gussek
Kösener Str. 66
06618 Naumburg
Tel.: 03445/7810366
www.winzerhof-gussek.de

Bibliografische Information der Deutschen Nationalbibliothek
Die Deutsche Nationalbibliothek verzeichnet diese Publikation in der Deutschen Nationalbibliografie;
detaillierte bibliografische Daten sind im Internet über http://dnb.d-nb.de abrufbar.

© 2016 Eugen Ulmer KG
Wollgrasweg 41, 70599 Stuttgart (Hohenheim)
E-Mail: info@ulmer.de
Internet: www.ulmer-verlag.de

Lektorat: Werner Baumeister
Gestaltung, Umschlagentwurf und Satz: Michaela Mayländer, Stuttgart, www.sistermic.de
Reproduktionen: timeRay, Herrenberg
Druck und Bindung: Firmengruppe APPL, aprinta druck, Wemding
Printed in Germany

ISBN 978-3-8001-8280-0